CB061055

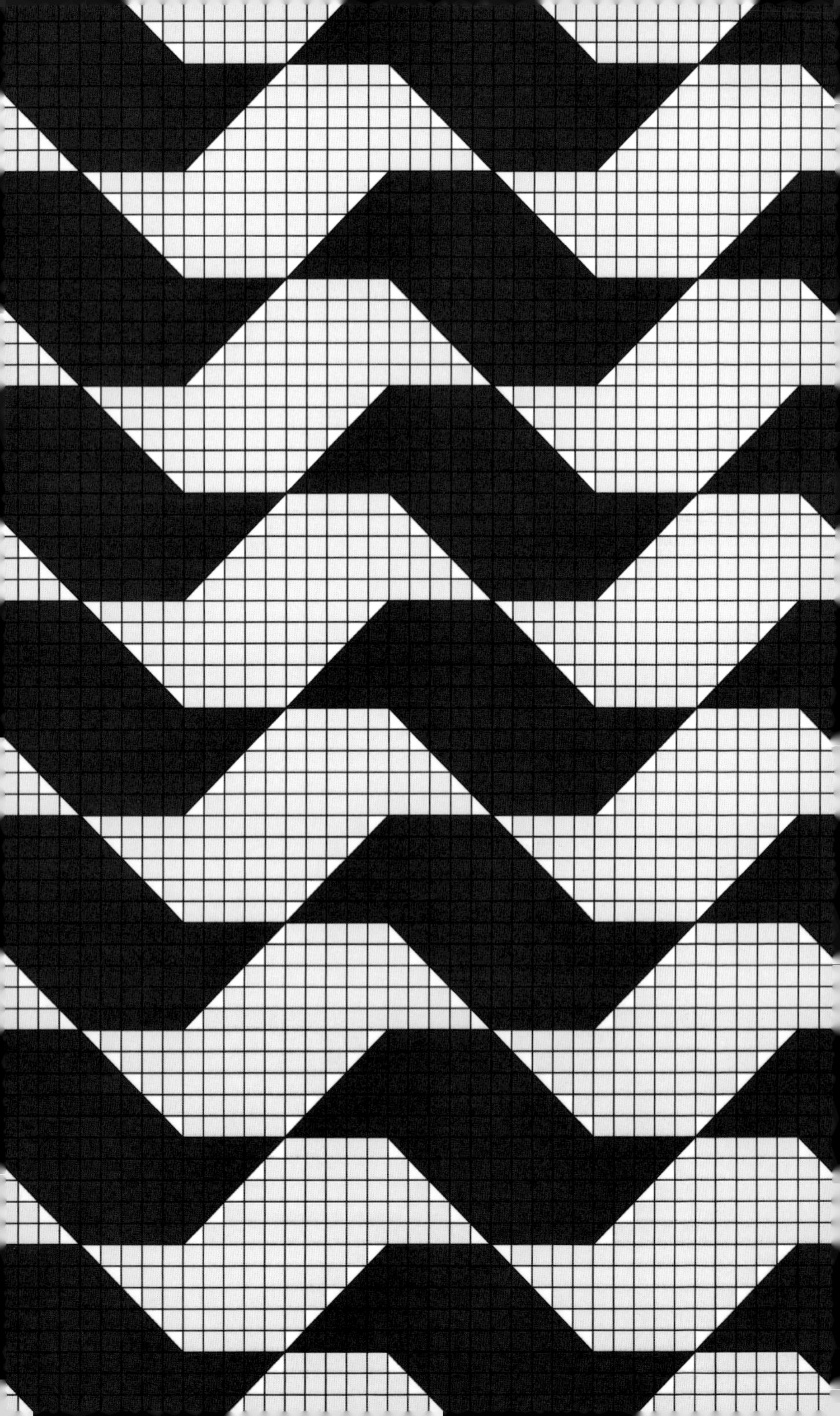

DE PAULICEIA DESVAIRADA A LIRA PAULISTANA

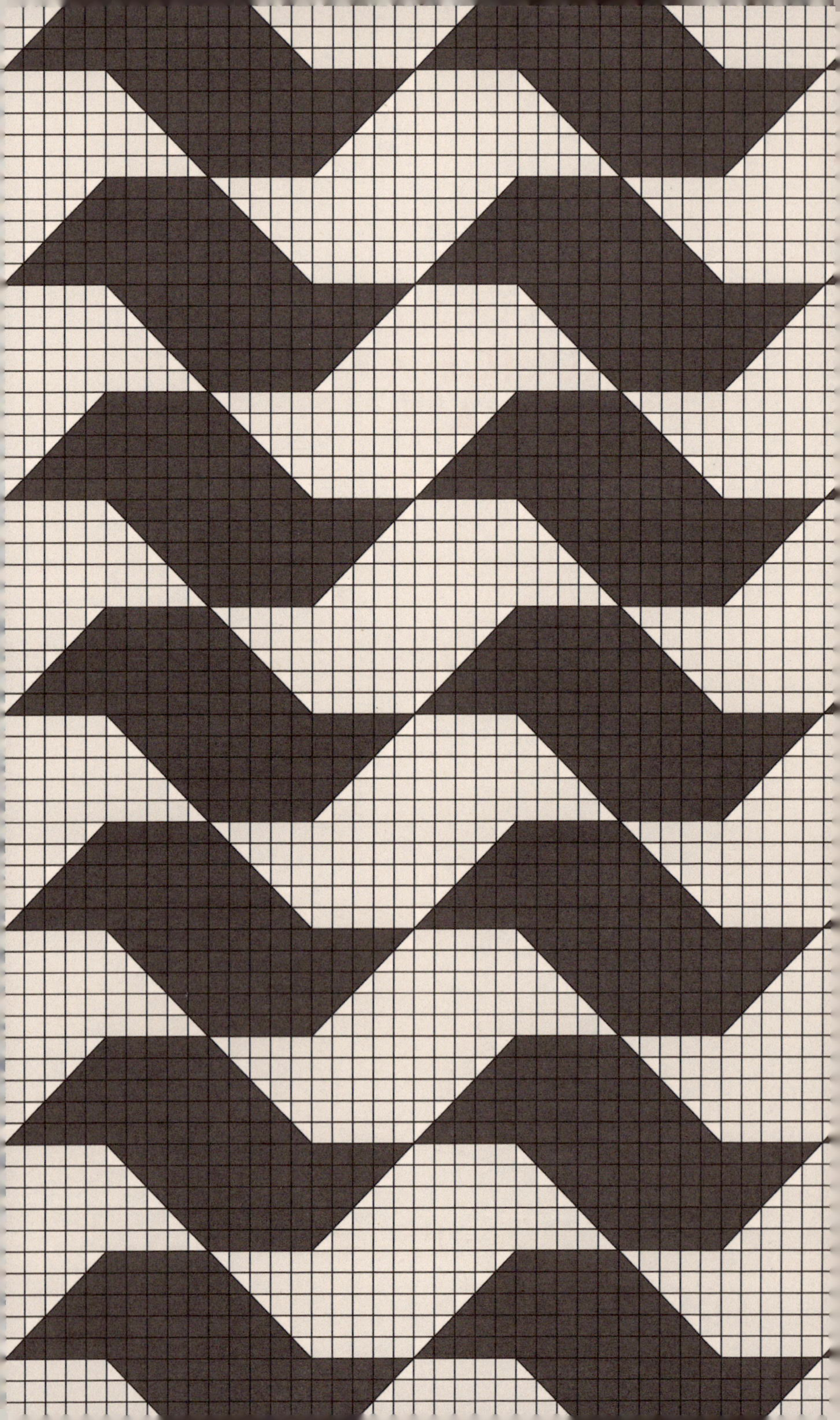

DE PAULICEIA DESVAIRADA A LIRA PAULISTANA

MÁRIO DE ANDRADE

MARTIN CLARET

SUMÁRIO

INTRODUÇÃO 17

PAULICEIA DESVAIRADA

Dedicatória 34
Prefácio interessantíssimo 35
Artista 37
Inspiração 55
O trovador 55
Os cortejos 56
A escalada 56
Rua de São Bento 57
O rebanho 58
Tietê 59
Paisagem nº 1 60
Ode ao burguês 61
Tristura 63
Domingo 64
O domador 65
Anhangabaú 66
A caçada 67
Noturno 69
Paisagem nº 2 71
Tu 72
Paisagem nº 3 74
Colloque sentimental 74
Religião 76
Paisagem nº 4 77
As enfibraturas do Ipiranga 79

LOSANGO CÁQUI

ADVERTÊNCIA	99
I - "Meu coração estrala"	101
II - "Máquina de escrever"	102
III - "Mário de Andrade!"	104
IV - "Soldado raso da República"	105
V - "Escola! Sen...tido!"	106
VI - "Queda pedrenta da ladeira"	107
VII - "Que sono!"	108
VIII - "— Escola! Alto!"	109
IX - "Careço de marchar cabeça levantada"	110
X - Tabatinguera	110
XI - "O sargento com esses acelerados"	111
XII - "Aquele bonde"	112
XIII - "Seis horas lá em São Bento"	112
XIV - O "Alto"	114
XV - "Abro tua porta inda todo úmido do orvalho da manhã"	114
XVI - "Conversavam"	115
XVII - "Mário de Andrade, intransigente pacifista"	116
XVIII - "Cabo Alceu é um manguari guaçu"	118
XIX - "Marchamos certos em reta pra frente"	118
XX - "Cadência ondulada suave regular"	118
XXI - A menina e a cantiga	119
XXII - "A manhã roda macia a meu lado"	119
XXIII - "De nada vale inteligência"	120
XXIV - A escrivaninha	121
XXV - "Sou o 'base'"	122
XXVI - "— Escola, olhe essa palestra!"	124
XXVII - A menina e a cabra	124
XXVIII - Flamingo	125
XXIX - "Enfim no bonde pra casa"	125
XXX - Jorobabel	126

XXXI - Cabo Machado 127
XXXII - As moças 128
XXXIII - "Meu gozo profundo ante
a manhã Sol" 130
XXXIII (bis) - Platão 130
XXXIV - Louvação da emboaba tordilha 131
XXXV - "Meu coração estrala" 132
XXXVI - "Como sempre, escondi minha
paixão" 133
XXXVII - "Te gozo!..." 133
XXXVIII - "Manhã veraneja, manhã
que dá sustância" 133
XXXIX - Parada 135
XL - "Não devia falar 'meu coração
estrala'" 139
XLI - Toada sem álcool 140
XLII - Rondó das tardanças 140
XLIII - "Desincorporados" 141
XLIV - Rondó do tempo presente 142
XLV - Toada da esquina 144

CLÃ DO JABUTI

O POETA COME AMENDOIM 149

CARNAVAL CARIOCA 151

COORDENADAS 164
Rondó pra você 164
Viuvita 165
Lembranças do Losango Cáqui 165
Sambinha 166
Moda dos quatro rapazes 167
Moda do brigadeiro 167
Acalanto da Pensão Azul 168

NOTURNO DE BELO HORIZONTE 169

O RITMO SINCOPADO 183
    Arraiada 183
    Toada do Pai-do-Mato 184
    Tempo das águas 185
    Poema 186
    Tostão de chuva 186
    Lenda do céu 187
    Coco do major 191
    Moda da Cadeia de Porto Alegre 193
    Paisagem nº 5 195
    Moda da cama de Gonçalo Pires 196

DOIS POEMAS ACREANOS 198
    I - Descobrimento 198
    II - Acalanto do seringueiro 198

REMATE DE MALES

EU SOU TREZENTOS 207

DANÇAS 208

TEMPO DA MARIA 219
    I - Moda do corajoso 219
    II - Amar sem ser amado, ora pinhões! 220
    III - Cantiga do ai 225
    IV - Lenda das mulheres de peito chato 226
    V - Eco e o descorajado 230
    VI - Louvação da tarde 230
    VII - Maria 236

POEMAS DA NEGRA 240
    I - "Não sei por que espírito antigo" 240
    II - "Não sei si estou vivo" 240

III - "Você é tão suave" 241
IV - "Estou com medo" 241
V - "Lá longe no sul" 242
VI - "Quando" 243
VII - "Não sei por que os tetéus
gritam tanto esta noite" 243
VIII - "Nega em teu ser primário as
insistências das coisas" 244
IX - "Na Zona da Mata o carnaval novo" 244
X - "Há o mutismo exaltado dos astros" 245
XI - "Ai os momentos de físico amor" 245
XII - "Lembrança boa" 246

MARCO DA VIRAÇÃO 247
Aspiração 247
Louvação matinal 248
Improviso do rapaz morto 251
Momento 252
Ponteando sobre o amigo ruim 253
As bodas montevideanas 254
A adivinha 257
Improviso do mal da América 260
Manhã 262
Momento 263
Pela noite de barulhos espaçados 264

POEMAS DA AMIGA 266
I - "A tarde se deitava nos meus olhos" 266
II - "Si acaso a gente se beijasse uma
vez só" 266
III - "Agora é abril, ôh minha doce amiga" 267
IV - "Ôh trágico fulgor das
incompatibilidades humanas" 267
V - "Contam que lá nos fundos do
Grã-Chaco" 268
VI - "Nós íamos calados pela rua" 269

VII – "É HORA. MAS É TAL EM MIM O
VÉRTICE DO DIA" 270
VII (BIS) – "É UMA PENA, DOCE AMIGA" 270
VIII – "GOSTO DE ESTAR A TEU LADO" 270
IX – "VOSSOS OLHOS SÃO UM MATE
COSTUMEIRO" 271
X – "OS RIOS, ÔH DOCE AMIGA, ESTES RIOS" 271
XI – "A FEBRE TEM UM VIGOR SUAVE DE
TRISTEZA" 272
XII – "MINHA CABEÇA POUSA NOS
SEUS JOELHOS" 273

O CARRO DA MISÉRIA

I – "O QUE QUE VÊM FAZER PELOS
MEUS OLHOS" 277
II – "MEU BARALHO DOIS OUROS" 278
III – "PICA-FUMO ROMPE-RASGA" 280
IV – "MAS NÃO QUERO ESTES ZABUMBAS!" 281
V – "PLAFF! CHEGOU O CARRO DA MISÉRIA" 282
VI – "AH EU SEI QUE AS TROMPAS FÚNEBRES" 283
VII – "TIA MISÉRIA TALVEZ ANTES QUE O
GALO CANTE" 284
VIII – "NAS ONDAS DO MAR EU VOU" 284
IX – "OH, NÃO! MUITO OBRIGADO" 285
X – "POIS ENTÃO VIOLÃO HÁS DE RECONHECER" 285
XI – "ENQUANTO ISSO OS SABICHÕES
DISCUTEM" 286
XII – "MAS EU MAS EU RAPAZES" 287
XIII – "ENQUANTO O MUNDO FOR MUNDO" 287
XIV – "VOU-ME EMBORA VOU-ME EMBORA" 288
XV – "ESTES ZABUMBAS QUE EU QUERO!" 289
XVI – "NASCE O DIA CANTA O GALO" 290

A COSTELA DO GRÃ CÃO

CANTO DO MAL DE AMOR 293

RECONHECIMENTO DE NÊMESIS 297

MÃE 303

LUNDU DO ESCRITOR DIFÍCIL 304

MELODIA MOURA 306

MOMENTO 307

TOADA 308

GRÃ CÃO DO OUTUBRO 309
I - Vinte e nove bichos 309
II - Os gatos 309
III - Estâncias 312
IV - Poema tridente 313
V - Dor 314

QUARENTA ANOS 316

MOMENTO 316

BRASÃO 317

SONETO 318

AS CANTADAS 319

LUAR DO RIO 321

CANÇÃO 323

LIVRO AZUL

RITO DO IRMÃO PEQUENO — 327
I - "Meu irmão é tão bonito como o pássaro amarelo" — 327
II - "Vamos caçar cutia, irmão pequeno" — 328
III - "Irmão pequeno, sua alma está adejando no seu corpo" — 328
IV - "Deixa pousar sobre nós dois, irmão pequeno" — 329
V - "Há o sarcástico predomínio das matérias" — 330
VI - "Chora, irmão pequeno, chora" — 330
VII - "O acesso já passou. Nada trepida mais e uma acuidade gratuita" — 331
VIII - "O asilo é em pleno mato, cercado de troncos negros" — 331
IX - "A cabeça desliza com doçura" — 332
X - "A enchente que cava margem" — 332

GIRASSOL DA MADRUGADA — 333
I - "De uma cantante alegria onde riem-se as alvas" — 333
II - "Diga ao menos que nem você quer mais desses gestos traiçoeiros" — 333
III - "Si o teu perfil é puríssimo, si os teus lábios" — 334
IV - "Não abandonarei jamais de noite as tuas carícias" — 334
V - "Teu dedo curioso me segue lento no rosto" — 335
VI - "Os trens-de-ferro estão longe, as florestas e as bonitas cidades" — 335
VII - "A noite se esvai lá fora serena sobre os telhados" — 336

O GRIFO DA MORTE 337
    I - "Milhões de rosas" 337
    II - "Retorno sempre" 338
    III - "Mocidade parva" 339
    IV - "Quando o rio Madeira" 340
    "V - Silêncio monótono" 341

CAFÉ

DESCRIÇÃO 345

PORTO PARADO
(PRIMEIRO ATO — PRIMEIRA CENA) 373
    I - Coral do queixume 373
    II - Madrigal do truco 374
    III - Coral das famintas 376
    IV - Imploração da fome 377

COMPANHIA CAFEEIRA S.A.
    (SEGUNDA CENA) 378
    I - Coral do provérbio 378
    II - A discussão 379
    III - Coral do abandono 383

CÂMARA-BALLET
(SEGUNDO ATO — PRIMEIRA CENA) 384
    I - Quinteto dos serventes 384
    II - A embolada da ferrugem 385
    III - A endeixa da Mãe 387
    III (bis) - (Versão exclusivamente literária) 389

O ÊXODO (SEGUNDA CENA) 390
    I - Coral puríssimo 390
    II - Coral da vida 391
    III - Coral do êxodo 395

"DIA NOVO"
(TERCEIRO ATO — CENA ÚNICA) 396
I - O parlato do rádio 396
II - Cânone das assustadas 397
III - Estância de combate 398
IV - Estância da revolta 398
V - Fugato coral 399
VI - Segundo parlato do rádio 399
VII - Grande coral de luta 400
VIII - O rádio da vitória 400
(VIII-bis) 401
IX - Hino da fonte da vida 402

APÊNDICE

PRIMEIRA VERSÃO PRA SER MUSICADA 407
SEGUNDA CENA 408

LIRA PAULISTANA

"Minha viola bonita" 413
"São Paulo pela noite" 414
"Garoa do meu São Paulo" 415
"Vaga um céu indeciso entre nuvens cansadas" 416
"Ruas do meu São Paulo" 417
"Abre-te boca e proclama" 418
"Esse homem que vai sozinho" 419
"Meus olhos se enchem de lágrimas" 420
"O bonde abre a viagem" 421
"Eu nem sei se vale a pena" 422
"O céu claro tão largo, cheio de calma na tarde" 424
"Tua imagem se apaga em certos bairros" 425

"Numa cabeleira pesada" 426
"Na rua Barão de Itapetininga" 427
"Beijos mais beijos" 428
"Silêncio em tudo. Que a música" 429
"Bailam em saltos fluidos" 431
"A Catedral de São Paulo" 432
"Agora eu quero cantar" 434
"Na rua Aurora eu nasci" 441
"Vieste dum futuro selvagem" 442
"Moça linda bem tratada" 443
"Quando eu morrer quero ficar" 444
"Num filme de B. de Mille" 446
"Entre o vidrilho das estrelas dúbias" 447
"Nunca estará sozinho" 449

A MEDITAÇÃO SOBRE O TIETÊ 450

NASCEU LUÍS CARLOS NO RIO 463

INTRODUÇÃO

MÁRIO DE ANDRADE, ENTRE O ALAÚDE E A VIOLA

JEAN PIERRE CHAUVIN[*]

> *"Garoa, sai dos meus olhos"*
> MÁRIO DE ANDRADE.

Neste volume reúnem-se diversas obras em verso que marcaram a carreira do escritor, músico, jornalista, pesquisador e professor Mário Raul Moraes de Andrade (1893-1945)[1] — figura de proa do movimento modernista, transcorrido em São Paulo no início do século XX.

A exemplo de outros artistas e intelectuais seriamente comprometidos com a pesquisa e a renovação da identidade nacional, a carreira de Mário foi marcada pela célebre Semana de Arte Moderna, realizada em fevereiro de 1922, quando um punhado de artistas alugou

---

[*] Professor de Cultura e Literatura Brasileira na Escola de Comunicações e Artes da Universidade de São Paulo.

[1] "[...] o rasgo emotivo se casa ao sentimento de ser paulista. São Paulo constitui o ponto de partida — *Pauliceia desvairada* — e o de chegada — *Lira Paulistana* — de sua obra poética" (Massaud Moisés. *Literatura Brasileira, Vol. III — Modernismo*. 5ª ed. São Paulo: Cultrix, 2001, p. 54).

o Teatro Municipal Ramos de Azevedo e tomou a elite paulistana de assalto.[2]

No que se refere a este livro, o que mais importa é o fato de estarmos diante de pontos altos da poesia marioandradina. Não é coincidência que as obras estejam centradas na figura de um eu lírico arlequinal, a refletir sobre si mesmo e o coletivo, durante suas longas jornadas no quartel, nas cidades do interior, ou a perambular pelas ruas de São Paulo, por entre a gente heterogênea, diluída em castas e sofrendo as convenções reproduzidas por uma sociedade elitista, tão brasileira.

O leitor logo verá que se trata de uma leitura de ímpeto e sugestão, sensibilidade e artifício, concretizada nos interstícios da palavra, por entre as brechas generosamente ofertadas pelo poeta. Por sinal, uma figura atípica e muito acima da média de nossos intelectuais da primeira metade do século XX.

As múltiplas facetas do escritor irradiam-se em seus versos, fazendo do contato com o texto uma experiência única, em que nossa voz se confunde à polifonia[3] incessantemente trabalhada por Mário de Andrade ao longo de sua carreira. Justamente por essa razão, há que se ater às pistas habilmente plantadas pelo poeta. Gilda de Mello e Souza reparou a esse respeito que:

---

[2] A esse respeito, recomendo fortemente a leitura de *Semana de 22: entre vaias e aplausos*, da pesquisadora Marcia Camargos (São Paulo: Boitempo, 2002).

[3] Explicação do próprio Mário de Andrade para o emprego de vozes simultâneas, em que o escritor aproxima a música e a poesia, quanto à sonoridade: No verso *"Arroubos... Lutas... Setas... Cantigas... Povoar!... [...]*, em vez de melodia (frase gramatical) temos acorde arpejado, harmonia — o verso harmônico" (cf. "Prefácio Interessantíssimo", *Pauliceia desvairada*).

O processo poético que caracteriza a obra de maturidade de Mário é misterioso, intencionalmente oblíquo e portanto difícil. O pensamento sempre aflora camuflado através de símbolos, metáforas, substituições — expediente impenetrável para quem não possui um conhecimento mais profundo, tanto da realidade brasileira, como da biografia do escritor.[4]

Se em *Pauliceia desvairada* (1922) prevalece uma face tão combativa quanto debochada do autor — possivelmente contagiado pelos episódios iniciais do movimento modernista —, nos livros seguintes, especialmente em *Lira paulistana* (1945), diversos motes retornam, mas escudados pelo tom aparentemente mais sombrio, tecido pela palavra menos otimista.

Qual seria a explicação para essa nova tonalidade? De acordo com João Luiz Lafetá, tratava-se da vertente mais engajada de Mário, que caracterizou sua fase mais madura:

> [...] o poeta compunha também uma poesia extremamente política, revoltada contra a miséria e a exploração. São os poemas de *Lira paulistana* e de *O carro da miséria*, escritos durante o Estado Novo e publicados em 1946, logo após a morte de Mário. Aí, a linguagem se torna contundente, a intimidade é exibida pelo avesso, a doçura desaparece, e fica apenas o grito doído de protesto contra as injustiças sociais.[5]

---

[4] *A ideia e o figurado.* São Paulo: Livraria Duas Cidades; Editora 34, 2005, p. 31.
[5] *A dimensão da noite e outros ensaios.* São Paulo: Livraria Duas Cidades; Editora 34, 2004, p. 224 [Org. de Antonio Arnoni Prado].

Repare-se, entretanto, que essa mudança de perspectiva não implica uma brusca ruptura em sua obra, como se estivéssemos a lidar com um poeta nascido duas vezes. Muito pelo contrário, há inegáveis continuidades, tanto formais quanto temáticas, entre um livro e outro, que sugerem a manutenção de um projeto consistente tocado durante mais de duas décadas por um homem lúcido, favorecido pelas pesquisas de longo fôlego que empreendeu a respeito de nossas lendas, costumes e músicas. Isso tudo sob o viés da arquitetura, da antropologia e da literatura em si.

Essa hipótese se articula com uma constante em sua obra: na poesia de Mário o espírito aguerrido caminha de perto com a denúncia risonha, frente à nossa cultura de verniz, mantida a reboque dos modos estrangeirados, mal imitados por aqui. É o que sugerem os versos de "Inspiração", em que a identidade do paulistano orgulhoso é posta em xeque: "São Paulo! comoção de minha vida.../ Galicismo a berrar nos desertos da América!"

Os retratos da cidade se disseminam em praticamente todos os seus livros. "Na trajetória rápida do bonde... / De Santana à cidade" (*Losango cáqui*), "Nós nos separamos. / Nós nos ajuntamos. / O bonde passou, / O amigo passou... / O mundo não vê!" (*Remate de males*). Por vezes, o poeta anuncia a partida para outra capital: "Vou-me embora vou-me embora / Vou-me embora pra Belém / Vou colher cravos e rosas / Volto a semana que vem" (*O carro da miséria*).

Mas o assunto volta ao tablado, com decidida ênfase, na *Lira paulistana*: "São Paulo pela noite. / Meu espírito alerta / Baila em festa a metrópole", em que se percebem as tentativas do "eu" de acompanhar o ritmo, dia e noite, da cidade.

Em *Pauliceia desvairada*, o tupi que tange o alaúde ("O Trovador") havia equiparado a capital inglesa a São Paulo, por meio de uma aguda ironia: "Minha Londres das neblinas finas!" ("Paisagem nº 1"). Não por acaso, a persona que preenche o primeiro livro regressa ao convívio do leitor, graças à energia renovada que preside as composições de *Lira paulistana*:

> Meu São Paulo da garoa,
> — Londres das neblinas finas —
> Um pobre vem vindo, é rico!
> Só bem perto fica pobre,
> Passa e torna a ficar rico.

Questão de persistência? Não somente. Digamos que o espaço urbano possa ser considerado um dos protagonistas em sua poesia, em diversos momentos. Por vezes os compassos diferem quanto ao andamento, mas os motivos permanecem. Para Alfredo Bosi, particularmente em *Lira paulistana* "A cidade é apreendida e ressentida nas andanças do poeta maduro que se despojou do pitoresco e sabe dizer com a mesma contensão os cansaços do homem afetuoso e solitário e a miséria do pobre esquecido no bairro fabril".[6]

Outro exemplo. Se em *Pauliceia desvairada* Mário narra a singela história de um curso d'água ("Era uma vez um rio"), em outras composições prevalece o tom de protesto. Em *Lira paulistana* a poesia não poupa ressalvas ao extenso rio que margeia a Pauliceia — numa

---

[6] *História concisa da literatura* brasileira. 39ª ed. São Paulo: Cultrix, 2001, p. 354.

poderosa metonímia que ele (curso, curvo, refluxo) é de seus habitantes e modos: "A culpa é tua, Pai Tietê? A culpa é tua".

Porém, os rios foram igualmente representados como marcos da coletividade possível. Por isso, se encaminham do Recife a Lisboa, de São Paulo a Paris: "Os rios, oh minha doce amiga, na beira dos rios / É a terra de povoação em que as cidades se agacham / E de-noite, que nem feras de pelo brilhante, vão beber...". Organismo feito gente, o curso d'água transmite placidez, plenitude... e doença, ironicamente alçada ao posto mais elevado: "Calma de rio de água barrosa / Donde nos vem a maleita sublime" (*Remate de males*).

A obra de Mário de Andrade permite dizer que ele foi homem de diversos questionamentos. Eles envolviam o fazer poético, como se nota em "Máquina de Escrever" (*Losango cáqui*): "Duma feita surripiaram a máquina de escrever de meu mano. / Isso também entra na poesia / Porque ele não tinha dinheiro pra comprar outra".

Mas o poeta também pondera sobre a identidade dos brasileiros, já que somos "Filhos do Luso e da melancolia" (*Clã do jabuti*). Especialmente em "Meditação sobre o Tietê" (*Lira paulistana*), Mário registra reflexões de toda ordem, o que permite ler esses versos como poderosa síntese de sua obra predecessora. Segundo Antonio Candido e José Aderaldo Castello, o poema "[...] alcança a fusão perfeita do coletivo e do pessoal, numa articulação mágica de temas e imagens de toda a sua obra anterior".[7]

---

[7] *Presença da Literatura Brasileira* — III: Modernismo. 9a ed. São Paulo: Difel, 1983, p. 85.

Como já assinalado, os versos de Mário de Andrade estão em constante diálogo e permitem detectar uma série de temas bastante caros ao poeta. Dentre eles, vale ressaltar as duras ressalvas a determinados protocolos cultivados em sociedade. Elas sobressaem em "Domingo", uma das composições mais severas de *Pauliceia desvairada*:

> Automóveis fechados... Figuras imóveis...
> O bocejo do luxo... Enterro.
> E também as famílias dominicais por atacado,
> entre os convenientes perenemente...
> — Futilidade, civilização...

Note-se que os versos simulam o ritmo lento das manhãs dominicais, favorecido pelo acúmulo de reticências. A pontuação sugere fastio, monotonia, mesmice, combinada à repetição das nasais, que concedem um ritmo arrastado ao poema. O *eu* se posiciona perante as arbitrariedades dos outros, questionando os limites do convencional.

Pois bem. Esse tom de indignação já se mostrava na notável "Ode ao burguês" — em que o poeta declara sua aversão ao "homem que sendo francês, brasileiro, italiano, / é sempre um cauteloso pouco-a-pouco!". Aqui a sonoridade cumpre papel determinante, outra vez. Alternam-se vogais e consoantes que sugerem maior agressividade e impacto.

Já "O rebanho" (*Pauliceia desvairada*) identifica o contraste entre a harmonia e o tumulto, tipicamente urbanos: "Desciam, inteligentes, de mãos dadas, / entre o trepidar dos táxis vascolejantes, / a rua Marechal Deodoro...". Em *Losango cáqui*, topamos com uma discreta violência gestual, a medir as distâncias entre o Eu e o Outro: "Meus olhos navalhando a vida detestada".

De caráter menos referencial e mais subjetivo, "Louvação da tarde" é um dos trabalhos mais sensíveis de *Remate de Males*, em que o poeta tece uma apologia ao período vespertino. O diálogo revela o grau de identificação entre o homem e o (seu) tempo, conferindo concretude ao que é abstrato e se volatiza, algo difícil de mensurar:

> Tarde macia, pra falar verdade:
> Não te amo mais do que a manhã, mas amo
> Tuas formas incertas e estas cores
> Que te maquilam o carão sereno

A máscara do deboche não impede o papel dos afetos. Seus versos também oferecem considerável espaço para o relato de supostas desventuras afetivas: "Bem que eu podia possuir também / O que mora atrás do seu rosto, Rosa" (*Losango cáqui*). Em determinados poemas, a epifania é metrificada num ritmo diferente: "Ah, meu amor, / Não é minha amplidão que me desencaminha, / Mas a virtuosidade!" (*Remate de males*).

Em outras ocasiões, o sentimento é figurado sob a ótica muito particular de um andarilho apequenado pela cidade grande. Numa síntese admirável, o prosaico pode refletir o amor pequeno, mas ilustrar o gesto sublime à vista de todos:

> Na Rua Barão de Itapetininga
> O meu coração não sabe de si,
> Não se vê moça que não seja linda,
> Minha namorada não passeia aqui. (*Lira paulistana*)

Afora as questões afetivas, e para além das dissensões estéticas ou ideológicas, vale ressaltar a relevância de Mário de Andrade para o cenário da poesia nacional, não só em seu tempo. Gilda de Mello e Souza percebera que "*Pauliceia desvairada* é o primeiro livro de poesias a difundir no Brasil os princípios estéticos das vanguardas europeias, além de sistematizar o uso do verso livre".[8]

Por sua vez, Alexei Bueno afirmou que, em relação aos livros anteriores, "*Lira paulistana*, só editado postumamente, é um precioso retorno ao tema inicial [de *Pauliceia desvairada*], São Paulo, dessa vez em poemas metrificados, paralelísticos ou com o uso de bordão".[9]

Outro elemento digno de nota está na alusão do autor a instrumentos musicais. Em *Pauliceia desvairada*, o alaúde sugere a confluência de culturas (o indígena e o árabe), tempos (o medieval e o moderno) e concepções sobre a própria humanidade (o selvagem e o civilizado). Em *Losango cáqui*, o ritmo é dado pelas marchas e tambores dos soldados: "O apito mandachuva chicoteia o lombo dele. / O tenente é um cow-boy da Paramount". Já em *Lira paulistana*, a viola é evocada no poema inaugural como forma de se irmanar, simbolicamente, à melancolia do eu lírico:

> Minha viola quebrada,
> Raiva, anseios, lutas, vida,
> Miséria, tudo passou-se
> Em São Paulo.

---

[8] *A ideia e o figurado*. São Paulo: Duas Cidades; Editora 34, 2005, p. 27.
[9] *Uma história da poesia brasileira*. Rio de Janeiro: G. Ermakoff, 2007, p. 301.

A percussão também participa da sinfonia citadina, incorporando características humanas. Eles podem evocar a indecisão dos homens, sob o vai e vem da cuíca: nem alegre, nem triste.

> Silêncio em tudo... Que a música
> Na cuíca mansa e amiga,
> Faz que diz mas não diz...
> Adormeceram (*Lira paulistana*)

Ou seja, em lugar do caráter exótico evocado pelo alaúde (*Pauliceia desvairada*), temos o violão (*Lira paulistana*): símbolo da integração popular, para além dos eventos formais e repletos de gente sisuda. A esse respeito, é curioso que em *Clã do jabuti* Mário descreva o carnaval carioca com uma nota de fingido pudor: "Entoa atoa a toada safada / E no escuro da boca banguela / O halo dos beijos de carmim". Talvez a explicação esteja em sua própria obra: "A moral não é roupa diária" (*Remate de males*).

Comparativamente aos primeiros livros, em *Lira paulistana* o poeta se mostra bastante atento à simetria dos versos. É como Mário nos asseverasse — por intermédio da poesia — que, superada a fase heroica,[10] encarava o Modernismo com a maturidade de quem protagonizou alguns dentre seus episódios mais relevantes e defendesse uma revisão do movimento.

Em seus versos, a relação entre música e poesia é evidente. Ela pode se dar em salões nem tão comportados:

---

[10] A expressão "fase heroica" foi cunhada por João Luiz Lafetá (cf. *1930: a Crítica e o Modernismo*. São Paulo: Duas Cidades, 1974, p. 15 e ss.).

> Quatro horas da manhã.
> Nos clubes nas cavernas
> Inda se ondula vagamente no maxixe.
> Os corpos se unem mais. (*Clã do jabuti*)

Determinadas melodias também se imiscuem em meio à paisagem mais fluida. Daí a imprevista concretude assumida pelo Rio Tietê, em forma e matéria: "Eu vejo, não é por mim, o meu verso tomando / As cordas oscilantes da serpente, rio" (*Lira paulistana*). O escritor sugere que poesia é dis-curso, vida, fluidez. Em chave oposta, o desconcerto do poeta é assinalado por versos que representam a antevisão da morte:

> Quando eu morrer quero ficar,
> Não contem aos meus inimigos,
> Sepultado em minha cidade,
> Saudade. (*Idem*)

Como se vê, na poesia marioandradina tanto a vida quanto a morte; tanto a empolgação quanto o tédio; tanto a paixão como a apatia dividem o espaço e o tempo, evocados pela palavra sensível e precisa. Versejar é coisa séria. Cultivar textos de qualidade, também.

Tomar contato com a obra de Mário permite-nos compreender melhor a concepção dos modernistas, frente ao espírito de conservação e mudança que já contagiava uma considerável parcela de nossos letrados, situados na primeira metade do século XX.

Estamos diante de uma excelente amostra do que Mário de Andrade produziu de melhor, entre 1922 e 1945, o que nos estimula a suspender esse breve comentário e recomendar vivamente ao leitor que percorra os logradouros da Pauliceia — desde que devidamente embalado pelas paixões e artifícios de um dos maiores poetas que o Modernismo brasileiro conheceu.

DE PAULICEIA DESVAIRADA A LIRA PAULISTANA

MÁRIO DE ANDRADE

PAULICEIA
DESVAIRADA

A MÁRIO DE ANDRADE

Mestre querido.

Nas muitas horas breves que me fizestes ganhar
a vosso lado dizíeis da vossa confiança pela arte
livre e sincera... Não de mim, mas de vossa
experiência recebi a coragem da minha Verdade
e o orgulho do meu ideal.
Permiti-me que ora vos oferte este livro que
de vós me veio. Prouvera Deus! nunca vos
perturbe a dúvida feroz de Adriano Sixte...
Mas não sei, Mestre, se me perdoareis a distância
mediada entre estes poemas e vossas altíssimas
lições... Recebi no vosso perdão o esforço
do escolhido por vós para único discípulo;
daquele que neste momento de martírio muito
a medo inda vos chama o seu Guia, o seu Mestre,
o seu Senhor.

Mário de Andrade
14 de dezembro de 1921
São Paulo

PREFÁCIO
INTERESSANTÍSSIMO

"Dans mon pays de fiel et d'or j'en suis la loi."[1]
E. Verhaeren

Leitor:
Está fundado o Desvairismo.

Este prefácio, apesar de interessante, inútil.

Alguns dados. Nem todos. Sem conclusões. Para quem me aceita são inúteis ambos. Os curiosos terão prazer em descobrir minhas conclusões, confrontando obra e dados. Para quem me rejeita trabalho perdido explicar o que, antes de ler, já não aceitou.

Quando sinto a impulsão lírica escrevo sem pensar tudo o que meu inconsciente me grita. Penso depois: não só para corrigir, como para justificar o que escrevi. Daí a razão deste Prefácio Interessantíssimo.

Aliás muito difícil nesta prosa saber onde termina a blague, onde principia a seriedade. Nem eu sei.

---

[1] "No meu país de fel e de ouro eu sou a lei." (N. E.)

*

E desculpe-me por estar tão atrasado dos movimentos artísticos atuais. Sou passadista, confesso. Ninguém pode se libertar duma só vez das teorias-avós que bebeu; e o autor deste livro seria hipócrita si pretendesse representar orientação moderna que ainda não compreende bem.

Livro evidentemente impressionista.
Ora, segundo modernos, erro grave o Impressionismo.
Os arquitetos fogem do gótico como da arte nova, filiando-se, para além dos tempos históricos, nos volumes elementares: cubo, esfera, etc. Os pintores desdenham Delacroix como Whistler, para se apoiarem na calma construtiva de Rafael, de Ingres, do Greco. Na escultura Rodin é ruim, os imaginários africanos são bons. Os músicos desprezam Debussy, genuflexos diante da polifonia catedralesca de Palestrina e João Sebastião Bach. A poesia... "tende a despojar o homem de todos os seus aspectos contingentes e efêmeros, para apanhar nele a humanidade..." Sou passadista, confesso.

"Este Alcorão nada mais é que uma embrulhada de sonhos confusos e incoerentes. Não é inspiração provinda de Deus, mas criada pelo autor. Maomé não é profeta, é um homem que faz versos. Que se apresente com algum sinal revelador do seu destino, como os antigos profetas." Talvez digam de mim o que disseram do criador de Alá. Diferença cabal entre nós

dois: Maomé apresentava-se como profeta;
julguei mais conveniente apresentar-me como louco.

Você já leu São João Evangelista? Walt
Whitman? Mallarmé? Verhaeren?

Perto de dez anos metrifiquei, rimei. Exemplo?

ARTISTA

O meu desejo é ser pintor — Lionardo,
cujo ideal em piedades se acrisola;
fazendo abrir-se ao mundo a ampla corola
do sonho ilustre que em meu peito guardo...

Meu anseio é, trazendo ao fundo pardo
da vida, a cor da veneziana escola,
dar tons de rosa e de ouro, por esmola,
a quanto houver de penedia ou cardo.

Quando encontrar o manancial das tintas
e os pincéis exaltados com que pintas,
Veronese! teus quadros e teus frisos,

irei morar onde as Desgraças moram;
e viverei de colorir sorrisos
nos lábios dos que imprecam ou que choram!

Os Srs. Laurindo de Brito, Martins Fontes,
Paulo Setúbal, embora não tenham
evidentemente a envergadura de Vicente de
Carvalho ou de Francisca Júlia, publicam seus
versos. E fazem muito bem. Podia, como eles,
publicar meus versos metrificados.

*

Não sou futurista (de Marinetti). Disse e repito-o. Tenho pontos de contato com o futurismo. Oswald de Andrade, chamando-me de futurista, errou. A culpa é minha. Sabia da existência do artigo e deixei que saísse. Tal foi o escândalo, que desejei a morte do mundo. Era vaidoso. Quis sair da obscuridade. Hoje tenho orgulho. Não me pesaria reentrar na obscuridade. Pensei que se discutiriam minhas ideias (que nem são minhas): discutiram minhas intenções. Já agora não me calo. Tanto ridicularizariam meu silêncio como esta grita.
Andarei a vida de braços no ar, como o "Indiferente" de Watteau.

"Alguns leitores ao lerem estas frases (poesia citada) não compreenderam logo. Creio mesmo que é impossível compreender inteiramente à primeira leitura pensamentos assim esquematizados sem uma certa prática. Nem é nisso que um poeta pode queixar-se dos seus leitores. No que estes se tornam condenáveis é em não pensar que um autor que assina não escreve asnidades pelo simples prazer de experimentar tinta; e que, sob essa extravagância aparente havia um sentido porventura interessantíssimo, que havia qualquer coisa por compreender." João Epstein.

Há neste mundo um senhor chamado Zdislas Milner. Entretanto escreveu isto: "O fato duma obra se afastar de preceitos e regras aprendidas, não dá a medida do seu valor". Perdoe-me dar

algum valor a meu livro. Não há pai que, sendo
pai, abandone o filho corcunda que se afoga,
para salvar o lindo herdeiro do vizinho. A
ama de leite do conto foi uma grandíssima
cabotina desnaturada.

Todo escritor acredita na valia do que escreve.
Si mostra é por vaidade. Si não mostra é por
vaidade também.

Não fujo do ridículo. Tenho companheiros ilustres.

O ridículo é muitas vezes subjetivo. Independe
do maior ou menor alvo de quem o sofre.
Criamo-lo para vestir com ele quem fere nosso
orgulho, ignorância, esterilidade.

Um pouco de teoria?
Acredito que o lirismo, nascido no
subconsciente, acrisolado num pensamento claro
ou confuso, cria frases que são versos inteiros,
sem prejuízo de medir tantas sílabas, com
acentuação determinada.
Entroncamento é sueto para os condenados da
prisão alexandrina. Há porém raro exemplo dele
neste livro. Uso de cachimbo...

A inspiração é fugaz, violenta. Qualquer
impecilho a perturba e mesmo emudece. Arte,
que, somada a Lirismo, dá Poesia,[2] não

---

[2] Lirismo + Arte = Poesia. Fórmula de P. Dermée. (N. A.)

consiste em prejudicar a doida carreira do estado lírico para avisá-lo das pedras e cercas de arame do caminho. Deixe que tropece, caia e se fira. Arte é mondar mais tarde o poema de repetições fastientas, de sentimentalidades românticas, de pormenores inúteis ou inexpressivos.

Que Arte não seja porém limpar versos de exageros coloridos. Exagero: símbolo sempre novo da vida como do sonho. Por ele vida e sonho se irmanam. E, consciente, não é defeito, mas meio legítimo de expressão.

"O vento senta no ombro das tuas velas!" Shakespeare. Homero já escrevera que a terra mugia debaixo dos pés de homens e cavalos. Mas você deve saber que há milhões de exageros na obra dos mestres.

Taine disse que o ideal dum artista consiste em "apresentar, mais que os próprios objetos, completa e claramente qualquer característica essencial e saliente deles, por meio de alterações sistemáticas das relações naturais entre as suas partes, de modo a tornar essa característica mais visível e dominadora". O Sr. Luís Carlos, porém, reconheço que tem o direito de citar o mesmo em defesa das suas "Colunas".

Já raciocinou sobre o chamado "belo horrível"? É pena. O belo horrível é uma escapatória criada pela dimensão da orelha de certos filósofos para

justificar a atração exercida, em todos os
tempos, pelo feio sobre os artistas. Não me
venham dizer que o artista, reproduzindo o feio,
o horrível, faz obra bela. Chamar de belo o que é
feio, horrível, só porque está expressado com
grandeza, comoção, arte, é desvirtuar ou
desconhecer o conceito da beleza. Mas feio =
pecado... Atrai. Anita Malfatti falava-me outro
dia no encanto sempre novo do feio. Ora Anita
Malfatti ainda não leu Emílio Bayard: "O fim
lógico dum quadro é ser agradável de ver.
Todavia comprazem-se os artistas em exprimir
o singular encanto da feiura. O artista sublima tudo".

Belo da arte: arbitrário, convencional,
transitório — questão de moda. Belo da
natureza: imutável, objetivo, natural — tem a
eternidade que a natureza tiver. Arte não
consegue reproduzir natureza, nem este é seu
fim. Todos os grandes artistas, ora consciente
(Rafael das Madonas, Rodin do Balzac,
Beethoven da Pastoral, Machado de Assis
do Brás Cubas), ora inconscientemente (a grande
maioria), foram deformadores da natureza.
Donde infiro que o belo artístico será tanto mais
artístico, tanto mais subjetivo quanto mais se
afastar do belo natural. Outros infiram o que
quiserem. Pouco me importa.

Nossos sentidos são frágeis. A percepção das
coisas exteriores é fraca, prejudicada por mil
véus, provenientes das nossas taras físicas e
morais: doenças, preconceitos, indisposições,

antipatias, ignorâncias, hereditariedade,
circunstâncias de tempo, de lugar, etc... Só
idealmente podemos conceber os objetos como
os atos na sua inteireza bela ou feia. A arte
que, mesmo tirando os seus temas do mundo
objetivo, desenvolve-se em comparações
afastadas, exageradas, sem exatidão aparente,
ou indica os objetos, como um universal, sem
delimitação qualificativa nenhuma, tem o poder
de nos conduzir a essa idealização livre,
musical. Esta idealização livre, subjetiva,
permite criar todo um ambiente de realidades
ideais onde sentimentos, seres e coisas, belezas
e defeitos se apresentam na sua plenitude
heroica, que ultrapassa a defeituosa percepção
dos sentidos. Não sei que futurismo pode existir
em quem quase perfilha a concepção estética de
Fichte. Fujamos da natureza! Só assim a arte
não se ressentirá da ridícula fraqueza da
fotografia... colorida.

Não acho mais graça nenhuma nisso da gente
submeter comoções a um leito de Procusto para
que obtenham, em ritmo convencional, número
convencional de sílabas. Já, primeiro livro, usei
indiferentemente, sem obrigação de retorno
periódico, os diversos metros pares. Agora
liberto-me também desse preconceito. Adquiro
outros. Razão para que me insultem?

Mas não desenho baloiços dançarinos de
redondilhas e decassílabos. Acontece a comoção
caber neles. Entram pois às vezes no cabaré

rítmico dos meus versos. Nesta questão de
metros não sou aliado; sou como a Argentina:
enriqueço-me.

Sobre a ordem? — Repugna-me, com efeito, o que
Musset chamou:
"L'art de servir à point un dénouement bien cuit".

Existe a ordem dos colegiais infantes que saem
das escolas de mãos dadas, dois a dois. Existe
uma ordem nos estudantes das escolas
superiores que descem uma escada de quatro
em quatro degraus, chocando-se lindamente.
Existe uma ordem, inda mais alta, na fúria
desencadeada dos elementos.

Quem leciona história no Brasil obedecerá a
uma ordem que, certo, não consiste em estudar
a Guerra do Paraguai antes do ilustre acaso de
Pedro Álvares. Quem canta seu subconsciente
seguirá a ordem imprevista das comoções, das
associações de imagens, dos contatos exteriores.
Acontece que o tema às vezes descaminha.

O impulso lírico clama dentro de nós como turba
enfuriada. Seria engraçadíssimo que a esta se dissesse:
"Alto lá! Cada qual berre por sua vez; e quem
tiver o argumento mais forte, guarde-o para
o fim!" A turba é confusão aparente. Quem
souber afastar-se idealmente dela, verá o
imponente desenvolver-se dessa alma coletiva,
falando a retórica exata das reivindicações.

*

Minhas reivindicações? Liberdade. Uso dela;
não abuso. Sei embridá-la nas minhas verdades
filosóficas e religiosas; porque verdades
filosóficas, religiosas, não são convencionais
como a Arte, são verdades. Tanto não abuso!
Não pretendo obrigar ninguém a seguir-me.
Costumo andar sozinho.

Virgílio, Homero, não usaram rima. Virgílio,
Homero, têm assonâncias admiráveis.

A língua brasileira é das mais ricas e sonoras.
E possui o admirabilíssimo "ão".

Marinetti foi grande quando redescobriu o
poder sugestivo, associativo, simbólico,
universal, musical da palavra em liberdade.
Aliás: velha como Adão. Marinetti errou: fez
dela sistema. É apenas auxiliar poderosíssimo.
Uso palavras em liberdade. Sinto que o meu copo
é grande demais para mim, e inda bebo no copo
dos outros.

Sei construir teorias engenhosas. Quer ver?
A poética está muito mais atrasada que a
música. Esta abandonou, talvez mesmo antes
do século 8, o regime da melodia quando muito
oitavada, para enriquecer-se com os infinitos
recursos da harmonia. A poética, com rara
exceção até meados do século 19 francês, foi
essencialmente melódica. Chamo de verso
melódico o mesmo que melodia musical:

arabesco horizontal de vozes (sons) consecutivas,
contendo pensamento inteligível.
Ora, si em vez de unicamente usar versos
melódicos horizontais:
"Mnezarete, a divina, a pálida Phynea
Comparece ante a austera e rígida assembleia
Do Areópago supremo..."
fizermos que se sigam palavras sem ligação
imediata entre si: estas palavras, pelo fato
mesmo de se não seguirem intelectual,
gramaticalmente, se sobrepõem umas às outras,
para a nossa sensação, formando, não mais
melodias, mas harmonias.
Explico milhor:
Harmonia: combinação de sons simultâneos.
Exemplo:
"Arroubos... Lutas... Setas... Cantigas...
Povoar!...
Estas palavras não se ligam. Não formam
enumeração. Cada uma é frase, período elíptico,
reduzido ao mínimo telegráfico.
Si pronuncio "Arroubos", como não faz parte
de frase (melodia), a palavra chama a atenção
para seu insulamento e fica vibrando, à espera
duma frase que lhe faça adquirir significado e
QUE NÃO VEM. "Lutas" não dá conclusão
alguma a "Arroubos"; e, nas mesmas condições,
não fazendo esquecer a primeira palavra, fica
vibrando com ela. As outras vozes fazem o
mesmo. Assim: em vez de melodia (frase
gramatical) temos acorde arpejado, harmonia,
— o verso harmônico.
Mas, si em vez de usar só palavras soltas, uso

frases soltas: mesma sensação de superposição,
não já de palavras (notas) mas de frases
(melodias). Portanto: polifonia poética.
Assim, em *Paulicéia Desvairada* usam-se o
verso melódico:
"São Paulo é um palco de bailados russos"; o
verso harmônico:
"A cainçalha... A Bolsa... As jogatinas..."
e a polifonia poética (um e às vezes dois e
mesmo mais versos consecutivos):
"A engrenagem trepida... A bruma neva..."
Que tal? Não se esqueça porém que outro virá
destruir tudo isto que construí.
Para ajuntar à teoria:

1º

Os gênios poéticos do passado conseguiram dar
maior interesse ao verso melódico, não só
criando-o mais belo, como fazendo-o mais
variado, mais comotivo, mais imprevisto. Alguns
mesmo conseguiram formar harmonias, por
vezes ricas. Harmonias porém inconscientes,
esporádicas. Provo inconsciência: Victor Hugo,
muita vez harmônico, exclamou depois de ouvir
o quarteto do Rigoletto: "Façam que possa
combinar simultaneamente várias frases e verão
de que sou capaz". Encontro anedota em Galli,
Estética Musical. Se non é vero...

2º

Há certas figuras de retórica em que podemos
ver embrião da harmonia oral, como na lição das
sinfonias de Pitágoras encontramos germe da

harmonia musical. Antítese — genuína
dissonância. E si tão apreciada é justo porque
poetas como músicos, sempre sentiram o grande
encanto da dissonância, de que fala G. Migot.

3º

Comentário à frase de Hugo. Harmonia oral não
se realiza, como a musical, nos sentidos, porque
palavras não se fundem como sons, antes
baralham-se, tornam-se incompreensíveis. A
realização da harmonia poética efetua-se na
inteligência. A compreensão das artes do tempo
nunca é imediata, mas mediata. Na arte do
tempo coordenamos atos de memória
consecutivos, que assimilamos num todo final.
Este todo, resultante de estados de consciência
sucessivos, dá a compreensão final, completa
da música, poesia, dança terminada. Victor Hugo
errou querendo realizar objetivamente o que
se realiza subjetivamente, dentro de nós.

4º

Os psicólogos não admitirão a teoria... É
responder-lhes com o "Só-quem-ama" de Bilac.
Ou com os versos de Heine de que Bilac tirou o
"Só-quem-ama". Entretanto: si você já teve por
acaso na vida um acontecimento forte,
imprevisto (já teve, naturalmente), recorde-se
do tumulto desordenado das muitas ideias que
nesse momento lhe tumultuaram no cérebro.
Essas ideias, reduzidas ao mínimo telegráfico da
palavra, não se continuavam, porque não
faziam parte de frase alguma, não tinham

resposta, solução, continuidade. Vibravam, ressoavam, amontoavam-se, sobrepunham-se. Sem ligação, sem concordância aparente — embora nascidas do mesmo acontecimento — formavam, pela sucessão rapidíssima, verdadeira simultaneidade, verdadeiras harmonias acompanhando a melodia enérgica e larga do acontecimento.

5º

Bilac, Tarde, é muitas vezes tentativa de harmonia poética. Daí, em parte ao menos, o estilo novo do livro. Descobriu, para a língua brasileira, a harmonia poética, antes dele empregada raramente (Gonçalves Dias, genialmente, na cena da luta, Y-Juca-Pirama). O defeito de Bilac foi não metodizar o invento; tirar dele todas as consequências. Explica-se historicamente seu defeito: Tarde é um apogeu. As decadências não vêm depois dos apogeus. O apogeu já é decadência, porque sendo estagnação não pode conter em si um progresso, uma evolução ascensional. Bilac representa uma fase destrutiva da poesia; porque toda perfeição em arte significa destruição. Imagino o seu susto, leitor, lendo isto. Não tenho tempo para explicar: estude, si quiser. O nosso primitivismo representa uma nova fase construtiva. A nós compete esquematizar, metodizar as lições do passado.

Volto ao poeta. Ele fez como os criadores do Organum medieval: aceitou harmonias de quartas e de quintas desprezando terceiras,

sextas, todos os demais intervalos. O número
das suas harmonias é muito restrito. Assim,
"... o ar e o chão, a fauna e a flora, a erva e o
pássaro, a pedra e o tronco, os ninhos e a hera,
a água e o réptil, a folha e o inseto, a flor e a fera"
dá impressão duma longa, monótona série de
quintas medievais, fastidiosa, excessiva, inútil,
incapaz de sugestionar o ouvinte e dar-lhe a
sensação do crepúsculo na mata.[3]

Lirismo: estado afetivo sublime — vizinho da
sublime loucura. Preocupação de métrica e de
rima prejudica a naturalidade livre do lirismo
objetivado. Por isso poetas sinceros confessam
nunca ter escrito seus milhores versos. Rostand
por exemplo; e, entre nós, mais ou menos, o sr.
Amadeu Amaral. Tenho a felicidade de escrever
meus milhores versos. Milhor do que isso não
posso fazer.

Ribot disse algures que inspiração é telegrama
cifrado transmitido pela atividade inconsciente
à atividade consciente que o traduz. Essa
atividade consciente pode ser repartida entre
poeta e leitor. Assim aquele não escorcha e
esmiuça friamente o momento lírico; e
bondosamente concede ao leitor a glória de
colaborar nos poemas.

---

[3] Há seis ou oito meses expus esta teoria aos meus amigos. Recebo agora, dezembro, número 11 e 12, novembro, da revista *Esprit Nouveau*. Aliás *Esprit Nouveau*: minhas andas neste Prefácio Interessantíssimo. Epstein, continuando estudo "O fenômeno literário", observa o harmonismo moderno, a que denomina simultaneísmo. Acha-o interessante, mas diz que é "utopia fisiológica". Epstein no mesmo erro de Hugo. (N. A.)

*

"A linguagem admite a forma dubitativa que o mármore não admite." Renan.

"Entre o artista plástico e o músico está o poeta, que se avizinha do artista plástico com a sua produção consciente, enquanto atinge as possibilidades do músico no fundo obscuro do inconsciente." De Wagner.

Você está reparando de que maneira costumo andar sozinho...

Dom Lirismo, ao desembarcar do Eldorado do Inconsciente no cais da terra do Consciente, é inspecionado pela visita médica, a Inteligência, que o alimpa dos macaquinhos e de toda e qualquer doença que possa espalhar confusão, obscuridade na terrinha progressista. Dom Lirismo sofre mais uma visita alfandegária, descoberta por Freud, que a denominou Censura. Sou contrabandista! E contrário à lei da vacina obrigatória.

Parece que sou todo instinto... Não é verdade. Há no meu livro, e não me desagrada, tendência pronunciadamente intelectualista. Que quer você? Consigo passar minhas sedas sem pagar direitos. Mas é psicologicamente impossível livrar-me das injeções e dos tônicos.

A gramática apareceu depois de organizadas as línguas. Acontece que meu inconsciente não sabe

da existência de gramáticas, nem de línguas
organizadas. E como Dom Lirismo é
contrabandista...

Você perceberá com facilidade que si na minha
poesia a gramática às vezes é desprezada, graves
insultos não sofre neste prefácio
interessantíssimo. Prefácio: rojão do meu eu
superior. Versos: paisagem do meu eu profundo.

Pronomes? Escrevo brasileiro. Si uso ortografia
portuguesa é porque, não alterando o resultado,
dá-me uma ortografia.

Escrever arte moderna não significa jamais
para mim representar a vida atual no que tem
de exterior: automóveis, cinema, asfalto. Si
estas palavras frequentam-me o livro não é
porque pense com elas escrever moderno, mas
porque sendo meu livro moderno, elas têm nele
sua razão de ser.

Sei mais que pode ser moderno artista que se
inspire na Grécia de Orfeu ou na Lusitânia de
Nun'Álvares. Reconheço mais a existência de
temas eternos, passíveis de afeiçoar pela
modernidade: universo, pátria, amor e a
presença-dos-ausentes, ex-gozo-amargo-de-
-infelizes.

Não quis também tentar primitivismo vesgo e
insincero. Somos na realidade os primitivos
duma era nova. Esteticamente: fui buscar entre

as hipóteses feitas por psicólogos, naturalistas e
críticos sobre os primitivos das eras passadas,
expressão mais humana e livre de arte.

O passado é lição para se meditar,
não para reproduzir.
"E tu che se' costì, anima viva,
Pàrtiti da cotesti che son morti."

Por muitos anos procurei-me a mim mesmo.
Achei. Agora não me digam que ando à procura
da originalidade, porque já descobri onde ela
estava, pertence-me, é minha.

Quando uma das poesias deste livro foi
publicada, muita gente me disse: "Não entendi".
Pessoas houve porém que confessaram:
"Entendi, mas não senti". Os meus amigos...
percebi mais duma vez que sentiam, mas não
entendiam. Evidentemente meu livro é bom.

Escritor de nome disse dos meus amigos e de
mim que ou éramos gênios ou bestas. Acho que
tem razão. Sentimos, tanto eu como meus amigos,
o anseio do farol. Si fôssemos tão carneiros a
ponto de termos escola coletiva, esta seria por
certo o "Farolismo". Nosso desejo: alumiar. A
extrema-esquerda em que nos colocamos não
permite meio-termo. Si gênios: indicaremos o
caminho a seguir; bestas: naufrágios por evitar.

Canto da minha maneira. Que me importa si me
não entendem? Não tenho forças bastantes

para me universalizar? Paciência. Com o vário
alaúde que construí, me parto por essa selva
selvagem da cidade. Como o homem primitivo
cantarei a princípio só. Mas canto é agente
simpático: faz renascer na alma dum outro
predisposto ou apenas sinceramente curioso e
livre, o mesmo estado lírico provocado em nós
por alegrias, sofrimentos, ideais. Sempre hei de
achar também algum, alguma que se embalarão
à cadência libertária dos meus versos. Nesse
momento: novo Anfião moreno e caixa-d'óculos,
farei que as próprias pedras se reúnam em
muralhas à magia do meu cantar. E dentro
dessas muralhas esconderemos nossa tribo.

Minha mão escreveu a respeito deste livro que
"não tinha e não tem nenhuma intenção de
o publicar". *Jornal do Comércio*, 6 de junho. Leia
frase de Gourmont sobre contradição:
1º volume das *Promenades Littéraires*. Rui
Barbosa tem sobre ela página lindíssima, não
me recordo onde. Há umas palavras também em
João Cocteau, *La Noce Massacrée*.

Mas todo este prefácio, com todo o disparate das
teorias que contém, não vale coisíssima
nenhuma. Quando escrevi *Paulicéia Desvairada*
não pensei em nada disto. Garanto porém que
chorei, que cantei, que ri, que berrei... Eu vivo!

Aliás versos não se escrevem para leitura de
olhos mudos. Versos cantam-se, urram-se,
choram-se. Quem não souber cantar não leia

Paisagem nº 1. Quem não souber urrar não leia
Ode ao Burguês. Quem não souber rezar, não leia
Religião. Desprezar: A Escalada. Sofrer:
Colloque Sentimental. Perdoar: a cantiga do
berço, um dos solos de Minha Loucura, das
Enfibraturas do Ipiranga. Não continuo.
Repugna-me dar a chave de meu livro. Quem
for como eu tem essa chave.

E está acabada a escola poética "Desvairismo".

Próximo livro fundarei outra.

E não quero discípulos. Em arte: escola =
imbecilidade de muitos para vaidade dum só.

Poderia ter citado Gorch Fock. Evitava o
Prefácio Interessantíssimo. "Toda canção de
liberdade vem do cárcere."

       Pauliceia Desvairada
    dezembro de 1920 — dezembro de 1921

INSPIRAÇÃO

> *"Onde até na força do verão havia*
> *tempestades de ventos e frios de*
> *crudelíssimo inverno."*
> Fr. Luís de Sousa

São Paulo! comoção de minha vida...
Os meus amores são flores feitas de original...
Arlequinal!... Traje de losangos... Cinza e ouro...
Luz e bruma... Forno e inverno morno...
Elegâncias sutis sem escândalos, sem ciúmes...
Perfumes de Paris... Arys!
Bofetadas líricas no Trianon... Algodoal!...

São Paulo! comoção de minha vida...
Galicismo a berrar nos desertos da América!

O TROVADOR

Sentimentos em mim do asperamente
dos homens das primeiras eras...
As primaveras de sarcasmo
intermitentemente no meu coração arlequinal...
Intermitentemente...
Outras vezes é um doente, um frio
na minha alma doente como um longo som redondo...
Cantabona! Cantabona!
Dlorom...

Sou um tupi tangendo um alaúde!

OS CORTEJOS

Monotonias das minhas retinas...
Serpentinas de entes frementes a se desenrolar...
Todos os sempres das minhas visões! "Bon giorno, caro."

Horríveis as cidades!
Vaidades e mais vaidades...
Nada de asas! Nada de poesia! Nada de alegria!
Oh! os tumultuários das ausências!
Pauliceia — a grande boca de mil dentes;
e os jorros dentre a língua trissulca
de pus e de mais pus de distinção...
Giram homens fracos, baixos, magros...
Serpentinas de entes frementes a se desenrolar...

Estes homens de São Paulo,
todos iguais e desiguais,
quando vivem dentro dos meus olhos tão ricos,
parecem-me uns macacos, uns macacos.

A ESCALADA

(Maçonariamente.)
— Alcantilações!... Ladeiras sem conto!...
Estas cruzes, estas crucificações da honra!...
— Não há ponto final no morro das ambições.
As bebedeiras do vinho dos aplaudires...
Champanhações... Cospe os fardos!

(São Paulo é trono.) — E as imensidões das escadarias!...
— Queres te assentar no píncaro mais alto? Catedral?...
— Estas cadeias da virtude!...

— Tripinga-te! (Os empurrões dos braços em segredo.)
Principiarás escravo, irás a Chico-Rei!

(Há fita de série no Colombo.
O Empurrão na Escuridão. Film nacional.)
— Adeus lírios do Cubatão para os que andam sozinhos!
(Sono tré tustune per i ragazzini.)
— Estes mil quilos da crença!...
— Tripinga-te! Alcançarás o sólio e o sol sonante!
Cospe os fardos! Cospe os fardos!
Vê que facilidades as tais asas?...
(Toca a banda do Fieramosca: Pa, pa, pa, pum!
Toca a banda da polícia: Ta, ra, ta, tchim!)
És rei! Olha o rei nu!
Que é dos teus fardos, Hermes Pança?!

— Deixei-os lá nas margens das escadarias,
onde nas violetas corria o rio dos olhos de minha mãe...
— Sossega. És rico, és grandíssimo, és monarca!
Alguém agora t'os virá trazer.

(E ei-lo na curul do vesgo Olho-na-Treva.)

RUA DE SÃO BENTO

Triângulo.

Há navios de vela para os meus naufrágios!
E os cantares da uiara rua de São Bento...

Entre estas duas ondas plúmbeas de casas plúmbeas,
as minhas delícias das asfixias da alma!

Há leilão. Há feira de carnes brancas. Pobres arrozais!
Pobres brisas sem pelúcias lisas a alisar!
A caînçalha... A Bolsa... As jogatinas...

Não tenho navios de vela para mais naufrágios!
Faltam-me as forças! Falta-me o ar!
Mas qual! Não há sequer um porto morto!
"Can you dance the tarantella?" — "Ach! ya."
São as califórnias duma vida milionária
numa cidade arlequinal...

O Clube Comercial... A Padaria Espiritual...
Mas a desilusão dos sombrais amorosos
põe *majoration temporaire*, 100% nt!...
Minha Loucura, acalma-te!
Veste o *water-proof* dos tambéns!

Nem chegarás tão cedo
à fábrica de tecidos dos teus êxtases;
telefone: Além, 3991...
Entre estas duas ondas plúmbeas de casas plúmbeas,
vê, lá nos muito-ao-longes do horizonte,
a sua chaminé de céu azul!

O REBANHO

Oh! minhas alucinações!
Vi os deputados, chapéus altos,
Sob o pálio vesperal, feito de mangas-rosas,
Saírem de mãos dadas do Congresso...
Como um possesso num acesso em meus aplausos
Aos salvadores do meu Estado amado!...

*
Desciam, inteligentes, de mãos dadas,
Entre o trepidar dos táxis vascolejantes,
A rua Marechal Deodoro...
Oh! minhas alucinações!
Como um possesso num acesso em meus aplausos
Aos heróis do meu Estado amado!...

E as esperanças de ver tudo salvo!
Duas mil reformas, três projetos...
Emigram os futuros noturnos...
E verde, verde, verde!...
Oh! minhas alucinações!
Mas os deputados, chapéus altos,
Mudavam-se pouco a pouco em cabras!
Crescem-lhes os cornos, descem-lhes as barbinhas...

E vi que os chapéus altos do meu Estado amado,
Com os triângulos de madeira no pescoço,
Nos verdes esperanças, sob as franjas de ouro da tarde,
Se punham a pastar
Rente do Palácio do senhor presidente...
Oh! minhas alucinações!

TIETÊ

Era uma vez um rio...
Porém os Borbas-Gatos dos ultranacionais esperiamente!

Havia nas manhãs cheias de Sol do entusiasmo
as monções da ambição...
E as gigânteas vitórias!

As embarcações singravam rumo do abismal Descaminho...
Arroubos... Lutas... Setas... Cantigas... Povoar!...
Ritmos de Brecheret!... E a santificação da morte!
Foram-se os ouros!... E o hoje das turmalinas!...

— Nadador! vamos partir pela via dum Mato-Grosso?
— Io! Mai!. .. (Mais dez braçadas.
Quina Migone. Hat Stores. Meia de seda.)
Vado a pranzare con la Ruth.

PAISAGEM Nº 1

Minha Londres das neblinas finas!
Pleno verão. Os dez mil milhões de rosas paulistanas.
Há neve de perfumes no ar.
Faz frio, muito frio...
E a ironia das pernas das costureirinhas
Parecidas com bailarinas...
O vento é como uma navalha
Nas mãos dum espanhol. Arlequinal...
Há duas horas queimou Sol.
Daqui a duas horas queima Sol.

Passa um São Bobo, cantando, sob os plátanos,
Um tralalá... A guarda-cívica! Prisão!
Necessidade a prisão
Para que haja civilização?
Meu coração sente-se muito triste...
Enquanto o cinzento das ruas arrepiadas
Dialoga um lamento com o vento...

*

Meu coração sente-se muito alegre!
Este friozinho arrebitado
Dá uma vontade de sorrir!

E sigo. E vou sentindo,
À inquieta alacridade da invernia,
Como um gosto de lágrimas na boca...

ODE AO BURGUÊS

Eu insulto o burguês! O burguês-níquel,
O burguês-burguês!
A digestão bem-feita de São Paulo!
O homem-curva! o homem-nádegas!
O homem que sendo francês, brasileiro, italiano,
É sempre um cauteloso pouco-a-pouco!

Eu insulto as aristocracias cautelosas!
Os barões lampiões! os condes Joões! os duques zurros!
Que vivem dentro de muros sem pulos;
E gemem sangues de alguns mil-réis fracos
Para dizerem que as filhas da senhora falam o francês
E tocam o *Printemps* com as unhas!

Eu insulto o burguês-funesto!
O indigesto feijão com toucinho, dono das tradições!
Fora os que algarismam os amanhãs!
Olha a vida dos nossos setembros!
Fará Sol? Choverá? Arlequinal!
Mas à chuva dos rosais
O êxtase fará sempre Sol!

*

Morte à gordura!
Morte às adiposidades cerebrais!
Morte ao burguês-mensal!
Ao burguês-cinema! ao burguês-tílburi!
Padaria Suíça! Morte viva ao Adriano!
"— Ai, filha, que te darei pelos teus anos?
— Um colar... — Conto e quinhentos!!!
Mas nós morremos de fome!"

Come! Come-te a ti mesmo, oh! gelatina pasma!
Oh! purée de batatas morais!
Oh! cabelos nas ventas! oh! carecas!
Ódio aos temperamentos regulares!
Ódio aos relógios musculares! Morte e infâmia!
Ódio à soma! Ódio aos secos e molhados!
Ódio aos sem desfalecimentos nem arrependimentos,
sempiternamente as mesmices convencionais!
De mãos nas costas! Marco eu o compasso! Eia!
Dois a dois! Primeira posição! Marcha!
Todos para a Central do meu rancor inebriante!

Ódio e insulto! Ódio e raiva! Ódio e mais ódio!
Morte ao burguês de giolhos,
cheirando religião e que não crê em Deus!
Ódio vermelho! Ódio fecundo! Ódio cíclico!
Ódio fundamento, sem perdão!

Fora! Fu! Fora o bom burguês!...

TRISTURA

> *"Une rose dans les ténèbres"*
> MALLARMÉ

Profundo. Imundo meu coração...
Olha o edifício: Matadouros da Continental.
Os vícios viciaram-me na bajulação sem sacrifícios...
Minha alma corcunda como a avenida São João...

E dizem que os polichinelos são alegres!
Eu nunca em guizos nos meus interiores arlequinais!...

Pauliceia, minha noiva... Há matrimônios assim...
Ninguém os assistirá nos jamais!

As permanências de ser um na febre!

Nunca nos encontramos...
Mas há *rendez-vous* na meia-noite do Armenonville...

E tivemos uma filha, uma só...
Batismos do sr. cura Bruma;

água-benta das garoas monótonas...
Registrei-a no cartório da Consolação...
Chamei-a Solitude das Plebes...

Pobres cabelos cortados da nossa monja!

DOMINGO

Missas de chegar tarde, em rendas,
e dos olhares acrobáticos...
Tantos telégrafos sem fio!
Santa Cecília regurgita de corpos lavados
e de sacrilégios picturais...
Mas Jesus Cristo nos desertos,
mas o sacerdote no "Confiteor"... Contrastar!
— Futilidade, civilização...

Hoje quem joga?... O Paulistano
Para o Jardim América das rosas e dos pontapés!
Friedenreich fez goal! Corner! Que juiz!
Gostar de Bianco? Adoro. Qual Bartô...
E o meu xará maravilhoso!...
— Futilidade, civilização...

Mornamente em gasolinas... Trinta e cinco contos!
Tens dez mil-réis? vamos ao corso...
E filar cigarros a quinzena inteira...
Ir ao corso é lei. Viste Marília?
E Filis? Que vestido: pele só!
Automóveis fechados... Figuras imóveis...
O bocejo do luxo... Enterro.
E também as famílias dominicais por atacado,
entre os convenientes perenemente...
— Futilidade, civilização

Central. Drama de adultério.
A Bertini arranca os cabelos e morre.
Fugas... Tiros... Tom Mix!
Amanhã fita alemã... de beiços...

As meninas mordem os beiços pensando em fita alemã...
As romas de Petrônio...

E o leito virginal... Tudo azul e branco!
Descansar... Os anjos... Imaculado!
As meninas sonham masculinidades...
Futilidade, civilização

O DOMADOR

Alturas da Avenida. Bonde 3.
Asfaltos. Vastos, altos repuxos de poeira
Sob o arlequinal do céu ouro-rosa-verde...
As sujidades implexas do urbanismo.
Filets de manuelino. Calvícies de Pensilvânia.

Gritos de goticismo.
Na frente o *tram* da irrigação,
Onde um Sol bruxo se dispersa
Num triunfo persa de esmeraldas, topázios e rubis...
Lânguidos botticellis a ler Henry Bordeaux
Nas clausuras sem dragões dos torreões...

Mário, paga os duzentos réis.
São cinco no banco: um branco,
Um noite, um ouro,
Um cinzento de tísica e Mário...
Solicitudes! Solicitudes!

Mas... olhai, oh meus olhos saudosos dos ontens
Esse espetáculo encantado da Avenida!
Revivei, oh gaúchos paulistas ancestremente!

E oh cavalos de cólera sanguínea!
Laranja da China, laranja da China, laranja da China!
Abacate, cambucá e tangerina!
Guardate! Aos aplausos do esfuziante clown,
Heroico sucessor da raça heril dos bandeirantes,
Passa galhardo um filho de imigrante,
Louramente domando um automóvel!

ANHANGABAÚ

Parques do Anhangabaú nos fogaréus da aurora...
Oh larguezas dos meus itinerários!...
Estátuas de bronze nu correndo eternamente,
num parado desdém pelas velocidades...

O carvalho votivo escondido nos orgulhos
do bicho de mármore parido no *Salon*...
Prurido de estesias perfumando em rosais
o esqueleto trêmulo do morcego...
Nada de poesia, nada de alegrias!...

E o contraste boçal do lavrador
que sem amor afia a foice...

Estes meus parques do Anhangabaú ou de Paris,
onde as tuas águas, onde as mágoas dos teus sapos?
"Meu pai foi rei!
— Foi. — Não foi. — Foi. — Não foi."
Onde as tuas bananeiras?
Onde o teu rio frio encanecido pelos nevoeiros,
contando histórias aos sacis?...

*

Meu querido palimpsesto sem valor!
Crônica em mau latim
cobrindo uma écloga que não seja de Virgílio!...

A CAÇADA

A bruma neva... Clamor de vitórias e dolos...
Monte São Bernardo sem cães para os alvíssimos!
Cataclismos de heroísmos... O vento gela...
Os cinismos plantando o estandarte;
enviando para todo o universo
novas cartas-de-Vaz-Caminha!...
Os Abéis quase todos muito ruins
a escalar, em lama, a glória...
Cospe os fardos!

Mas sobre a turba adejam os cartazes de *Papel e Tinta*
como grandes mariposas de sonho queimando-se
                                                 [na luz...

E o maxixe do crime puladinho
na eternização dos três dias... Tripudiares gaios!...
Roubar... Vencer... Viver os respeitosamente, no
                                                 [crepúsculo

A velhice e a riqueza têm as mesmas cãs.
A engrenagem trepida... A bruma neva...
Uma síncope: a sereia da polícia
que vai prender um bêbedo no Piques...

Não há mais lugares no boa-vista triangular.
Formigueiro onde todos se mordem e devoram...

O vento gela... Fermentação de ódios egoísmos
para o caninha-do-O' dos progredires...

Viva virgem vaga desamparada...
Malfadada! Em breve não será mais virgem
nem desamparada!
Terá o amparo de todos os desamparos!

Tossem: O Diário! A Plateia...
Lívidos doze-anos por um tostão
Também quero ler o aniversário dos reis...
Honra ao mérito! Os virtuosos hão de sempre ser
[louvados
e retratificados...
Mais um crime na Mooca!
Os jornais estampam as aparências
dos grandes que fazem anos, dos criminosos que
[fazem danos...

Os quarenta-graus das riquezas! O vento gela...
Abandonos! Ideais pálidos!
Perdidos os poetas, os moços, os loucos!
Nada de asas! nada de poesia! nada de alegria!
A bruma neva... Arlequinal!
Mas viva o Ideal! God save the poetry!

— Abade Liszt da minha filha monja,
na Cadillac mansa e glauca da ilusão,
passa o Oswald de Andrade
mariscando gênios entre a multidão!...[4]

---

[4] A última imagem está numa crônica rutilante de Hélios. Não houve plágio. Hélios repetiu legitimamente a frase já ouvida, e então lugar-comum entre nós, para caracterizar deliciosa mania do Oswald. (N. A.)

NOTURNO

Luzes do Cambuci pelas noites de crime...
Calor!... E as nuvens baixas muito grossas,
Feitas de corpos de mariposas,
Rumorejando na epiderme das árvores...

Gingam os bondes como um fogo de artifício,
Sapateando nos trilhos,
Cuspindo um orifício na treva cor de cal...

Num perfume de heliotrópios e de poças
Gira uma flor-do-mal... Veio do Turquestão;
E traz olheiras que escurecem almas...
Fundiu esterlinas entre as unhas roxas
Nos oscilantes de Ribeirão Preto...

— Batat'assat'ô furnn!...

Luzes do Cambuci pelas noites de crime!...
Calor... E as nuvens baixas muito grossas,
Feitas de corpos de mariposas,
Rumorejando na epiderme das árvores...

Um mulato cor de ouro,
Com uma cabeleira feita de alianças polidas...
Violão! "Quando eu morrer..." Um cheiro pesado de
                                           [baunilhas

Oscila, tomba e rola no chão...
Ondula no ar a nostalgia das Baías...

*

E os bondes passam como um fogo de artifício,
Sapateando nos trilhos,
Ferindo um orifício na treva cor de cal...

— Batat'assat'ô furnn!...

Calor!... Os diabos andam no ar
Corpos de nuas carregando...
As lassitudes dos sempres imprevistos!
E as almas acordando às mãos dos enlaçados!
Idílios sob os plátanos!...
E o ciúme universal às fanfarras gloriosas
De saias cor-de-rosa e gravatas cor-de-rosa!...

Balcões na cautela latejante, onde florem Iracemas
Para os encontros dos guerreiros brancos... Brancos?
E que os cães latam nos jardins!
Ninguém, ninguém, ninguém se importa!
Todos embarcam na Alameda dos Beijos da Aventura!
Mas eu... Estas minhas grades em girândolas de
[jasmins,
Enquanto as travessas do Cambuci nos livres
Da liberdade dos lábios entreabertos!...
Arlequinal! Arlequinal!
As nuvens baixas muito grossas,
Feitas de corpos de mariposas,
Rumorejando na epiderme das árvores...
Mas sobre estas minhas grades em girândolas de
[jasmins,
O estalário delira em carnagens de luz,
E meu céu é todo um rojão de lágrimas!...

*

E os bondes passam como um fogo de artifício,
Sapateando nos trilhos,
Jorrando um orifício na treva cor de cal...

— Batat'assat'ô furnn!...

PAISAGEM Nº 2

Escuridão dum meio-dia de invernia...
Marasmos... Estremeções... Brancos...
O céu é toda uma batalha convencional de *confetti*
                                                  [brancos;
e as onças-pardas das montanhas no longe...
Oh! para além vivem as primaveras eternas!

As casas adormecidas
parecem teatrais gestos dum explorador do polo
que o gelo parou no frio...

Lá para as bandas do Ipiranga as oficinas tossem...
Todos os estiolados são muito brancos.
Os invernos de Pauliceia são como enterros de virgem...
Italianinha, torna al tuo paese!

Lembras-te? As barcarolas dos céus azuis nas águas
                                                    [verdes...
Verde — cor dos olhos dos loucos!
As cascatas das violetas para os lagos...
Primaveral — cor dos olhos dos loucos!

Deus recortou a alma de Pauliceia
num cor de cinza sem odor...
Oh! para além vivem as primaveras eternas!...

Mas os homens passam sonambulando...
E rodando num bando nefário,
vestidas de eletricidade e gasolina,
as doenças jocotoam em redor...

Grande função ao ar livre!
Bailado de Cocteau com os barulhadores de Russolo!
Opus 1921

São Paulo é um palco de bailados russos.
Sarabandam a tísica, a ambição, as invejas, os crimes
e também as apoteoses da ilusão...
Mas o Nijinsky sou eu!
E vem a Morte, minha Karsavina!
Quá, quá, quá! Vamos dançar o fox-trot da desesperança
a rir, a rir dos nossos desiguais!

TU

Morrente chama esgalga,
Mais morta inda no espírito!
Espírito de fidalga,
Que vive dum bocejo entre dois galanteios
E de longe em longe uma chávena da treva bem forte!

Mulher mais longa
Que os pasmos alucinados
Das torres de São Bento!
Mulher feita de asfalto e de lamas de várzea,
Toda insultos nos olhos,
Toda convite nessa boca louca de rubores!

Costureirinha de São Paulo,
Ítalo-franco-luso-brasílico-saxônica,
Gosto dos teus ardores crepusculares,
Crepusculares e por isso mais ardentes,
Bandeirantemente!

Lady Macbeth feita de névoa fina,
pura neblina da manhã!
Mulher que és minha madrasta e minha irmã!
Trituração ascensional dos meus sentidos!
Risco de aeroplano entre Mogi e Paris!
Pura neblina da manhã!

Gosto dos teus desejos de crime turco
e das tuas ambições retorcidas como roubos!
Amo-te de pesadelos taciturnos,
Materialização da Canaã do meu Poe!
Never more!

Emílio de Meneses insultou a memória do meu Poe...

Oh! Incendiária dos meus aléns sonoros!
Tu és o meu gato preto!
Tu me esmagaste nas paredes do meu sonho!
Este sonho medonho!...

E serás sempre, morrente chama esgalga,
Meio fidalga, meio barregã,
As alucinações crucificantes
De todas as auroras de meu jardim!

PAISAGEM Nº 3

Chove?
Sorri uma garoa cor de cinza,
Muito triste, como um tristemente longo...
A Casa Kosmos não tem impermeáveis em liquidação...
Mas neste largo do Arouche
Posso abrir o meu guarda-chuva paradoxal,
Este lírico plátano de rendas mar...

Ali em frente... — Mário, põe a máscara!
— Tens razão, minha Loucura, tens razão.
O rei de Tule jogou a taça ao mar...

Os homens passam encharcados...
Os reflexos dos vultos curtos
Mancham o *petit-pavé*...
As rolas da Normal
Esvoaçam entre os dedos da garoa...
(E si pusesse um verso de Crisfal
No De Profundis?...)
De repente
Um raio de Sol arisco
Risca o chuvisco ao meio.

COLLOQUE SENTIMENTAL

Tenho os pés chagados nos espinhos das calçadas...
Higienópolis!... As Babilônias dos meus desejos baixos...
Casas nobres de estilo... Enriqueceres em tragédias...
Mas a noite é toda um véu de noiva ao luar!

A preamar dos brilhos das mansões...
O jazz-band da cor... O arco-íris dos perfumes...
O clamor dos cofres abarrotados de vidas...
Ombros nus, ombros nus, lábios pesados de adultério...
E o *rouge* — cogumelo das podridões...
Exércitos de casacas eruditamente bem talhadas...

Sem crimes, sem roubos o carnaval dos títulos...
Si não fosse o talco adeus sacos de farinha!
Impiedosamente...

— Cavalheiro... — Sou conde! — Perdão.
Sabe que existe um Brás, um Bom Retiro?

— Apre! respiro... Pensei que era pedido.
Só conheço Paris!

— Venha comigo então.
Esqueça um pouco os braços da vizinha...

— Percebeu, hein! Dou-lhe gorjeta e cale-se.
O sultão tem dez mil... Mas eu sou conde!

— Vê? Estas paragens trevas de silêncio...
Nada de asas, nada de alegria... A Lua...

A rua toda nua... As casas sem luzes...
E a mirra dos martírios inconscientes...

— Deixe-me pôr o lenço no nariz.
Tenho todos os perfumes de Paris!

*

— Mas olhe, embaixo das portas, a escorrer...
— Para os esgotos! Para os esgotos!

— a escorrer,
Um fio de lágrimas sem nome!...

RELIGIÃO

Deus! creio em Ti! Creio na tua Bíblia!

Não que a explicasse eu mesmo,
porque a recebi das mãos dos que viveram as
                                     [iluminações!

Catolicismo! sem pinturas de Calixto!... As
                                     [humildades...
No poço das minhas erronias
vi que reluzia a Lua dos teus perdoares!...

Rio-me dos Luteros parasitais
e dos orgulhos soezes que não sabem ser orgulhos da
                                     [Verdade;

e os mações, que são pecados vivos,
e que nem sabem ser Pecado!

Oh! minhas culpas e meus tresvarios!
E as nobilitações dos meus arrependimentos
chovendo para a fecundação das Palestinas!
Confessar!...

Noturno em sangue do Jardim das Oliveiras!...

*

Naves de Santa Ifigênia,
os meus joelhos criaram escudos de defesa contra vós!
Cantai como me arrastei por vós!
Dizei como me debrucei sobre vós!

Mas dos longínquos veio o Redentor!
E no poço sem fundo das minhas erronias
vi que reluzia a Lua dos seus perdoares!...

"Santa Maria, mãe de Deus..."
A minha mãi da terra é toda os meus entusiasmos:
dar-lhe-ia os meus dinheiros e minhas mãos também!
Santa Maria dos olhos verdes, verdes,
venho depositar aos vossos pés verdes
a coroa de luz da minha loucura!

Alcançai para mim
a Hospedaria dos Jamais Iluminados!

PAISAGEM Nº 4

Os caminhões rodando, as carroças rodando,
Rápidas as ruas se desenrolando,
Rumor surdo e rouco, estrépitos, estalidos...
E o largo coro de ouro das sacas de café!...

Na confluência o grito inglês da São Paulo Railway...
Mas as ventaneiras da desilusão! a baixa do café!...
As quebras, as ameaças, as audácias superfinas!...
Fogem os fazendeiros para o lar!... Cincinato Braga!...
Muito ao longe o Brasil com seus braços cruzados...
Oh! as indiferenças maternais!...

*

Os caminhões rodando, as carroças rodando,
rápidas as ruas se desenrolando,
rumor surdo e rouco, estrépitos, estalidos...
E o largo coro de ouro das sacas de café!...

Lutar!
A vitória de todos os sozinhos!...
As bandeiras e os clarins dos armazéns abarrotados...
Hostilizar!... Mas as ventaneiras dos braços cruzados!...

E a coroação com os próprios dedos!
Mutismos presidenciais, para trás!
Ponhamos os (Vitória!) colares de presas inimigas!
Enguirlandemo-nos de café-cereja!
Taratá! e o peã de escárnio para o mundo!

Oh! este orgulho máximo de ser paulistamente!!!

AS ENFIBRATURAS DO IPIRANGA

(Oratório profano)

"*O, woe is me*
To have seen what I have seen, see what I see!"
SHAKESPEARE

Distribuição de vozes:

OS ORIENTALISMOS CONVENCIONAIS — (escritores demais artífices elogiáveis) — Largo, impoente coro afinadíssimo de sopranos, contraltos, barítonos, baixos.
AS SENECTUDES TREMULINAS — (milionários e burgueses) — Coro de sopranistas.
OS SANDAPILÁRIOS INDIFERENTES — (operariado, gente pobre) — Barítonos e baixos.
AS JUVENILIDADES AURIVERDES — (nós) — Tenores, sempre tenores! Que o diga Walter von Stolzing!
MINHA LOUCURA — Soprano ligeiro. Solista.
Acompanhamento de orquestra e banda.

Local de execução: A esplanada do Teatro Municipal. Banda e orquestra colocadas no terrapleno que tomba sobre os jardins. São perto de cinco mil instrumentistas dirigidos por maestros... vindos do estrangeiro. Quando a solista canta há silêncio orquestral — salvo nos casos propositadamente mencionados. E, mesmo assim, os instrumentos que então ressoam, fazem-no a contragosto dos maestros. Nos coros dos ORIENTALISMOS CONVENCIONAIS a banda junta-se à orquestra. É um *tutti* formidando.

Quando cantam as JUVENILIDADES AURIVERDES (há naturalmente falta de ensaios) muitos instrumentos silenciam. Alguns desafinam. Outros partem as cordas. Só aguentam o *rubato* lancinate violinos, flautas, clarins, a bateria e mais borés e maracás.

OS ORIENTALISMOS CONVENCIONAIS estão nas janelas e terraços do Teatro Municipal. AS SENECTUDES TREMULINAS disseminaram-se pelas sacadas do Automóvel Clube, da Prefeitura, da *Rôtisserie*, da Tipografia Weisflog, do Hotel Carlton e mesmo da Livraria Alves, ao longe. Os SANDAPILÁRIOS INDIFERENTES berram do Viaduto do Chá. Mas as JUVENILIDADES AURIVERDES estão embaixo, nos parques do Anhangabaú, com os pés enterrados no solo, minha loucura no meio delas.

Na Aurora do Novo Dia

Prelúdio

As caixas anunciam a arraigada. Todos os 550 000 cantores concertam apressadamente as gargantas e tomam fôlego com exagero; enquanto os borés, as trompas, o órgão, cada timbre por sua vez, entre largos silêncios reflexivos, enunciam, sem desenvolvimento nem harmonização, o tema: "Utilius est saspe et securius quod homo non habeat multas consolationes in hac vita".

E começa o oratório profano, que teve por nome
As enfibraturas do Ipiranga

AS JUVENILIDADES AURIVERDES
(pianíssimo)

Nós somos as Juvenilidades Auriverdes!
As franjadas flâmulas das bananeiras,
As esmeraldas das araras,
Os rubis dos colibris,
Os lirismos dos sabiás e das jandaias,
Os abacaxis, as mangas, os cajus
Almejam localizar-se triunfantemente,
Na fremente celebração do Universal!...
Nós somos as Juvenilidades Auriverdes!
As forças vivas do torrão natal,
As ignorâncias iluminadas,
Os novos sóis luscofuscolares
Entre os sublimes das dedicações!...
Todos para a fraterna música do Universal!
Nós somos as Juvenilidades Auriverdes!

OS SANDAPILÁRIOS INDIFERENTES
(num estampido preto)

Vá de rumor! Vá de rumor!
Esta gente não nos deixa mais dormir!
Antes "E lucevan le stelle" de Puccini!
Oh! pé de anjo, pé de anjo!
Fora! Fora o que é de despertar!

*(a orquestra num crescendo cromático
de contrabaixos anuncia...)*

OS ORIENTALISMOS CONVENCIONAIS

Somos os Orientalismos Convencionais!
Os alicerces não devem cair mais!
Nada de subidas ou de verticais!
Amamos as chatezas horizontais!
Abatemos perobas de ramos desiguais!
Odiamos as matinadas arlequinais!
Viva a Limpeza Pública e os hábitos morais!
Somos os Orientalismos Convencionais!

Deve haver Von Iherings para todos os tatus!
Deve haver Vitais Brasis para os urutus!
Mesmo peso de feijão em todos os tutus!
Só é nobre o passo dos jaburus!
Há estilos consagrados para Pacaembus!
Que os nossos antepassados foram homens de truz!
Não lhe bastam velas? Para que mais luz!

Temos nossos coros só no tom de dó!
Para os desafinados, doutrina de cipó!
Usamos capas de seda, é só escovar o pó!
Diariamente à mesa temos mocotó!
Per omnia sascula saeculorum moinhos terão mó!
Anualmente de sobrecasaca, não de paletó,
Vamos visitar o esqueleto de nossa grande Avó!
Glória aos iguais! Um é todos! Todos são um só!
Somos os Orientalismos Convencionais!

AS JUVENILIDADES AURIVERDES
*(perturbadas com o fabordão,
recomeçam mais alto, incertas)*

Magia das alvoradas entre magnólias e rosas...
Apelos do estelário visível aos alguéns...
— Pão de ícaros sobre a toalha extática do azul!
Os tuins esperanças das nossas ilusões!
Suaviloquências entre as deliquescências
Dos sáfaros, aos raios do maior solar!...
Sobracemos as muralhas! Investe com os cardos!
Rasga-te nos acúleos! Tomba sobre o chão!
Hão de vir valquírias para os olhos-fechados!
Anda! Não pares nunca! Aliena o duvidar
E as vacilações perpetuamente!

AS SENECTUDES TREMULINAS
(tempo de minuete)

Quem são estes homens?
Maiores menores
Como é bom ser rico!
Maiores menores
Das nossas poltronas
Maiores menores.
Olhamos as estátuas
Maiores menores
Do signor Ximenes
— O grande escultor!

Só admiramos os célebres
E os recomendados também!

Quem tem galeria
Terá um Bouguereau!
Assinar o Lírico?
Elegância de preceito!
Mas que paulificância
Maiores menores
O *Tristão e Isolda*!
Maiores menores

Preferimos os coros
Dos Orientalis —
mos Convencionais!
Depois os sanchismos
(Ai! gentes, que bom!)
Da alta madrugada
No largo do Paiçandu!

Alargar as ruas...
E as Instituições?
Não pode! Não pode!
Maiores menores
Mas não há quem diga
Maiores menores
Quem são estes homens
Que cantam do chão?

(*a orquestra súbito emudece, depois duma grande gargalhada de Timbales*)

MINHA LOUCURA
(recitativo e balada)

Dramas da luz do luar no segredo das frestas
Perquirindo as escuridões...
A traição das mordaças!
E a paixão oriental dissolvida no mel!...

Estas marés da espuma branca
E a onipotência intransponível dos rochedos!
Intransponivelmente! Oh!...
A minha voz tem dedos muito claros
Que vão roçar nos lábios do Senhor;
Mas as minhas tranças muito negras
Emaranharam-se nas raízes do jacarandá...

Os cérebros das cascatas marulhantes
E o benefício das manhãs serenas do Brasil!

(grandes glissandos de harpa)

Estas nuvens da tempestade branca
E os telhados que não deixam a chuva batizar!
Propositadamente! Oh!...
Os meus olhos têm beijos muito verdes
Que vão cair às plantas do Senhor;
Mas as minhas mãos muito frágeis
Apoiaram-se nas faldas do Cubatão...

Os cérebros das cascatas marulhantes
E o benefício das manhãs solenes do Brasil!

(notas longas de trompas)

Estas espigas da colheita branca
E os escalrachos roubando a uberdade!
Enredadamente! Oh!...
Os meus joelhos têm quedas muito crentes
Que vão bater no peito do Senhor;
Mas os meus suspiros muito louros
Entreteceram-se com a rama dos cafezais...

Os cérebros das cascatas marulhantes
E o benefício das manhãs gloriosas do Brasil!

(harpas, trompas, órgão)

AS SENECTUDES TREMULINAS
(iniciando uma gavota)

Quem é essa mulher!
É louca, mas louca
pois anda no chão!

AS JUVENILIDADES AURIVERDES
(num crescendo fantástico)

Ódios, invejas, infelicidades!...
Crenças sem Deus! Patriotismos diplomáticos!
Cegar!
Desvalorização das lágrimas lustrais!
Nós não queremos mascaradas! E ainda menos
Cordões "Flor-do-Abacate" das superfluidades!
Os tumultos da luz!... As lições dos maiores!...
E a integralização da vida no Universal!

As estradas correndo todas para o mesmo final!...
E a pátria simples, una, intangivelmente
Partindo para a celebração do Universal!
Ventem nossos desvarios fervorosos!
Fulgurem nossos pensamentos dadivosos!
Clangorem nossas palavras proféticas
Na grande profecia virginal!
Somos as Juvenilidades Auriverdes!
A passiflora! o espanto! a loucura! o desejo!
Cravos! mais cravos para nossa cruz!

OS ORIENTALISMOS CONVENCIONAIS
(Tutti. O crescendo é resolvido numa solene marcha fúnebre)

Para que cravos? Para que cruzes?
Submetei-vos à metrificação!
A verdadeira luz está nas corporações!
Aos maiores: serrote; aos menores: o salto...
E a glorificação das nossas ovações!

AS JUVENILIDADES AURIVERDES
(num clamor)

Somos as Juvenilidades Auriverdes!
A passiflora! o espanto! a loucura! o desejo!
Cravos! mais cravos para nossa cruz!

OS ORIENTALISMOS CONVENCIONAIS
(a tempo)

Para que cravos? Para que cruzes?
Submetei-vos à poda!
Para que as artes vivam e revivam
Use-se o regime do quartel!
É a riqueza! O nosso anel de matrimônio!
E as fecundidades regulares, refletidas...
E os perenementes da ligação mensal...

AS SENECTUDES TREMULINAS
(aos miados de flautim impotente)

Bravíssimo! Bem dito! Sai azar!
Os perenementes da ligação anual!

AS JUVENILIDADES AURIVERDES
(berrando)

Somos as Juvenilidades Auriverdes!
A passiflora! o espanto! a loucura! o desejo!
Cravos! mais cravos para nossa cruz!

OS ORIENTALISMOS CONVENCIONAIS
(da capo)

Para que cravos? Para que cruzes?
Universalizai-vos no senso comum!
Senti sentimentos de vossos pais e avós!

Para as almas sempres torresmos cerebrais!
E a sesta na rede pelos meios-dias!
Acordar às seis; deitar às vinte e meia;
E o banho semanal com sabão de cinza,
limpando da terra, calmando das erupções...
E a dignificação bocejal do mundo sem estações!...
Primavera, inverno, verão, outono...
Para que estações?

AS JUVENILIDADES AURIVERDES
(já vociferantes)

Cães! Piores que cães!
Somos as Juvenilidades Auriverdes!
Vós, burros! malditos! cães! piores que cães!

OS ORIENTALISMOS CONVENCIONAIS
(Sempre marcha fúnebre, cada vez mais forte porém)

Para que burros? Para que cães?
Produtividades regulares. Vivam as maleitas!
Intermitências de polegadas certas!

Nas arquiteturas renascença gálica;
Na música Verdi! Na escultura Fídias;
Carot na pintura, nos versos Leconte;
Na prosa Macedo, D'Annunzio e Bourget!
E na vida enfim, eternamente eterna,
Concertos de meia à luz do lampião,
Valsas de Godard no piano alemão,
Marido, mulher, as filhas, o noivo...

AS JUVENILIDADES AURIVERDES
(*numa grita descompassada*)

Malditos! Boçais! Cães! Piores que cães!
Somos as Juvenilidades Auriverdes!
A passiflora!... Vós, malditos! Boçais!

OS ORIENTALISMOS CONVENCIONAIS
(*fff*)

... O corso aos domingos, o chá no Trianon...
E as .... cidades, as .... cidades,
As .... cidades, as .... cidades,
E mil .... cidades...[5]

AS JUVENILIDADES AURIVERDES
(*ffff*)

Seus borras! Seus bêbados! Infames! Malditos!
A passiflora! O espanto! A loucura! O d...

OS ORIENTALISMOS CONVENCIONAIS
(*ffff*)

... e as perpetuidades
Das celebridades das nossas vaidades;

---

[5] Aqui o leitor, se for partidário dos ORIENTALISMOS, porá nomes de escritores paulistas que aprecia, se das JUVENILIDADES, os que detesta. Exemplo com meu próprio nome: E as mariocidades. Não existe esse sufixo: quero assim bater melhor o ritmo. (n. A.)

Das antiguidades às atualidades,
Ao fim das idades sem desigualdades
Quem há de...

AS JUVENILIDADES AURIVERDES
(loucos, sublimes, tombando exaustos)

Seus ....!!!
(A maior palavra feia que o leitor conhecer)
Nós somos as Juvenilidades Auriverdes!
A passiflora! o espanto!... a loucura! o desejo!...
Cravos!... Mais cravos... para... a nossa...

(Silêncio, Os ORIENTALISMOS CONVENCIONAIS, bem como as SENECTUDES TREMULINAS e OS SANDAPILÁRIOS INDIFERENTES fugiram e esconderam-se, tapando os ouvidos à grande, à máxima Verdade. A orquestra evaporou-se, espavorida. Os *maestri* sucumbiram. Caiu a noite, aliás; e na solidão da noite das mil estrelas As JUVENILIDADES AURIVERDES, tombadas no solo, chorando, chorando o arrependimento do tresvario final.)

MINHA LOUCURA
(suavemente entoa a cantiga de adormentar)

Chorai! Chorai! Depois dormi!
Venham os descansos veludosos
Vestir os vossos membros!... Descansai!
Ponde os lábios na terra! Ponde os olhos na terra!

Vossos beijos finais, vossas lágrimas primeiras
Para a branca fecundação!
Espalhai vossas almas sobre o verde!
Guardai nos mantos de sombra dos manacás
Os vossos vaga-lumes interiores!
Inda serão um Sol nos oiros do amanhã!
Chorai! Chorai! Depois dormi!

A mansa noite com seus dedos estelares
Fechará nossas pálpebras...
As vésperas do azul!...
As milhores vozes para vosso adormentar!
Mas o Cruzeiro do Sul e a saudade dos martírios...
Ondular do vaivém! Embalar do vaivém!
Para a restauração o vinho dos noturnos!...
Mas em vinte anos se abrirão as searas!
Virão os setembros das floradas virginais!
Virão os dezembros do Sol pojando os grânulos!
Virão os fevereiros dos café-cereja!
Virão os marços das maturações!

Virão os abris dos preparativos festivais!
E nos vinte anos se abrirão as searas!
E virão os maios! E virão os maios!
Rezas de Maria... Bimbalhadas... Os votivos...
As preces subidas... As graças vertidas...
Tereis a cultura da recordação!
Que o Cruzeiro do Sul e a saudade dos martírios
Plantem-se na tumba da noite em que sonhais...
Importa?!... Digo-vos eu nos mansos
Oh! Juvenilidades Auriverdes, meus irmãos:
Chorai! Chorai! Depois dormi!

Venham os descansos veludosos
Vestir os vossos membros!... Descansai!

Diuturnamente cantareis e tombareis.
As rosas... As borboletas... Os orvalhos...
O todo-dia dos imolados sem razão...
Fechai vossos peitos!
Que a noite venha depor seus cabelos aléns
Nas feridas de ardor dos cutilados!
E enfim no luto em luz, (Chorai!)
Das praias sem borrascas, (Chorai!)
Das florestas sem traições de guaranis
(Depois dormi!)
Que vos sepulte a Paz Invulnerável!

Venham os descansos veludosos
Vestir os vossos membros... Descansai!
      (quase a sorrir, dormindo)
Eu... os desertos... os Cains... a maldição...

(As JUVENILIDADES AURIVERDES e MINHA LOUCURA adormecem eternamente surdas; enquanto das janelas de palácios, teatros, tipografias, hotéis — escancaradas, mas cegas — cresce uma enorme vaia de assovios, zurros, patadas.)

  LAUS DEO!

LOSANGO CÁQUI

OU AFETOS MILITARES DE MISTURA COM OS PORQUÊS DE EU SABER ALEMÃO

a Anita Malfatti

ADVERTÊNCIA

Me resolvo a publicar este livro assim como foi composto em 1922. É um diário de três meses a que ajuntei uns poucos trechos de outras épocas que o completam e esclarecem. Sensações, ideias, alucinações, brincadeiras, liricamente anotadas. Raro tive a intenção de poema quando escrevi os versos sem título deste livro.

Aliás o que mais me perturba nesta feição artística a que me levaram minhas opiniões estéticas é que todo lirismo realizado conforme tal orientação se torna poesia-de-circunstância. E se restringe por isso a uma existência pessoal por demais. Lhe falta aquela característica de universalidade que deve ser um dos principais aspectos da obra-de-arte. Vivo parafusando, repensando e hesito em chamar estas poesias de poesias. Prefiro antes apresentá-las como anotações líricas de momentos de vida e movimentos subconscientes aonde vai com gosto o meu sentimento possivelmente pau-brasil e romântico.

Hoje estou convencido que a Poesia não pode ficar nisso. Tem de ir além. Pra que aléns não sei não e a gente nunca deve querer passar adiante de si mesmo.

Porém peço que este livro seja tomado como pergunta, não como solução que eu acredite siquer momentânea. A existência admirável que levo consagrei-a toda a procurar. Deus queira que não ache nunca... Porque seria então o descanso em vida, parar mais detestável que a morte. Minhas obras todas na significação verdadeira delas eu as mostro nem mesmo como soluções possíveis e transitórias. São procuras. Consagram e perpetuam esta inquietação gostosa de procurar. Eis o que é, o que imagino será toda a minha obra: uma curiosidade em via de satisfação.

Rapazes, não confundam a calma destas linhas preparatórias com a melancolia comum. Não tem melancolia aqui. Sou feliz. Estou convencido que cumpro o destino que deviam ter meu corpo em sua transformação, minha alma em sua finalidade.

E passo bem, muito obrigado.

M. de A.
São Paulo, 1924

I

Meu coração estrala.
Esse lugar-comum inesperado: Amor.

    Na trajetória rápida do bonde...
        De Santana à cidade.
           Da Terra à Lua
              Júlio Verne
           Atravessei o núcleo dum cometa?
        Me sinto vestido de luzes estranhas
    E da inquietação fulgurante da felicidade.

Aqueles olhos matinais sem nuvens...
Meu coração estrala.

      No entanto dia intenso apertado.
      Fui buscar minha farda.
      Choveu.
      Visita espanto
      Discussões estéticas.
      Automóvel confidencial.
      Os cariocas perderam o matche.
      Eta paulistas!

Mas aqueles olhos matinais sem nuvens...
Meu refrão!

*

E penso nela, unicamente penso em mim.
Amo todos os amores de São Paulo... do Brasil.
Eu sou a Fama de cem bocas
Pra beijar todas as mulheres do mundo!
Hoje é Suburra nos meus braços abraços frementes
[amor!
Minha Loucura, acalma-te.
... Muitos dias de exercícios militares...
      Previsões tenebrosas...
         Revoluções futuras...
Perspectiva de escravo cáqui, pardacento, fardacento...
Meu coração estrala.
Amor!

II
MÁQUINA DE ESCREVER

B D G Z, Remington.
Pra todas as cartas da gente.
Eco mecânico
De sentimentos rápidos batidos.
Pressa, muita pressa.
    Duma feita surripiaram a máquina de escrever
        [de meu mano.
    Isso também entra na poesia
    Porque ele não tinha dinheiro pra comprar outra.

Igualdade maquinal,
Amor ódio tristeza...
E os sorrisos da ironia
Pra todas as cartas da gente...
Os malévolos e os presidentes da República

Escrevendo com a mesma letra...
              Igualdade
            Liberdade
        Fraternité, point.
Unificação de todas as mãos...

       Todos os amores
          Começando por uns AA que se parecem...
       O marido que engana a mulher,
A mulher que engana o marido,
Os amantes os filhos os namorados...

      "Pêsames."

      "Situação difícil.
      Querido amigo... (E os 50 mil-réis.)
          Subscrevo-me
          adm^{ror}.
          obg.^{o}"
      E a assinatura manuscrita.

Trique... Estrago!
É na letra O.
Privação de espantos
Pras almas especulas diante da vida!
Todas as ânsias perturbadas!
Não poder contar meu êxtase
Diante dos teus cabelos fogaréu!

A interjeição saiu com o ponto fora de lugar!
Minha comoção
Se esqueceu de bater o retrocesso.
Ficou um fio

Tal e qual uma lágrima que cai
E o ponto-final depois da lágrima.

Porém não tive lágrimas, fiz "Oh!"
Diante dos teus cabelos fogaréu.
A máquina mentiu!
Sabes que sou muito alegre
E gosto de beijar teus olhos matinais.
Até quarta, heim, 11.

Bato dois LL minúsculos.
E a assinatura manuscrita.

III

— Mário de Andrade!
— Ah...
Me lembrava daquela cara olhos cabelos,
Daquelas mãos um dia cheias de amizade pra mim...
No entanto era um desconhecido.
— Faz tantos anos, Mário...
— Meia-dúzia, foi em 1916.
— Tive notícias de você... Pelos jornais. Tenho seguido.
— Ahn...
— Você mudou bastante.
— Estou mais forte.
— Os insultos foram por demais...
— Um pouco... Mas, você?
— Ora eu... Mas não acreditei, Mário de Andrade.
— E as manobras no Rio, se lembra!... Bom tempinho!
— Nosso tempo...
E quis me cercar daqueles braços caídos!...

Então, falando muito baixo pra mim mesmo,
Veríamos juntos se estou certo no que sou...
NO ENTANTO ERA UM DESCONHECIDO.
Convidou:
— Sigo pra Caçapava.
— Não pede transferência? É requerer do general. Eu
[fico aqui.
Me olhou rápido como envergonhado de procurar
[alguém.
Depois pousou o olhar nos horizontes curtos da Rua
[Conselheiro Crispiniano.
Depois deixou ele cair nas mãos encardidas pela
[companhia das sombras burocráticas.
Depois me fitou. Fixamente.
— Não. Vou pra Caçapava. Adeus, Mário de Andrade.
— Passe bem.

Que alívio!
Detesto os mortos que voltam.
São tão mais nossas imagens!

IV

Soldado raso da República.
Quarto Batalhão de Caçadores aquartelado em Santana.
Rogai por nós!
Valha-me Deus!
Todo vibro de ignorâncias militares.
... O calcanhar direito se levanta,
Corpo inclinado pra frente...,

A marcha rompe.

*

Marcha, soldado,
Cabeça de papel,
Soldado relaxado
Vai preso pro quartel...

V

"Escola! Sen... tido!"

E a manhã
    Noiva
    Invernal
   umidecida,
      Névoas
      Ventos
      Gotas d'água,
Se desenrola que nem novelo de fofa lã.

              Que frio!...

Quatro carreiras de menhires humanos.
IMOBILIDADE ABSOLUTA.
Porém as almas tremem retransidas.

— "Cabeças levantadas! Ninguém se mexa!"

E a neblina envereda ver garças batendo asas brancas
Pelos alinhamentos de Carnac.

VI

Queda pedrenta da ladeira.
Calcei botinas de febre.
Meus pés são duas sarças ardentes.
     Queima-se o bruxo!
          Inquisição!

Topada,
Turtuveio,
Desfaleço...

       ...um dois, um dois...

Mário, coragem!
Tão atrás dos companheiros... Avance!
Olhe à direita o alinhamento.

E continuo: um dois, um dois...

Mas como eu marcharia,
          Taratá!
       Bandeiras
     Centenário
   Exposição Universal
  Torre das Joias dos meus beijos,
Si ela fosse soldado!
Si marchasse a meu lado
Com a sarça ardente dos cabelos
Labaredando sob o quépi...
Que linda então a barulheira dos tacões
Batendo macanudos no chão:
          UM DOIS, UM DOIS...

E nem marcha!
Desembestava maluco por essas pedras queridas,
Si ela fosse meu rancho,
Si ela fosse meu soldo!

                                  Meu amor...

Mário, cuidado, se alinhe!
Tão na frente dos companheiros...
Contenha esse ardor patriótico,
Essa baita paixão pelo Brasil!

VII

Que sono!
Todo dia,
Quatro e meia,
Madrugada...
      Tácito hoje não veio.
       Que seria?
   Inquietação.

A neblina se senta a meu lado no bonde.

Estou doente.

RUA DOS INVOLUNTÁRIOS DA PÁTRIA.

VIII

— "Escola! Alto!"
        Pararraáaaa...
— "Não prestou! Escola!..."

Escola pra quem, tenente?
      O poeta vai na escola...
      Vai soletrar marchas altos esporas...

O apito mandachuva chicoteia o lombo dele.
O tenente é um cow-boy da Paramount.
O potro corcoveia
      Prisca,
      Relinchos surdos,
      Tine tiririca esporeado no orgulho,
Mas parou porque o cow-boy fê-lo parar.

A fita continua.

E Pauliceia em frente
Recostada no espigão do horizonte
Aplaude o domador doiradamente
Batendo a mão do Sol na mão da Terra.

IX

Careço de marchar cabeça levantada
Olhar altivo pra frente...

Mas eu queria olhar à esquerda...
                        Bonita casa colonial
                          Cheinha mesmo de paisagem!

— "Olhar altivo pra frente!"

O meu tenente
Não aprecia as casas coloniais.

Porém o meu olhar blefa o tenente.
Olhou altivo pra frente
E batendo no quépi do soldado da frente
Fez esquerda-volver
E meigamente espiou a casa colonial.

X
TABATINGUERA

Mas a taba cresceu... Tigueras agressivas,
Pra trás! Agora o asfalto anda em Tabatinguera.
Mal se esgueira um pajé entre locomotivas
E o forde assusta os manes lentos do Anhanguera.

Anhangá fantasmal, feito de tabatinga
Guincha, entrou pelo chão como o Anhangabaú.
E a alvura se tornou cimento-armado, é cinza,
Tinge a garoa Borba Gato Engaguaçu...

Nada de ajuntamento! Os polícias dirigem
O "Circulez". Meu Deus! É a marquesa de Santos!
Está pálida... O olhar fuzilando coragem
Faísca da cadeirinha atapetada de anjos.

Segue pra forca da Tabatinguera. Lento
O cortejo acompanha a rubra cadeirinha
Pro Ipiranga. Será que em tão pequeno assento
A marquesa botou sua imperial bundinha!...

XI

O sargento com esses acelerados
No campo de futebol...

   Que avançadas vencedoras de paulistas
   Contra uruguaios fugitivos invisíveis...
   Vencemos facilmente.
   Como sempre...

E o descanso feliz.
Gosto de mim esta manhã.
Minhas narinas esvoaçam,
Me levam os olhos pra festa do longe.
Boca trêmula de gostoso sorrir.

E chupo a taça da aurora
Cujo vinho é mais cor-de-rosa
Que um rubai de Omar Khayam.

XII

Aquele bonde...
Sensação primavera de jardim.

Aleias regulares francesas coroadas de rosas,
Chiados de insetos de metálicas asas,
Cheiro claro esgarçado rosado de rosas abertas,
De rosas nos ares na grama nos caminhos,
Milhares de rosas nos ares na grama nos caminhos,
De rosas se rindo...
                       Vontade de amar!...

No entanto é já bem corriqueira
Esta comparação de flores e mulheres.

XIII

Seis horas lá em São Bento.
Os lampiões fecham os olhos de repente
À voz de comando do sino.
A madrugada imensamente escura
Abafa as arquiteturas da praça.
E a estátua de Verdi também, graças a Deus!

Mãos nos bolsos
Grupinhos entanguidos
Encafuados nas socavas dos andaimes
Os reservistas que nem malfeitores.

                       Dlém! Dlém!...
                       "SANT'ANNA"

Vem vindo a procissão com tocheiros e luzes.
E principia o assalto agitado sem vozes.
                    Anticlericais!
                Fora estandartes andores!
            Desaparecem os padres da noite.
    As filhas de Maria das neblinas
        Espavoridas pelo Anhangabaú...
Assaltantes equilibrados nos estribos.

Estilhaço me fere nos olhos o sangue da aurora.
Risadas.

            Chamados.
                        Cigarros acesos.
Incêndio!
            Extermínio!
                        Vitória completa...

Faz frio de geada esta manhã...

A gente se encosta nos outros, pedindo
Uma esmolinha de calor.
E o bonde abala sapateando nos trilhos
Em busca das casernas sinistras cor de chumbo.

XIV
O "ALTO"

Tudo esquecido na cerração.

... um-dois, um-dois, um-dois, um-dois, um-dois,
um-dois, um-dois, um-dois
                               ÁRVORE
um-dois, um-dois, um-dois, um-dois,
um-dois
        ÁRVORE
                um-dois, um-dois, um-
                              ÁRVORE
                                  dois,
um-dois, um-dois, um-dois, um-dois,
um-dois
        PRIMEIRO APITO
                um-dois,
                        um-dois,
                            um:
                                - prraá.
— Cutuba!

XV

Abro tua porta inda todo úmido do orvalho da manhã.
Estávamos tão bonitos hoje...
        Os filhos dos fazendeiros
        Os filhos dos italianos...
Tinha também alguns com a pele morena por demais
Como deve ser ridículo um negro passeando em
                              [Versalhes!

Detestável Paris!

Porém nós fazíamos a mesma raça,
Grande gente nova sem ódios,
Povo de trabalho e de aventura...
        Novo-Continente, novo centro do mundo!...

Então vim, pra que me visses de farda.
Preguiçosa!
A estas horas amante de soldado já esqueceu o toucador!

Teus beijos serelepes novo orvalho sobre mim.
Teus olhos palpitantes e risadas
As tuas palmas infantis...
Me entristeci.

Vejo no espelho a medalha dos teus cabelos no meu peito.

O bonde grita engasgado nos trilhos da esquina.

Não ficarei.

Quando a primeira vez apareci fardado,
Duas lágrimas ariscas nos olhos de minha mãe...

XVI

Conversavam
Serenos pacholas fortes.
      Que planos estratégicos...
          Balística.
            Tenentes.

Um galão.
Dois galões.
A galinhada!

Apito em grãos de milho no ar.

Escola pra um! Escola pra todos!
Mande mande, tenente!
Meus braços minhas pernas olhos
Apite que eles obedecerão!

Mas porém da caserna dum corpo que eu sei
Sai o exército desordenado meu sublime...
Assombrações
        Tristezas
                Pecados
                        Versos livres
                                Sarcasmos...
E o universo inteirinho em continência!

... Vai passando
No seu cavalo alazão
O marechal das tropas desvairadas
Do país de Mim-Mesmo...

XVII

Mário de Andrade, intransigente pacifista, internacionalista amador, comunica aos camaradas que bem contra vontade, apesar da simpatia dele por todos os homens da Terra, dos seus ideais de confraternização universal, é atualmente soldado da República, defensor interino do Brasil.

E marcho tempestuoso noturno.
Minha alma cidade das greves sangrentas,
Inferno fogo Inferno em meu peito,
Insolências blasfêmias bocagens na língua.

Meus olhos navalhando a vida detestada.

A vista renasce na manhã bonita.
Pauliceia lá embaixo epiderme áspera
Ambarizada pelo Sol vigoroso,
Com o sangue do trabalho correndo nas veias das ruas.
    Fumaça bandeirinha.
    Torres.
    Cheiros.
    Barulhos
    E fábricas...
    Naquela casa mora,
    Mora, ponhamos: Guaraciaba...
    A dos cabelos fogaréu!...
    Os bondes meus amigos íntimos
      Que diariamente me acompanham pro trabalho...
    Minha casa...
    Tudo caiado de novo!
   É tão grande a manhã!
  É tão bom respirar!
É tão gostoso gostar da vida!...

A própria dor é uma felicidade!

XVIII

Cabo Alceu é um manguari guaçu
Com espinhas de todas as cores na cara,
Tal-qualmente uma coleção de turmalinas.

Acredita nas energias sem delicadeza
E nas graças vagamente eruditas.

— "Na minha esquadra ninguém se mexe.
La donna é immobile!"

XIX

Marchamos certos em reta pra frente.

Asa especula freme vagueia na luz do Sol.

Faça do seu espírito ũa marcha de soldado,
Das suas sensações um voo de andorinha.

XX

Cadência ondulada suave regular.

Névoa grossa pesada que nem som de trompa longe.
O Sol colhe algodão nas praias do Tietê.

...um-dois, um-dois...
NA REDE.

A cadência me embalança.

Que gostosura!

> Ela devia estar aqui
> Com os seus cabelos...

XXI
A MENINA E A CANTIGA

... trarilarara... trarila...

A meninota esganiçada magriça com a saia voejando por cima dos joelhos em nó vinha meia dançando cantando no crepúsculo escuro. Batia compasso com a varinha na poeira da calçada.

... trarilarara... trarila...

De repente voltou-se pra negra velha que vinha trôpega atrás, enorme trouxa de roupas na cabeça:
— Qué mi dá, vó?
— Naão.

... trarilarara... trarila...

XXII

A manhã roda macia a meu lado
Entre arranha-céus de luz
Construídos pelo milhor engenheiro da Terra.

*

Como ele deixou longe as renascenças do sr. dr. Ramos
[de Azevedo!
De que valem a Escola Normal o Théâtre Municipal de
[l'Opèra
E o sinuoso edifício dos Correios-e-Telégrafos
Com aquele relógio-diadema made inexpressively?

Na Pauliceia desvairada das minhas sensações
O Sol é o sr. engenheiro oficial.

XXIII

De nada vale inteligência.
Tempo perdido odiar os que devia odiar.
Saudei-o muito sorrindo.
Amor cantou por minha continência...

Ele no entanto foi mesquinho.
        Na Semana de Arte Moderna teve um
número de programa que quase ninguém viu:
      "A REVELAÇÃO DOS TAMANDUÁS".

Saudei-o muito sorrindo...
E nem é influência do clima.
      Está quente.
      Vai chover.
      Nuvens danadas.
      E cansaço faz calor dentro de mim.

Saudei-o muito sorrindo...
Meu Deus, perdoai-me!

Creio bem que amo os homens por amor dos homens!
Não escreveria mais "Ode ao Burguês"
Nem muitos outros versos de "Pauliceia Desvairada".
Tenho todo um mapa-múndi de estados-de-alma.
"Pauliceia", passagem do Equador...
Fazia frio no Parnasianismo...
Ara! praquê voltar nas paisagens de dantes!

       Dez quilômetros...
     Quatro quilômetros...
   Treze quilômetros...
O trem continua rápido.
Para em cada estação.
Me penteio no espelho.
— Você mudou bastante.
— Estou mais forte.
NO ENTANTO ERA DESCONHECIDO.
Desço.
Mas o sargento apita.
    Aviso.
Torna a apitar.
   Subo de novo.
Trem em marcha...

Onde irá dar a mobilização da vida!

XXIV
A ESCRIVANINHA

Meu pai com seu nariz judeu...
Eu vivia quase sem ruído.
Dumas Terrail Zola escondidos,
Si ele souber... Meu pai? Meu Deus?

*

Duas pessoas num só terror.
Meus quatorze anos sorrateiros:
Leituras pobres, vícios feios,
Quanto passado sem valor!

Eu não vivi no meu país.
Zola Terrail Dumas franceses...
Que gramáticas portuguesas
Pro miserável de Paris!

Depois a Vida me ensinou
A vida. Meu pai morreu. Quando
Órfão me vi, chora-chorando,
Minha miséria se acabou.

Anjo da Guarda, Solidão!
Zola voltou pra escrivaninha
De meu pai. Que grandeza estranha
Pôs esse gesto em minha mão?...
            Não sei.

XXV

Sou o "base".
Primeiro homem da 4ª Companhia.
Primeiro homem de São Paulo!

            Ela devia estar aqui
            Com o seu "bom-dia"...

Tem dois soldados ainda mais compridos que eu.
E a bizarria?

E a nitidez dos gestos militares?
Finalmente o sargento compreendeu que eu era o
[Exemplo,
Me deu o lugar supremo!
Sou o generalíssimo das tropas de terra-e-mar da
[humanidade!

   Ela devia estar aqui
   Com a sua vaidade.

Tudo em mim são ângulos, retas.
Maquinismo inflexível.
  Corpo metrônomo,
   Allegro ma non troppo.

    Abaixo as músicas românticas!
   Sou uma fuga de João Sebastião Bach!

Porém os pés sarcásticos satíricos
Grita-gritam riso fino de picadas.
    Cobras,
    Espinhos,
    Dores,
    Cacos no caminho.
Calcei botinas de febre!
Lamentações humilhações físicas insuportáveis!
Meus pobres pés martirizados!
Ah, os bálsamos deliciosos refrigerantes!
   Perfumes raríssimos bíblicos!
   Madalenas de mãos finas lentas imperiais!

   Ela devia estar aqui
   Com as suas mãos lentas...

XXVI

— "Escola, olhe essa palestra!"

— Olhe o Paulistano.

XXVII
A MENINA E A CABRA

A menina peleja pra puxar a cabra
Que toda se espaventa escorregando no asfalto
Entre as campainhadas dos bondes
E a velocidade poenta dos automóveis.

    ... Todo um rebanho de cabra...
    As cabras pastam o capim do meio-dia...
    E na solidão morta da serra
    Nem um toque só de buzina.

Cachorro feio de olhos grandes entocaiados nos pelos.
Junto das pedras movidas pelas lagartixas,
Aonde o Solão chapinha na água agitada
Afinca os dentes no queijo dourado
Lícias, pastor.

XXVIII
FLAMINGO

Rígido a levantar no blau a flama rósea,
Flamingo... Além na sombra o mistério de Flandres...
Sinos de coros polifônicos se expandem
Em cinza em amplidão nítida e crua ardósia.

Quimera viva! Vlan! Lança pelo infinito
O bico em curva e o voo arca sobre o deserto.
Desce no areal. Heraldo o alto perfil inquieto
Real... E a ridiculez do passo de Carlito.

Passam autos. Mulheres vão e vêm. Dengosa
A tarde grande bate as asas do flamingo.
Marés-altas de luxo. E o Flamengo domingo
Abre nos céus o que não tem no Rio: rosas!...

XXIX

Enfim no bonde pra casa.

O coronel não gostou do alinhamento das armas.
Sargento Vitoriano ordenou dez minutos de acelerado.

No entanto era tão moço o nosso desalinho...
    Sou brasileiro ou alemão?
            Imperialismo...
    Na certa que Dom Pedro II
      Havia de se rir do nosso desalinho...

O bonde nada no Tietê.

Havia nas manhãs cheias de Sol do entusiasmo
As monções da ambição...
Gigânteas vitórias...
Ninguém se amolava com o alinhamento das armas!
Ninguém mandava acelerados!
E nas madrugadas bonitas
Do ouro da luz mexendo na neblina
As bandeiras e as monções enveredavam pra Aventura!...

Porém o hoje das turmalinas falsas baratíssimas!
Vida besta infame odiada!
Eu trago a raiva engatilhada...

XXX
JOROBABEL

Um choro aberto sobre o universo desaba
A badalar... Um choro aberto sobre a Terra
Em bandos de ais... Guaiar profético se expande...
Anda franco no mundo o agouro da miséria...

Job abúlico baba o fel que o devora... Hirta
A multidão que desapareceu Abel...
Um choro... E a vida excessivamente infinita!...
Clamor! Ninguém se entende! Um Deus não vem!...
[Babel!...

Babel! Um choro aberto sobre a confusão
Das raças! Babel! Os sinos em arremessos
Bélicos! Badalar dos sinos! Multidão
Hirta! Jerusalém incendiada... Rebate!

*

Babel! Jerusalém! Jorobabel! Babel!
Batem os bronzes bimbalhando! Pobre Job
Sem ouro, multidão devora e baba o fel!...
Um choro aberto de entes misérrimos...

XXXI
CABO MACHADO

Cabo Machado é cor de jambo,
Pequenino que nem todo brasileiro que se preza.
Cabo Machado é moço bem bonito.
É como si a madrugada andasse na minha frente.
Entreabre a boca encarnada num sorriso perpétuo
Adonde alumia o Sol de ouro dos dentes
Obturados com um luxo oriental.

Cabo Machado marchando
É muito pouco marcial.
Cabo Machado é dançarino, sincopado,
Marcha vem-cá-mulata.
Cabo Machado traz a cabeça levantada
Olhar dengoso pros lados.
Segue todo rico de joias olhares quebrados
Que se enrabicharam pelo posto dele
E pela cor de jambo.

Cabo Machado é delicado, gentil.
Educação francesa mesureira.
Cabo Machado é doce que nem mel
E polido que nem manga-rosa.
Cabo Machado é bem o representante duma terra
Cuja Constituição proíbe as guerras de conquista

E recomenda cuidadosamente o arbitramento.
Só não bulam com ele!
Mais amor menos confiança!
Cabo Machado toma um jeito de rasteira...

Mas traz unhas bem tratadas
Mãos transparentes frias,
Não rejeita o bom-tom do pó de arroz.
Se vê bem que prefere o arbitramento.
E tudo acaba em dança!
Por isso cabo Machado anda maxixe.

Cabo Machado... bandeira nacional!

XXXII
AS MOÇAS

Cinco ou seis...
E me senti mais só no meio delas.
Rostos de luas coloridas,
Conversas fiadas de mulheres...
    Mas a cidade continua...
        PALMA DE MÃO...
    E li nas linhas ruas
    O destino daquela mocidade.

— É fatal: deixai-me a rir
E sorrindo parti!
Ela se fechará pra vos prender.
Antes se rir.
Vamos! mais rouge riso pros lábios,
        Os sapatinhos de verniz,

    Sedas e coração!
E é aguentar o cinema quotidiano!
      Cow-boys predestinados
      Raptos elétricos...
  E tudo acaba mal.

Sofrei!
... A própria dor é uma felicidade.

E ei-las partindo.
Longe de mim.
    Voo de moças!
    Voo de moscas assustadas...
   E vão se debater ansiosas na vidraça...
E A MÃO QUE AS VAI PEGAR!

E fiquei a me rir...
Rindo das moças,
  das moscas,
  da vida...

  das lágrimas nos olhos pequeninos.

XXXIII

"Prazeres e dores prendem a alma no corpo como um prego. Tornam-na corporal... Consequentemente é impossível pra ela chegar pura nos Infernos."
Platão

Meu gozo profundo ante a manhã Sol
               a vida carnaval...
          Amigos
        Amores
       Risadas
Os piás imigrantes me rodeiam pedindo retratinhos
de artistas de cinema, desses que vêm nos maços de
                             [cigarros.
Me sinto a Assunção, de Murillo!

Já estou livre da dor...
Mas todo vibro da alegria de viver.

     Eis por que minha alma inda é impura.

XXXIII bis[1]
PLATÃO

Platão! por te seguir como eu quisera
Da alegria e da dor me libertando
Ser puro, igual aos deuses que a Quimera
Andou além da vida arquitetando!
              *

---

[1] Publicado na *Klaxon* o poema anterior causou hilaridade. Era natural. Por caçoada vesti minhas sensações e ideias com este soneto. (N. A.)

Mas como não gozar alegre quando
Brilha esta alva manhã de primavera
— Mulher sensual que junto a mim passando
Meu desejo de gozos exaspera!

A vida é bela! Inúteis as teorias!
Mil vezes a nudeza em que resplendo
À clâmide da ciência, austera e calma!

E caminho entre aromas e harmonias
Amaldiçoando os sábios, bendizendo
A divina impureza de minha alma.

XXXIV
LOUVAÇÃO DA
EMBOABA TORDILHA

Eu irei na Inglaterra
E direi pra todas as moças da Inglaterra
Que não careço delas
Porque te possuo.

Irei na Itália
E direi pra todas as moças da Itália
Que não careço delas
Porque te possuo.

Irei nos Estados Unidos
E direi pra todas as moças dos Estados Unidos
Que não tenho nada com elas
Porque te possuo.

*

Depois irei na Espanha
E direi pra todas as niñas da Espanha
Que não tenho nada com elas
Porque te possuo.

        (etc.)

Quando voltar pro Brasil
Te mostrarei a irmã dos teus cabelos,
Minha constância triunfante.
Será bonito enxergar as irmãs abraçadas na rua!

E inda terei de ir numa terra que eu sei...
Mas não será pra lhe gritar minha felicidade fanfarrã...
Será numa comovida silenciosa romaria
De amor, de reconhecimento.

XXXV

"Meu coração estrala"...

Que imagem sem verdade.
... Porém não tive ideia de mentir...
Foram os nervos, a alma?
Que quer dizer estralo!
      Nem ao menos sou padre Vieira...

Ôh dicionário pequitito!...

XXXVI

Como sempre, escondi minha paixão.
Ninguém soube do primeiro beijo que te dei.
Ninguém não é a inteira verdade
Mas são tão relativos os desconhecidos...
        São Paulo é já uma grande capital.
         Não porque tenha milhares de habitantes
        Porém a curiosidade já não passa mais
                [dos olhos pras línguas.
    E quanto é mais intenso amar sem comentários!

Mas eu sonho que vai agarradinha no meu braço
Numa rua toda cheia de amigos, de soldados, conhecidos...

XXXVII

Te gozo!...
E bem humanamente, rapazmente.

Mas agora esta insistência em fazer versos sobre ti...

XXXVIII

Manhã veraneja, manhã que dá sustância,
Toda lisa sem nuvens
              sem cuidados
                      cansaços...
Adiante o morro sacode o ombro indiferente.

*

Curiosidade de viver!

Cadência bem batida, regular.
Porém o sargento embirrou com o alinhamento das
[armas.
— "Alinhem essas armas, senhores!"

O sargento ignora a influência do sangue latino.
Impaciência.
Mocidade.
Verso livre...
Alegria grita em mim.

Curiosidade de viver!

— "Senhores, as armas!"
... e os barões assinalados
Que da ocidental praia lusitana...

Marco a cadência com versos de Camões.

Ineses fugitivas nas janelas e portas.
Amo todas as moças brancaranas ou loiras.
E a manhã despertando nos telhados seus cabelos
[fogaréu...

Curiosidade de viver!

Sargento Vitoriano,
Sapeque o seu jamegão latino
Nesta desalinhada Companhia brasileira!

XXXIX
PARADA

(7 de setembro de 1922)

— "Colunas de pelotões por quatro!"

O DESFILE PRINCIPIA.

O refle rombudo da soldadesca marchando
Mansamente se embainha na Avenida.

— "Olhe a conversão!"
        Conversão de São Paulo...
Todos convergem pra esquerda.
Lá está Bilac estreando a fatiota de bronze.
          Pátria latejo em ti...
      Meu Brasilzinho do coração!
   A alma da gente drapeja no espaço cinzento.
Os mil milhões de rosas paulistanas.

Moça bonita!
Muitas moças.
Conhecidos.
— "Troque o passo!"
Gi, Taco, Maria, que lindos os três!
Máquinas cinematográficas.
                  My Boy.
      Não posso me rir.
Olhar altivo pra frente...

Na minha frente
O cabo mais descabido deste mundo.

Rua Augusta curiosa.
Todas as ruas transversais espiando curiosas
Trepadas em trincheiras de automóveis.
Sorveteiro.
Moça bonita!
Palmas.
Grade dos escoteiros perfilados.
Cunhãs, velhas corocas debruçadas...
                                        Brutas!
No parapeito das cabeças infantis.
As famílias dos mitras nos castelos roqueiros
Apresentam armas em negligé.
                  Zero uniforme.

Este cabo caminha em contratempo,
                Cinco por quatro,
        Tal e qual Boieldieu na Dama Branca
    "Viens, gentille dame". . .
   Zortzico de Albeniz...
Esculhamba toda a marcha!

Moça bonita!
— "Olhe o Mário de Andrade!"
Se enganou, moça.

                Onde estarei?
                Ela não veio com certeza...
                Que bem me importa!
                Saiba a cidade de São Paulo
                Que nela vive um homem feliz!
— "Olhe a cadência!"
            O TRIANON VAI PASSAR
Palmas.

O tenente gesticula com a espada
E todos olham pra direita em continência.
Música.
Ovação.
Trinta carinhas adoráveis.
Esta família sorocaba...
Tudo procissiona em meus olhos um-dois...
                    Árvores,
                    O preto,
                    Beiço vermelho tapa o resto.
                    Moça bonita!
                    Músicas.
                    Cornetas.
                Cornacas.
              Bengalós.
No alto dum palanquim
Sua Ex.ª o Marajá de Khajurao.
O sr. presidente do Estado não gosta de modernismo...

Olha pra mim!
— "Fora de forma!
Quarenta dias de prisão!..."
                    Oh, minhas alucinações!
Moça bonita!
Palmas.
Passou o palanquim.
Serenamente continuou sua jornada
Sua Ex.ª o marajá de Khajurao.
E os diademas de pérolas luzentes
Nos risos das favoritas.
Toneladas de moças bonitas!
        — "Viva o Brasil!"
            — "Viva o Quarto Batalhão de Caçadores!"

Risos.
Sorveteiro-sorveteiro.
Acerte o passo, cabo!
Um senhor três filhas gordas,
    Colares falsos,
   Terra-roxa,
   Guaratinguetá,
   Tabatinguera,
  Oblivion!
Oblivion...

Está acabando a preocupação.
Braço dói.
A Avenida escampou.
Não tem mais moça bonita.
Quede as palmas?
Não existo.
Não marcho.
Muito longe
Nos cafundós penumbristas de Santo Amaro
O vácuo badalando badalando...
Eco dentro de mim.
Não tem mais Independência do Brasil.
Olhos defuntos.
Ninguém.
Nada.
Pra quê tanto tambor?

O braço nem dói mais.
Cheiros de almoços mayonnaises.
Sol crestado nas nuvens que nem PÃO.
   Kennst du das Land
   Wo die Zitronen blühen?...

>   Assombrações desaparecidas.
>   O mundo não existe.
>   Não existo.
>   Não sou.

CICLIZAÇÃO

>   Alô?...
> Dava dez mil-réis por um copo de leite.

XL

Não devia falar "meu coração estrala".
Lembro todos os estralos do mundo...
>   Os boleeiros guasqueiam os burros...
>   O pneu arrebentou quando íamos duas horas
>   [da manhã...
>   Balas de estralo pelo Ano-Bom...

> — Eu peno todas as dores
> Com este amor que Deus me deu,
> Quem achou os seus amores
> A si mesmo se perdeu.

Só falta música.

Si fosse rico havia de ter uma farda de gala.

Não devia falar "meu coração estrala"...

Esta preocupação de sentimento que passou...

XLI
TOADA SEM ÁLCOOL

Certeza de ser nesta vida
Fingimento de alguém nas artes,
Antes fraco inerme covarde,
Covarde diante desta vida.

Chuçadas e lapos berrantes,
Klaxon, terror! sem automóvel...
Antes triste traste covarde
Diante dos morros desta vida.

Ninguém sabe da solitude
Que enche o meu peito sem emprego,
O qual comunga todo dia
Na missa-baixa do abandono.

Mas, rapazes, não tenho a culpa
De ter faltado em minha vida
O amigo que me defendesse,
Aquela que eu defenderia.

XLII
RONDÓ DAS TARDANÇAS

— "Volte amanhã."

Como tarda a desincorporação!
     Não tem mais formaturas,
     Não tem mais acelerados...
        CALMARIA
Desejo de tempestades

Adoece meus membros parados.
Quero ir de novo pro batuque público da vida!

Que engraçado!
Também quando trato dos meus negócios com a vida
Ela sempre me diz com o ar distraído dela:
— "Volte amanhã".

XLIII

Desincorporados.
        Previsões tenebrosas,
        Outra parada,
        Revoluções futuras...
O sr. presidente da República
Acredita na fidelidade dos seus súditos.
        E TUDO ACABA EM DANÇA!
                Por isso cabo Machado anda maxixe...

Nem sodade nem prazer.
Me inebriei de manhãs e de imprevistos.
Bebedeiras sentimentais...
Meu vício original.

Recordamos esquerdas-volver e meias-voltas...
                          Volta e meia vamos dar.

É certo que me alegra
Não ser obrigado a fingir mais olhar altivo pra frente,
Secretamente eu preferia o olhar quebrado do amor.
E a gente tem mais coisas que fazer.
Não sou desses pros quais a segunda-feira é igualzinha
                                    [ao domingo.

Trabalho como jeteí
Quando é florada na fruteira.
Corro minha vida com a velocidade dos elétrons
Mas porém sei parar diante das vistas pensativas
E nos portais das tupanarocas sagradas.
    Eis a vida.
       V'lá Paris...
          pan-bataclan...
          — Ordinário, marche
            Pros meus vinte e nove anos maravilhosos!

Afinal,
Este mês de exercícios militares:
Losango cáqui em minha vida.

       ... Arlequinal...

XLIV
RONDÓ DO TEMPO PRESENTE

Noite de music-hall...
Não, faz Sol. É meio-dia.
Hora das fábricas estufadas digerindo.
A rua elástica estica-se tal qual clown desengonçado
Farfalhando neblinas irônicas paulistas.
O Sol nem se reconhece mais de empoado
Ver padeiro que a gente encontra manhãzinha
Quando das farras vai na padaria comer pão.
                    Noite de music-hall...

Cantoras bem pernudas.
O olhar pisca-pisca dos homens aplaudindo.

Como se canta bem nas ruas de São Paulo!
    O passadista se enganou.
    Não era desafinação
    Era pluritonalidade moderníssima.

Em seguida o imitador,
    Tenores bolchevistas,
        Tarantelas do Fascio...
            Ibsen! Ibsen!
    Peer Gynt vai pro escritório
    Com o rubim falso na unha legítima.
      Empregados públicos virginais
Deslumbrados com o jazz dos automóveis.
Os cadetes mexicanos marcham que nem cavalos
                              [ensinados,
Está repleto o music-hall!
Mulheres da vida perfiladas nas frisas.
        — Olhar à direita!
        — Olhar à esquerda!
      Taratá!
    Olhar especula pra todos os lados
Mas as continências livres do meu chapéu
Não se esperdiçarão mais com galões desconhecidos!
Prefiro mil vezes saudar os curumins!
Os meninos-prodígios caminham século vinte
Sem esbarrão na confusão da multidão.
      Bravíssimo!
        Taratá!
Séculos Broadway de gigolôs, boxistas e pansexualidade!
Que palcos imprevistos!
Programas originais!
      Permitido fumar.
      Esteja a gosto.

       Faz Sol.
          É meio-dia...
              Noite de music-hall...

XLV
TOADA DA ESQUINA

Pouco antes de meio-dia
Senti que vinha. Esperei.
Veio. Passou. Foi assim
Como si a Lua passasse
Por essa picada estranha
Que viajo desde nascer.

A redoma toda verde
Do meu peito escureceu.
Noite de maio bondoso.
Lá vai a Lua passando.
Há mesmo essa refração
Que me bota no pescoço
O cachecol da Via Láctea
E a Lua na minha mão.

Mas quando quero gozar
O belo táctil do luar,
E passo a mão sobre os dedos...
Tenho de desiludir-me.
Foi mentira dos sentidos,
Foi o orvalho. Nada mais.
Veio. Passou. Foi assim
Como si a Lua...

Suspiro tal qual na infância.
— Que queres, Mário? — Mamãi,
Quero a Lua! — Hoje é impossível,
Já vai longe. Tem paciência,
Te dou a Lua amanhã.

E espero. Esperas... Espera...

— Pinhões!

CLÃ DO JABUTI

O POETA COME AMENDOIM
(1924)

a Carlos Drummond de Andrade

Noites pesadas de cheiros e calores amontoados...
Foi o Sol que por todo o sítio imenso do Brasil
Andou marcando de moreno os brasileiros.

Estou pensando nos tempos de antes de eu nascer...

A noite era pra descansar. As gargalhadas brancas
                                    [dos mulatos...
Silêncio! O Imperador medita os seus versinhos.
Os Caramurus conspiram na sombra das mangueiras
                                      [ovais.
Só o murmurejo dos cre'm-deus-padre irmanava os
                                [homens de meu país...
Duma feita os canhamboras perceberam que não tinha
                                [mais escravos,
Por causa disso muita virgem do rosário se perdeu...

Porém o desastre verdadeiro foi embonecar esta
                                [República temporã.
A gente inda não sabia se governar...

Progredir, progredimos um tiquinho
Que o progresso também é uma fatalidade...
Será o que Nosso Senhor quiser!...
Estou com desejos de desastres...

Com desejos do Amazonas e dos ventos muriçocas
Se encostando na canjerana dos batentes...
Tenho desejos de violas e solidões sem sentido
Tenho desejos de gemer e de morrer.

Brasil...
Mastigado na gostosura quente do amendoim...
Falado numa língua curumim
De palavras incertas num remeleixo melado
                            [melancólico...
Saem lentas frescas trituradas pelos meus dentes bons...
Molham meus beiços que dão beijos alastrados
E depois renunciaram sem malícia as rezas bem
                            [nascidas...

Brasil amado não porque seja minha pátria,
Pátria é acaso de migrações e do pão-nosso onde Deus
                            [der...
Brasil que eu amo porque é o ritmo do meu braço
                            [aventuroso,
O gosto dos meus descansos,
O balanço das minhas cantigas amores e danças.
Brasil que eu sou porque é a minha expressão muito
                            [engraçada,
Porque é o meu sentimento pachorrento,
Porque é o meu jeito de ganhar dinheiro, de comer
                            [e de dormir.

CARNAVAL CARIOCA
(1923)

a Manuel Bandeira

A fornalha estrala em mascarados cheiros silvos
Bulhas de cor bruta aos trambolhões,
Cetins sedas cassas fundidas no riso febril...
Brasil!
Rio de Janeiro!
Queimadas de verão!
E ao longe, do tição do Corcovado a fumarada das
                                 [nuvens pelo céu.

Carnaval...
Minha frieza de paulista,
Policiamentos interiores,
Temores da exceção...
E o excesso goitacá pardo selvagem!
Cafrarias desabaladas
Ruínas de linhas puras
Um negro dois brancos três mulatos, despudores...
O animal desembesta aos botes pinotes desengonços
No heroísmo do prazer sem máscaras supremo natural.

Tremi de frio nos meus preconceitos eruditos
Ante o sangue ardendo do povo chiba frêmito e clangor.
Risadas e danças
Batuques maxixes
Jeitos de micos piricicas
Ditos pesados, graça popular...
Ris? Todos riem...

O indivíduo é caixeiro de armarinho na Gamboa.
Cama de ferro curta por demais,
Espelho mentiroso de mascate
E no cabide roupas lustrosas demais...
Dança uma joça repinicada
De gestos pinchando ridículos no ar.
Corpo gordo que nem de matrona
Rebolando embolado nas saias baianas,
Braço de fora, pelanca pulando no espaço
E no decote cabeludo cascavéis saracoteando
Desritmando a forçura dos músculos viris.
Fantasiou-se de baiana,
                   A Baía é boa terra...
                            Está feliz.

Entoa atoa à toa safada
E no escuro da boca banguela
O halo dos beiços de carmim.
Vibrações em redor.
Pinhos gargalhadas e assobios
Mulatos remeleixos e buduns.
Palmas. Pandeiros. — Aí, baiana!
                  Baiana do coração!
Serpentinas que saltam dos autos em monóculos
                            [curiosos,
Este cachorro espavorido,
Guarda-civil indiferente.
Fiscalizemos as piruetas...
Então só eu que vi?
Risos. Tudo aplaude. Tudo canta:
    — Aí, baiana faceira,
      Baiana do coração!
Ele tinha nos beiços sonoros beijando se rindo
Uma ruga esquecida uma ruga longínqua

Como esgar duma angústia indistinta ignorante...
Só eu pude gozá-la.
E talvez a cama de ferro curta por demais...

Carnaval...
A baiana se foi na religião de Carnaval
Como quem cumpre uma promessa.
Todos cumprem suas promessas de gozar.
Explodem roncos roucos trilos tchique-tchiques
E o falsete enguia esquia rabejando pelo aquário
                                          [multicor.
Cordões de machos mulherizados,
Ingleses evadidos da *pruderie*,
Argentinos mascarando a admiração com desdéns
                                          [superiores
Degringolando em lenga-lenga de milonga,
Polacas de indiscutível índole nagô,
Yankees fantasiados de norte-americanos...
Coiosada emproada se aturdindo turtuveando
Entre os carnavalescos de verdade
Que pererecam pararacas em derengues meneios
                                    [cantigas, chinfrim de gozar!

Tem outra raça ainda.
O mocinho vai fuçando o manacá naturalizado
                                            [espanhola.
Ela se deixa bolinar na multidão compacta.
                                          Por engano.
Quando aproximam dos polícias
Como ela é pura conversando com as amigas!
Pobre do moço olhando as fantasias dos outros,
Pobre do solitário com o chapéu caicai nos olhos!
Naturalmente é um poeta...

            *

Eu mesmo... Eu mesmo, Carnaval...
Eu te levava uns olhos novos
Pra serem lapidados em mil sensações bonitas
Meus lábios murmurejando de comoção assustada
Haviam de ter puríssimo destino...
É que sou poeta
E na banalidade larga dos meus cantos
Fundir-se-ão de mãos dadas alegrias e tristuras,
                                              [bens e males,
Todas as coisas finitas
Em rondas aladas sobrenaturais.

Ânsia heroica dos meus sentidos
Pra acordar o segredo de seres e coisas.
Eu colho nos dedos as rédeas que param o infrene das
                                                      [vidas,
Sou o compasso que une todos os compassos,
E com a magia dos meus versos
Criando ambientes longínquos e piedosos
Transporto em realidades superiores
A mesquinhez da realidade.
Eu bailo em poemas, multicolorido!
Palhaço! Mago! Louco! Juiz! Criancinha!
Sou dançarino brasileiro!
Sou dançarino e danço! E nos meus passos conscientes
Glorifico a verdade das coisas existentes
Fixando os ecos e as miragens.
Sou um tupi tangendo um alaúde
E a trágica mixórdia dos fenômenos terrestres
Eu celestizo em eurritmias soberanas,
Ôh encantamento da Poesia imortal!...

                        *

Onde que andou minha missão de poeta, Carnaval?
Puxou-me a ventania,
Segundo círculo do Inferno,
Rajadas de confetes
Hálitos diabólicos perfumes
Fazendo relar pelo corpo da gente
Semíramis Marília Helena Cleópatra e Francesca.
Milhares de Julietas!
Domitilas fantasiadas de cow-girls,
Isoldas de pijama bem francesas,
Alsacianas portuguesas holandesas...
                                     Geografia!
Eh liberdade! Pagodeira grossa! É bom gozar!
Levou a breca o destino do poeta,
Barreei meus lábios com o carmim doce dos dela...

Teu amor provinha de desejos irritados,
Irritados como dos morros do nascente nas primeiras
                                   [horas da manhã.
Teu beijo era como o grito da araponga.
Me alumiava atordoava com o golpe estridente viril.
Teu abraço era como a noite dormida na rede
Que traz o dia de membros moles mornos de torpor.
Te possuindo eu me alimentei com o mel dos guapurus.
Mel ácido, mel que não sacia,
Mel que dá sede quando as fontes estão muitas léguas
                                            [além,
Quando a soalheira é mais desoladora
E o corpo mais exausto.

Carnaval...
Porém nunca tive intenção de escrever sobre ti...
Morreu o poeta e um gramofone escravo
Arranhou discos de sensações...

I

Embaixo do Hotel Avenida em 1923
Na mais pujante civilização do Brasil
Os negros sambando em cadência.
Tão sublime, tão áfrica!
A mais moça bulcão polido ondulações lentas lentamente
Com as arrecadas chispando raios glaucos ouro na luz
                                                   [peluda de pó.
Só as ancas ventre dissolvendo-se em vaivéns de ondas
                                                        [em cio.
Termina se benzendo religiosa tal-qualmente num
                                                        [ritual.

E o bombo gargalhante de tostões
Sincopa a graça da danada.

II

Na capota franjada com xale chinês
Amor curumim abre as asas de ruim papelão.
Amor abandonou as setas sem prestígio
E se agarra na cinta fecunda da mãe.
Vênus Vitoriosa emerge de ondas crespas serpentinas,
De ondas encapeladas por mexicanos e marqueses
                         [cavalgando auto perseguidores.
— Quero ir pra casa, mamãe!

Amor com medo dos desejos...

III

O casal jovem rompendo a multidão.
O bando de mascarados de supetão em bofetadas de
                                     [confetes na mulher.
— Olhe só a boquinha dela!
— Ria um pouco, beleza!
— Come do meu!
O marido esperou (com paciência) que a esposa se
                              [desvencilhasse do bando de máscaras
E lá foram rompendo a multidão.
Ela apertava femininamente contra o seio o braço
                                      [protetor do esposo.
Do esposo recebido ante a imponência catedrática
                                            [da Lei
E as bênçãos invisíveis — extraviadas? — do Senhor...

Meu Deus...
Onde que jazem tuas atrações?
Pra que lados de fora da Terra
Fugiu a paz das naves religiosas
E a calma boa de rezar ao pé da cruz?
Reboa o batuque.
São priscos risadas
São almas farristas
Aos pinchos e guinchos
Cambeteando na noite estival.
Pierrots-fêmeas em calções mais estreitos que as pernas,
    Gambiarras iluminadas!
Oblatas de confetes no ar,
Incenso e mirra marca Rodo nacional
Açulam raivas de gozar.

                *

O cabra enverga fraque de cetim verde no esqueleto.
Magro magro asceta de longos jejuns dificílimos.
Jantou gafanhotos.
E gesticula fala canta.
Predicas de meu Senhor...
Será que vai enumerar teus pecados e anátemas justos?
A boca dele florirá de bênçãos e perdões...
Porém de que lados de fora da Terra
Falam agora as tuas prédicas?
Quede teus padres?
Quede teus arcebispos purpurinos?
Quedele o tempo em que Filipe Neri
Sem fraque de cetim verde no esqueleto
Agarrava a contar as parábolas lindas
De que os padres não se lembram mais?
Por onde pregam os Sumés de meu Senhor?
Aqueles a quem deixaste a tua Escola
Fingem ignorar que gostamos de parábolas lindas,
E todos nos pusemos sapeando histórias de pecado
Porque não tinha mais histórias pra escutar...

Senhor! Deus bom, Deus grande sobre a terra e sobre
                                              [o mar,
Grande sobre a alegria e o esquecimento humano,
Vem de novo em nosso rancho, Senhor!
Tu que inventaste as asas alvinhas dos anjos
E a figura batuta de Satanás;
Tu, tão humilde e imaginoso
Que permitiste Ísis guampuda nos templos do Nilo,
Que indicaste a bandeira triunfal de Dionísio pros
                                              [gregos
E empinaste Tupã sobre os Andes da América...

*

Aleluia!
Louvemos o Criador com os sons dos saxofones
                    [arrastados,
Louvemo-Lo com os salpicos dos xilofones nítidos!
Louvemos o Senhor com os riscos dos reco-recos e
                    [os estouros do tantã,
Louvemo-Lo com a instrumentada crespa do jazz-band!
Louvemo-Lo com os violões de cordas de tripa e as
                    [cordeonas imigrantes,
Louvemo-Lo com as flautas dos choros mulatos e os
                    [cavaquinhos das serestas ambulantes!
Louvemos O que permanece através das festanças
                    [virtuosas e dos gozos ilegítimos!
Louvemo-Lo sempre e sobre tudo! Louvemo-Lo com
                    [todos os instrumentos e todos os ritmos!...

Vem de novo em nosso rancho, Senhor!
Descobrirei no colo dengoso da Serra do Mar
Um derrame no verde mais claro do vale,
Arrebanharei os cordões do carnaval
E pros carlitos marinheiros gigoletes e arlequins
Tu contarás de novo com tua voz que é ver o leite
Essas histórias passadas cheias de bons samaritanos,
Dessas histórias cutubas em que Madalena atapetava
                    [com os cabelos o teu chão...

... Pacapacapacapão!... pacapão! pão! pão!...

Pão e circo!
Roma imperial se escarrapacha no anfiteatro da Avenida.
Os bandos passam coloridos,
Gesticulam virgens,
Semivirgens,

Virgens em todas as frações
Num desespero de gozar.

Homens soltos
Mulheres soltas
Mais duas virgens fuxicando o almofadinha
Maridos camaradas
Mães urbanas
Meninos
Meninas
Meninos
O de dois anos dormindo no colo da mãe...
— Não me aperte!
       — Desculpe, madama!
Falsetes em desarmonia
Coros luzes serpentinas serpentinas
Coriscos coros caras colos braços serpentinas
                            [serpentinas
Matusalém cirandas Breughel
    — Diacho!
Sambas bumbos guizos serpentinas serpentinas...
E a multidão compacta se aglomera aglutina mastiga
     [em aproveitamento brincadeiras asfixias
      [desejadas delírios sardinhas desmaios
Serpentinas serpentinas coros luzes sons
E sonos!

         YAYÁ, FRUTA-DO-CONDE,
         CASTANHA-DO-PARÁ!...

           Yayá, fruta-do-conde,
           Castanha-do-pará!...

O préstito passando.
                    *

Bandos de clarins em cavalos fogosos.
Utiaritis aritis assoprando cornetas sagradas.
Fanfarras fanfarrans
            fenferrens
                    finfirrins...
                        Forrobodó de cuia!
Vitória sobre a civilização! Que civilização?... É Baco

É Baco num carro feito de ouro e de mulheres
E dez parelhas de bestas imorais.
Tudo aplaude guinchos berros,
E sobre o Etna de loucuras e pólvoras
Os Tenentes do Diabo.
Alegorias, críticas, paródias
Palácios bestas do fundo do mar,
Os aluguéis se elevam...
    Os senhorios exigentes...
        Cães! infames! malditos!...

...Eu enxerguei com estes meus olhos que inda a
                            [Terra há de comer
Anteontem as duas mulheres se fantasiando de
                            [lágrimas
A mais nova amamentava o esqueletinho.
Quatro barrigudinhos sem infância,
Os trastes sem conchego
No lar-de-todos da rua...
O Solzão ajudava a apoteose
Com o despejo das cores e calores...
Segue o préstito numa Via- Láctea de esplendores.
Presa num palanquim de ônix e pórfiro...

Ôta, morena boa!
Os olhos dela têm o verde das florestas,
Todo um Brasil de escravos banzo sensualismos,
Índios nus balanceando na terra das tabas,
Cauim curare caxiri
Cajás... Ariticuns... Pele de Sol!
Minha vontade por você serpentinando...

O préstito se vai.

Os blocos se amontoam me afastando de você...
Passa o Flor de Abacate,
Passa o Miséria e Fome, o Ameno Resedá...
O préstito se vai...

Você também se foi rindo pros outros,
Senhora dona ingrata
Coberta de ouro e prata...

Esfuzios de risos...
                    Arrancos de metais...
Schlschlsch monótono das serpentinas...

Monotóno das serpentinas...

E a surpresa do fim: Fadiga de gozar.

Claros em torno da gente.
Bolas de fitas de papel rolando pelo chão.
Manchas de asfalto.
Os corpos adquirem de novo as sombras deles.
Tem lugares no bar.
As árvores pousam de novo no chão graciosas ordenadas,
Os palácios começam de novo subindo no céu...

*

Quatro horas da manhã.
Nos clubes nas cavernas
Inda se ondula vagamente no maxixe.
Os corpos se unem mais.
Tem cinzas na escureza indecisa da arraiada.
Já é quarta-feira no Passeio Público.
Numa sanha final
Os varredores carnavalizam as brisas da manhã
Com poeiras perfumadas e cromáticas.
Peri triste sentou na beira da calçada.
O carro-chefe dos Democráticos
Sem falação do estandarte
Sem vida, sem mulheres
Senil buscando o barracão
Democraticamente...

Aurora... Tchim! Um farfalhar de plumas áureas no ar.
E as montanhas que nem tribos de guaianás em
                            [rapinas de luz
Com seus cocares de penas de tucano.

O poeta se debruça no parapeito de granito.
A rodelinha de confete cai do chapéu dele,
Vai saracotear ainda no samba mole das ondas.

Então o poeta vai deitar.

Lentamente se acalma no país das lembranças
A invasão furiosa das sensações.
O poeta sente-se mais seu.
E puro agora pelo contato de si mesmo
Descansa o rosto sobre a mão que escreverá.

*

Lhe embala o sono
A barulhada matinal de Guanabara...
Sinos buzinas clácsons campainhas
Apitos de oficinas
Motores bondes pregões no ar,
Carroças na rua transatlânticos no mar...
É a cantiga de berço.
E o poeta dorme.

O poeta dorme sem necessidade de sonhar.

COORDENADAS
(1924)

a Couto de Barros

RONDÓ PRA VOCÊ

De você, Rosa, eu não queria
Receber somente esse abraço
Tão devagar que você me dá,
Nem gozar somente esse beijo
Tão molhado que você me dá...
Eu não queria só porque
Por tudo quanto você me fala
Já reparei que no seu peito
Soluça o coração benfeito
      De você.

Pois então eu imaginei
Que junto com esse corpo magro

Moreninho que você me dá,
Com a boniteza a faceirice
A risada que você me dá
E me enrabicham como o quê,
Bem que eu podia possuir também
O que mora atrás do seu rosto, Rosa,
O pensamento a alma o desgosto
        De você.

VIUVITA

Ela era mesmo bonita, muito moça
Esperando autobonde sozinha na esquina.
Todos os homens a encaravam sem respeito, desejando.

Vai, pra se livrar de tanta amolação
Ela fez esse gesto de moça que arranja chapéu,
Só pra mostrar a defesa que tinha no dedo, uma aliança.
A moça esqueceu que tinha duas alianças no dedo...
Por causa disso os homens se aproximaram mais.

LEMBRANÇAS DO LOSANGO CÁQUI

Meu Deus como ela era branca!...
Como era parecida com a neve...
Porém não sei como é a neve,
Eu nunca vi a neve,
Eu não gosto da neve!

E eu não gostava dela...

SAMBINHA

Vêm duas costureirinhas pela rua das Palmeiras.
Afobadas braços dados depressinha
Bonitas, Senhor! que até dão vontade pros homens da
[rua.
As costureirinhas vão explorando perigos...
Vestido é de seda.
Roupa-branca é de morim.

Falando conversas fiadas
As duas costureirinhas passam por mim.
— Você vai?
　　　　　— Não vou não!
Parece que a rua parou pra escutá-las.
Nem trilhos sapecas
Jogam mais bondes um pro outro.
E o Sol da tardinha de abril
Espia entre as pálpebras sapiroquentas de duas nuvens.
As nuvens são vermelhas.
A tardinha cor-de-rosa.

Fiquei querendo bem aquelas duas costureirinhas...
Fizeram-me peito batendo
Tão bonitas, tão modernas, tão brasileiras!
Isto é...
Uma era ítalo-brasileira.
Outra era áfrico-brasileira.
Uma era branca.
Outra era preta.

MODA DOS QUATRO RAPAZES

a Couto de Barros
(Campos do Jordão)

Nós somos quatro rapazes
Dentro duma casa vazia.

Nós somos quatro amigos íntimos
Dentro duma casa vazia.

Nós fomos ver quatro irmãos
Morando na casa vazia.

Meu Deus! si uma saia entrasse
A casa toda se encheria!

Mas era uma vez quatro amigos íntimos...

MODA DO BRIGADEIRO

(Campos do Jordão)

O brigadeiro Jordão
Possuiu estes latifúndios
Dos quais o metro quadrado
Vale hoje uns nove mil-réis.
Puxa! que homem felizardo
O brigadeiro Jordão!...
Tinha casa tinha pão,
Roupa lavada e engomada
E terras... Qual terras! Mundos
De pastos e pinheirais!

Que troças em perspectiva...
Nem pensava em serrarias
Nem fundava sanatórios
Nem gado apascentaria!
Vendia tudo por oito
E com a bolada no bolso
Ia no largo do Arouche
Comprar aquelas pequenas
Que moram numa pensão!

Mas não são minhas as terras
Do brigadeiro Jordão...

ACALANTO DA PENSÃO AZUL

(Campos do Jordão)

Ôh héticas maravilhosas
Dos tempos quentes do Romantismo,
Maçãs coradas, olhos de abismo,
Donas perversas e perigosas,
Ôh héticas maravilhosas!
Não vos compreendo, sois de outras eras,
Fazei depressa o pneumotórax
Mulheres de Anto e de Dumas Filho!
E então seremos bem mais felizes,
Eu sem receio do vosso brilho,
Vós sem bacilos nem hemoptises,
Ôh héticas maravilhosas!

NOTURNO DE BELO HORIZONTE
(1924)

       a Elísio de Carvalho

Maravilha de milhares de brilhos vidrilhos,
Calma do noturno de Belo Horizonte...
O silêncio fresco desfolha das árvores
E orvalha o jardim só.
Larguezas.
Enormes coágulos de sombra.
O polícia entre rosas...
   Onde não é preciso, como sempre...
Há uma ausência de crimes
Na jovialidade infantil do friozinho.
Ninguém.
O monstro desapareceu.
Só as árvores do mato virgem
Pendurando a tapeçaria das ramagens
Nos braços cabindas da noite.

Que luta pavorosa entre floresta e casas...
Todas as idades humanas
Macaqueadas por arquiteturas históricas
Torres torreões torrinhas e tolices
Brigaram em nome da?
Os mineiros secundam em coro:
— Em nome da civilização!
Minas progride.
Também quer ter também capital moderníssima
          [também...
Pórticos gregos do Instituto de Rádio
Onde jamais Empédocles entrará...

O Conselho Deliberativo é manuelino,
Salão sapiente de Manuéis-da-hora...
Arcos românicos de São José
E a catedral que pretende ser gótica...
Pois tanto esquecimento da verdade!
A terra se insurgiu.

O mato invadiu o gradeado das ruas,
Bondes sopesados por troncos hercúleos,
Incêndio de Cafés,
Setas inflamadas,
Comboio de trânsfugas pro Rio de Janeiro,
A ramaria crequenta cegando as janelas
Com a poeira dura das folhagens...
Aquele homem fugiu.
A imitação fugiu.
Clareiras do Brasil, praças agrestes!...
Paz.

O mato vitorioso acampou nas ladeiras.
Suor de resinas opulentas.
Grupos de automóveis.
Baitacas e jandaias do rosal.
E o noturno apagando na sombra o artifício e o defeito
Adormece em Belo Horizonte
Como um sonho mineiro.
Tem festas do Tejuco pelo céu!
As estrelas baralham-se num estardalhaço de luzes.
O sr. barão das Catas-Altas
Reúne todas as constelações
Pra fundir uma baixela de mundos...
Bulício de multidões matizadas...
Emboabas, carijós, espanhóis de Filipe IV...

Tem baianos redondos...
Dom Rodrigo de Castel Branco partirá!...
Lumeiro festival... Gritos... Tocheiros...
O Triunfo Eucarístico abala chispeando...
Os planetas comparecem em pessoa!
Só as magnólias — que banzo dolorido! —
As carapinhas fofas polvilhadas
Com a prata da Via Láctea
Seguem pra igreja do Rosário
E pro jongo de Chico-Rei...

Estrelas árvores estrelas
E o silêncio fresco da noite deserta.
Belo Horizonte desapareceu
Transfigurada nas recordações.

... Minas Gerais, fruta paulista...
Ouvi que tem minas ocultas por cá...
Mas ninguém mais conhece Marcos de Azevedo,
Quede os roteiros de Robério Dias?
    Prata
  Diamantes cascateantes
Esmeraldas esmeraldas esperanças!...

Não são esmeraldas, são turmalinas bem se vê:
A casinha de taipa à beira-rio.
Canoa abicada na margem,
A bruma das monções,
Mais nada.
Os galhos lavam matinalmente os cabelos
Na água barrenta indiferente.
As ondas sozinhas do Paraíba
Morrem avermelhadas mornas cor de febre.
E a febre...

*
Não sejamos muito exigentes.
Todos os países do mundo
Têm os seus Guaiacuís emboscados
No sossego das ribanceiras dolentes.
As carneiradas ficavam pra trás...
O trem passava apavorado.
Só parou muito longe na estação
Pra que os romeiros saudassem
Nosso Senhor da Boa-Viagem.

Ele ficava imóvel na beira dos trilhos
Amarrado à cegueira.
Trazia só os mulambos necessários
Como convém aos santos e
Aos avarentos.
Porém o netinho corria junto das janelas dos vagões
Com o chapéu do cego na mão.
Quando a esmola caía — com que triunfo! — o menino
                                                      [gritava:
— Pronto! Mais uma!
Então lá do seu mundo
Nosso Senhor abençoava:
— Boa viagem.

Examina a carne do teu corpo.
Apesar da perfeição das estradas de ferro
E da inflexível providência dos horários,
Encontros descarrilamentos mortes...
Pode ser!...
As esmolas tombavam.
— Pronto! Mais uma!
— Boa viagem.

*

Minas Gerais de assombros e anedotas...
Os mineiros pintam diariamente o céu de azul
Com os pincéis das macaúbas folhudas.
Olhe a cascata lá!
Súbita bombarda.
Talvez folha de arbusto,
Ninho de teneném que cai pesado,
Talvez o trem, talvez ninguém...
As águas se assustaram
E o estouro dos rios começou.

Vão soltos pinchando rabanadas pelos ares,
Salta aqui salta corre viravolta pingo grito
Espumas brancas alvas
Fluem bolhas bolas,
Itoupavas altas...
Borbulham bulhando em murmúrios churriantes
Nas bolsas brandas largas das enseadas lânguidas...
De supetão fosso.
    Mergulho.
      Uivam tombando.
Desgarram serra abaixo.
Rio das Mortes
Paraopeba,
Paraibuna,
Mamotes brancos...
E o Araçuí de Fernão Dias...
Barafustam vargens fora
Até acalmarem muito longe exânimes
Nas polidas lagoas de cabeça pra baixo.

Rio São Francisco o marroeiro dos matos
Partiu levando o rebanho pro norte

Ao aboio das águas lentamente.
A barcaça que ruma pra Juazeiro
Desce ritmada pelos golpes dos remeiros.
Na proa, o olhar distante a olhar,
Matraca o dançador:

    "Meu pangaré arreado,
    Minha garrucha laporte,
    Encostado no meu bem
    Não tenho medo da morte.
        Ah!... "

Um grande Ah!... aberto e pesado de espanto
Varre Minas Gerais por toda a parte...
Um silêncio repleto de silêncio
Nas invernadas, nos araxás
No marasmo das cidades paradas...
Passado a fuxicar as almas,
Fantasmas de altares, de naves douradas
E dos palácios de Mariana e Vila Rica...
    Isto é: Ouro Preto.
E o nome lindo de São José d'El-Rei mudado num
                    [odontológico Tiradentes...
Respeitemos os mártires.

Calma do noturno de Belo Horizonte...
As estrelas acordadas enchem de Ahs!... ecoantes o ar.
O silêncio fresco despenca das árvores.
Veio de longe, das planícies altas,
Dos cerrados onde o guache passa rápido...
Vvvvvvv... passou.
Passou tal qual o fausto das paragens de ouro velho...
Minas Gerais, fruta paulista...
Fruta que apodreceu.

Frutificou mineira! Taratá!
Há também colheitas sinceras!
Milharais canaviais cafezais insistentes
Trepadeirando morro acima.
Mas que chãos sovinas como o mineiro-zebu!
Dizem que os baetas são agarrados...
Não percebi, graças a Deus!
Na fazenda do Barreiro recebem opulentamente.
Os pratos nativos são índices de nacionalidade.
Mas no Grande Hotel de Belo Horizonte servem à
                              [francesa.
Et bien! Je vous demande un toutou!
Venha a batata-doce e o torresmo fondant!
Carne de porco não!
O médico russo afirma que na carne de porco andam
                            [micróbios de loucura...
Basta o meu desvairismo!
E os pileques
        quase pileques
                salamaleques
                        da caninha de manga!...

Taratá! Quero a couve mineira!
Minas progride!
Mãos esqueléticas de máquinas britando minérios,
As estradas de ferro estradas de rodagem
Serpenteiam teosoficamente fecundando o deserto...

Afinal Belo Horizonte é uma tolice como as outras.
São Paulo não é a única cidade arlequinal.
E há vida há gente, nosso povo tostado.
O secretário da Agricultura é novo!
Fábricas de calçados

Escolas de Minas no palácio dos Governadores.
Na Casa dos Contos não tem mais poetas encarcerados,
Campo de futebol em Carmo da Mata,
Divinópolis possui o milhor chuveiro do mundo,
As cunhãs não usam mais pó de ouro nos cabelos,
Os choferes avançam no bolso dos viajantes,
Teatro grego em São João d'El-Rei
Onde jamais Eurípides será representado...
Ninguém mais para nas pontes, Critilo,
Novidadeirando sobre damas casadas.
Tenho pressa! Ganhemos o dia!
Progresso! Civilização!
As plantações pendem maduras.
      O morfético ao lado da estrada esperando
                                [automóveis...
Cheiro fecundo de vacas,
Pedreiras feridas,
Eletricidade submissa...
Minas Gerais sáxea e atualista
Não resumida às estações termais!
Gentes do Triângulo Mineiro, Juiz de Fora!
Força das xiriricas das florestas e cerrados!
Minas Gerais, fruta paulista!...

Alegria da noite de Belo Horizonte!
Há uma ausência de males
Na jovialidade infantil do friozinho.
Silêncio brincalhão salta das árvores,
Entra nas casas desce as ruas paradas
E se engrossa agressivo na praça do Mercado.
Vento florido roda pelos trilhos.
Vem de longe, das grotas pré-históricas...
Descendo as montanhas
Fugiu dos despenhadeiros assombrados do Rola-Moça...

Estremeção brusco de medo.
Pavor.
Folhas chorosas de eucaliptos.
Sino bate.
Ninguém.
A solidão angustiosa dos píncaros...
A paz chucra ressabiada das gargantas da montanha...

  A serra do Rola-Moça
  Não tinha esse nome não...
  Eles eram de outro lado,
  Vieram na vila casar.
  E atravessaram a serra,
  O noivo com a noiva dele
  Cada qual no seu cavalo.

  Antes que chegasse a noite
  Se lembraram de voltar.
  Disseram adeus pra todos
  E se puseram de novo
  Pelos atalhos da serra
  Cada qual no seu cavalo.

  Os dois estavam felizes,
  Na altura tudo era paz.
  Pelos caminhos estreitos
  Ele na frente, ela atrás.
  E riam. Como eles riam!
  Riam até sem razão.

  A serra do Rola-Moça
  Não tinha esse nome não.

    *

As tribos rubras da tarde
Rapidamente fugiam
E apressadas se escondiam
Lá embaixo nos socavões
Temendo a noite que vinha.

Porém os dois continuavam
Cada qual no seu cavalo,
E riam. Como eles riam!
E os risos também casavam
Com as risadas dos cascalhos
Que pulando levianinhos
Da vereda se soltavam
Buscando o despenhadeiro.

Ah, Fortuna inviolável!
O casco pisara em falso.
Dão noiva e cavalo um salto
Precipitados no abismo.
Nem o baque se escutou.
Faz um silêncio de morte.
Na altura tudo era paz...
Chicoteando o seu cavalo,
No vão do despenhadeiro
O noivo se despenhou.

E a serra do Rola-Moça
Rola-Moça se chamou.

Eu queria contar as histórias de Minas
Pros brasileiros do Brasil...

*

Filhos do Luso e da melancolia,
Vem, gente de Alagoas e de Mato Grosso,
De norte e sul homens fluviais do Amazonas e do Rio
                                        [Paraná...
E os fluminenses salinos
E os guascas e os paraenses e os pernambucanos
E os vaqueiros de couro das caatingas
E os goianos governados por meu avô...
Teutos de Santa Catarina,
Retirantes de língua seca,
Maranhenses paraibanos e do Rio Grande do Norte e
                                        [do Espírito Santo
E do Acre, irmão caçula,
Toda minha raça morena!
Vem, gente! vem ver o noturno de Belo Horizonte!
Sejam comedores de pimenta
Ou de carne requentada no dorso dos pigarços petiços,
Vem, minha gente!
Bebedores de guaraná e de açaí,
Chupadores do chimarrão,
Pinguços cantantes, cafezistas ricaços,
Mamíferos amamentados pelos cocos de Pindorama,
Vem, minha gente, que tem festas do Tejuco pelo céu!
Bárbara Heliodora desgrenhada louca
Dizendo versos desce a rua Pará...
Quem conhece as ingratidões de Marília?
Juro que foi Nosso Senhor Jesus Cristo Ele mesmo
Que plantou a sua cruz no adro das capelas da serra!
Foi Ele mesmo que em São João d'El-Rei
Esculpiu as imagens dos seus santos...
E há histórias também pros que duvidam de Deus...

*

O coronel Antônio de Oliveira Leitão era casado com dona Branca Ribeiro de Alvarenga, ambos de orgulhosa nobreza vicentina. Porém nas tardes de Vila Rica a filha deles abanava o lenço no quintal...
— "Deve ser a algum plebeu, que não há moços nobres na cidade..." E o descendente de cavaleiros e de capitães-mores não quer saber do mésalliances.
O coronel Antônio de Oliveira Leitão esfaqueou a filha. Levaram-no preso pra Baía onde foi decapitado.
Pois dona Branca Ribeiro de Alvarenga reuniu todos os cabedais. Mandou construir com eles uma igreja pra que Deus perdoasse as almas pecadoras do marido e da filha.

Meus brasileiros lindamente misturados,
Si vocês vierem nessa igreja dos Perdões
Rezem três ave-marias ajoelhadas
Pros dois desinfelizes.
Creio que a moça não carece muito delas
Mas ninguém sabe onde estará o coronel...
Credo!

Mas não há nada como histórias pra reunir na mesma
[casa...
Na Arábia por saber contar histórias
Ũa mulher se salvou...
A Espanha estilhaçou-se numa poeira de nações
[americanas
Mas sobre o tronco sonoro da língua do ão
Portugal reuniu 22 orquídeas desiguais.
Nós somos na Terra o grande milagre do amor.

*

Que vergonha si representássemos apenas
                        [contingência de defesa

Ou mesmo ligação circunscrita de amor...
Porém as raças são verdades essenciais
E um elemento de riqueza humana.
As pátrias têm de ser uma expressão de Humanidade.

Separadas na guerra ou na paz são bem pobres
Bem mesquinhos exemplos de alma
Mas compreendidas juntas num amor consciente e exato
Quanta história mineira pra contar!

Não prego a guerra nem a paz, eu peço amor!
Eu peço amor em todos os seus beijos,
Beijos de ódio, de cópula ou de fraternidade.
Não prego a paz universal e eterna, Deus me livre!
Eu sempre contei com a imbecilidade vaidosa dos
                                        [homens
E não me agradam os idealistas.
E temo que uma paz obrigatória
Nos fizesse esquecer o amor
Porque mesmo falando de relações de povo e povo
O amor não é uma paz
E é por amor que Deus nos deu a vida...
O amor não é uma paz, bem mais bonito que ela,
Porque é um completamento!...

Nós somos na Terra o grande milagre do amor!
E embora tão diversa a nossa vida
Dançamos juntos no carnaval das gentes,
Bloco pachola do "Custa mas vai!"

                      *

E abre alas que Eu quero passar!
Nós somos os brasileiros auriverdes!
As esmeraldas das araras
Os rubis dos colibris
Os abacaxis as mangas os cajus
Atravessam amorosamente
A fremente celebração do Universal!

Que importa que uns falem mole descansado
Que os cariocas arranhem os erres na garganta
Que os capixabas e paroaras escancarem as vogais?
Que tem si o quinhentos-réis meridional
Vira cinco tostões do Rio pro norte?
Juntos formamos este assombro de miséria e
                                     [grandezas,
Brasil, nome de vegetal!...

O bloco fantasiado de histórias mineiras
Move-se na avenida de seis renques de árvores...
O Sol explode em fogaréus...
O dia é frio sem nuvens, de brilhos vidrilhos...
Não é dia! Não tem Sol explodindo no céu!
É o delírio noturno de Belo Horizonte...
Não nos esqueçamos da cor local:
Itacolomi... Diário de Minas... Bonde do Calafate...
E o silêncio... sio... sio... Quiriri...

Os seres e as coisas se aplainam no sono.
Três horas.
A cidade oblíqua
Depois de dançar os trabalhos do dia
Faz muito que dormiu.

Seu corpo respira de leve o aclive vagarento das
[ladeiras.
De longe em longe gritam solitários brilhos falsos
Perfurando o sombral das figueiras:
Berenguendéns berloques ouropéis de Oropa
[consagrada
Que o goianá trocou pelas pepitas de ouro fino.
Dorme Belo Horizonte.
Seu corpo respira de leve o aclive vagarento das
[ladeiras...
Não se escuta sequer o ruído das estrelas caminhando...
Mas os poros abertos da cidade
Aspiram com sensualidade com delícia
O ar da terra elevada.
Ar arejado batido nas pedras dos morros,
Varado através da água trançada das cachoeiras,
Ar que brota nas fontes com as águas
Por toda a parte de Minas Gerais.

O RITMO SINCOPADO
(1923 A 1926)

a Tarsila

ARRAIADA

Manhãzinha
A italiana vem na praia do ribeirão.
Vem derreada e com a sombra do sono no canto dos
[olhos.
Põe a trouxa de roupas na lapa
E erguida fica um momentinho assim no Sol.

A narina dela mexe que nem peito de rolinha.
Mastiga a boca sem lavar
Que tem um visgo de banana e de café.
Respira.
Afinal se espreguiça
Erguendo pros anjos o colo criador.

TOADA DO PAI-DO-MATO

(Índios Parecis)

A moça Camalalô
Foi no mato colher fruta.
A manhã fresca de orvalho
Era quase noturna.
— Ah...
Era quase noturna...

Num galho de tarumã
Estava um homem cantando.
A moça sai do caminho
Pra escutar o canto.

— Ah...
Ela escuta o canto...

Enganada pelo escuro
Camalalô fala pro homem:
Ariti, me dá uma fruta
Que eu estou com fome.
— Ah...
Estava com fome...

O homem rindo secundou:
— Zuimaalúti se engana,
Pensa que sou ariti?
Eu sou Pai-do-Mato.

Era o Pai-do-Mato!

TEMPO DAS ÁGUAS

O gado estava amoitado na capoeira
Agora é a gupiara agachada no lombo do morro
Vazia que não tem mais fim.

De repente faz cócega na cara da gente
A mão de chuva do vento.
Tempo perdido se afobar,
Ela já vem na cola do liburno.
Olhe a folhinha seca.
Salta que salta ressabiada, corcoveia,
Desembestou que nem potranca chucra pasto fora.
Você quase nem tem tempo de vestir a capa boa
E despenca a chuva de Deus.
O espaço num átimo se enche de ar leviano
E a água lava até a espinha da gente
E encrespa a crina do animal.
Que gostosura!
Você rejeita o forde da fazenda na porteira
E continua tchoque-tchoque na tijuqueira peguenta
                              [da estrada.

Em casa,
No brim novo com cheiro de ribeirão
Você deita na rede da varanda,

Chupita o traço da abrideira ...
E se conversa.

E se conversa sobre a baixa do café.

POEMA

Neste rio tem uma iara...

De primeiro o velho que tinha visto a iara
Contava que ela era feiosa, muito!
Preta gorda manquitola ver peixe-boi.
Felizmente velho já morreu faz tempo.
Duma feita, madrugada de neblina
Um moço que sofria de paixão
Por causa duma índia que não queria ceder pra ele,
Se levantou e desapareceu na água do rio.
Então principiaram falando que a iara cantava, era moça,
Cabelos de limo verde do rio...
Ontem o piá brincabrincando
Subiu na igara do pai abicada no porto,
Botou a mãozinha na água funda
E vai, a piranha abocanhou a mãozinha do piá.

Neste rio tem uma iara...

TOSTÃO DE CHUVA

Quem é Antônio Jerônimo? É o sitiante
      Que mora no Fundão
Numa biboca pobre. É pobre. Dantes
Inda a coisa ia indo e ele possuía
      Um cavalo cardão.
Mas a seca batera no roçado...

Vai, Antônio Jerônimo um belo dia
Só por debique de desabusado
Falou assim: "Pois que nosso padim
Pade Ciço que é milagreiro, contam,
Me mande um tostão de chuva pra mim!"
Pois então nosso "padim" padre Cícero
Coçou a barba, matutando, e disse:
"Pros outros mando muita chuva não,
Só dois vinténs. Mas pra Antônio Jerônimo
      Vou mandar um tostão".
No outro dia veio uma chuva boa
Que foi uma festa pros nossos homens
E o milho agradeceu bem. Porém
No Fundão veio uma trovoada enorme
Que num átimo virou tudo em lagoa
E matou o cavalo de Antônio Jerônimo.
      Matou o cavalo.

LENDA DO CÉU

Andorinha, andorinha,
Andorinha avoou,
Andorinha caiu,
Curumim a pegou.

— Piá, não me maltrata não!
Eu levo você pro mato
Enxergar bichos tamanhos
E correr com os guanumbis...

O menino brincava,
Andorinha sofria
E dum lado pra outro
Atordoada gemia:

*

— Piá, não me maltrata não!
Eu levo você pro mar
Ver as ondas ver as praias
Ver os peixinhos do mar...

O menino malvado
Taperá machucou.
E já morre morrendo
A coitada falou:

— Piá, não me maltrata não...
Eu levo você pro céu...
E nunca ninguém não cansa
De ver as coisas do céu...
É um sítio bonito mesmo
Beiradeando o trem de ferro,
Lá você acha a sua gente
Que faz muito que morreu.
Assegura em minhas penas,
Vamos embora com Deus...

Andorinha, andorinha,
Andorinha avoou,
Foi subindo pro céu,
Curumim carregou.

— Assegura bem, menino,
Não olha pra baixo não.
Não tem sodade do mundo
Que o mundo é só perdição.

E avoando avoando
Afinal se chegou.
Andorinha desceu.
Curumim apeou

Abriu os olhos e viu.
Era o céu... ôh boniteza!
Tinha espingarda gangorra
Estilingue... Tinha bichos
E tinha tantas surpresas
Que era mesmo um desperdício.

Olha um cachorro janguar!
Olha a ave seriema!
Olha aquelas três-marias
Da gente bolear nhandus!...
Era que nem um pomar
Com tanta fruta aromando
Que o ar ficava que ficava
Bonzinho de respirar.

O curumim caminhava
Seguindo os postes da linha,
Lá pelo varjão se ouvia
Duma fordeca a chispada,
E no meio-dia quente
Amulegando maneiro
Um aboio tão chorado
Que acuava no corpo doce
O sono do brasileiro.

Tinha mandioca e açaí
Mate cana arroz café
Muita banana e feijão

Milho cacau... Tinha até
Pra lá do cercado novo
Cheio de taperebás
Um rancho do nosso povo
Com seu mastro de São João.

No galpão um homem comprido
Duma quente morenez,
Com a pele bem sapecada
Pelo Sol deste país,
Gemia numa sanfona
Uma mazurca tão linda
Que se parava um bocado
O ouvido cantava ainda.

O menino olhou pro homem
E gritou: — B'as tarde, tio!
— Meu sobrinho, entra no rancho,
Nossa gente já está aí.

E o piá se rindo matava
Saudades do coração.
Tomava a bênção da mãe,
Do pai, abraçava o irmão,
Afinal topou com o primo
Que era unha e carne com ele
E comovidos os dois,
Os dois se deram a mão.

E foram brincar pra sempre
Pelos pagos abençoados
Do meio-dia do céu.

No céu sempre é meio-dia...
Não tem noite, não tem doença

E nem outra malvadez...
A gente vive brincando...
E não se morre outra vez.

COCO DO MAJOR

a Antônio Bento de Araújo Lima
(Rio Grande do Norte)

O major Venâncio da Silva
Guarda as filhas com olho e ferrolho,
Que vidinha mais caningada
   — seu mano —
Elas levam no engenho do velho!

Nem bem a arraiada sonora
Vem tangendo as juremas da estrada
Já as três se botam na renda
   — seu mano —
Treque-treque de bilros, mais nada.

Vai, um mocetão paroara
Destorcido porém sem cabeça
Apostou num coco da praia
   — seu mano —
Que daria uma espiada nas moças.

Pois a fala do lambanceiro
Foi parar direitinho no ouvido
Do major Venâncio da Silva
   — seu mano —
Que afinal nem se deu por achado.

*

Bate alguém na sede do engenho.
— Seu major, ando morto de sede,
Por favor me dê um copo de água...
    — seu mano —
Pois não, moço! Se apeie da égua.

Dois negrões agarram o afoito,
O major assobia pra dentro.
Vêm três moças lindas chorando
    — seu mano —
Com quartinhas de barro cinzento.

— Esta é minha filha mais velha,
Beba, moço, que essa água é de sanga.
E os negrões obrigam o pobre
    — seu mano —
A engulir a primeira moringa.

— Esta é minha filha do meio,
Beba, moço, que essa água é do corgo.
E os negrões obrigam o pobre
    — seu mano —
A engulir a moringa, já vesgo.

— Esta é minha filha mais nova,
Beba, moço, que essa água é de fonte.
E os negrões afogam o pobre
    — seu mano —
Que adubou os faxeiros do monte.

O major Venâncio da Silva
Tem as filhas mais lindas do norte
Mas ninguém não viu as meninas
    — seu mano —
Que ele as guarda com água de pote.

MODA DA CADEIA DE PORTO ALEGRE

a Mário Pedrosa

Dona Rita amouxa em casa
Uma porção de riqueza
Que o marido, que Deus tenha!
Por amor dela ajuntou.
A riqueza de que falo
É cobres, porque dos filhos
Só um mocinho não gorou.

Apesar dessa família
Já grande, em pleno viçor,
Quando ela pensa em gatunos
Corre pela espinha dela
Uma friagem de horror.

Também não tem na cidade
Correição de segurança
Adonde gatuno que entra
Perde pra sempre a esperança
De outra vez ir gatunar.
Dona Rita passa as noites
Sem dormir, sem descansar.
Qualquer barulhinho a pobre
Levanta, vai assuntar.

Pois então ela resolve,
Gasta mas gasta pra bem:
Faz construir uma cadeia
Que mais segura não tem
Por este grande Brasil.

*

Era mesmo um casarão
Alvo que nem tabatinga,
Com tanta grade tamanha
Que apertava o coração.
Toda a gente ia passear
Lá no largo da Cadeia
Mas porém se espera um preso
Pra estreia da correição.

Agora o filho entra tarde.
Dona Rita sossegada
Costura, pesponta meias
Enquanto sono não vem.
Só de pensar na cadeia
Dona Rita dorme bem.

Foi então que numa festa
Já quási de-manhãzinha
O filho de dona Rita
Botou seis tiros no peito
De outro moço, rival dele
Nuns negócios de paixão.

Estrearam a correição.
Dona Rita não foi ver.
Definha que não definha,
Durou uns pares de meses,
Afinal veio a morrer.

Falam também que de-noite
O carcereiro rondando
Escuta pelo caminho

O choro de dona Rita
Gemendo devagarzinho...

Mas isso de assombração
Só quem vê é que acredita...

PAISAGEM Nº 5

De-dia um Solzão de matar taperá
Passeou na cidade o fogo de Deus.
Os paulistas andaram que nem caçaremas tontas
Daqui pra ali buscando as sombras de mentira.
Mas agorinha mesmo deram as vinte horas.
De já-hoje quando a noite agarrou empurrando a luz
                            [quente pra trás do horizonte
Brisou uma friagem de inverno refrescando os praceanos
                                      [e a cidade rica.
As famílias pararam de suar.
Janelas abertas e portas abertas em todas as casas.
Se boia, se conversa descansado.
Nas varandas portas terraços escuros
Acende apagam os vaga-lumes dos cigarros.

Todas as bulhas se ajuntam num riso feliz.

Faz gosto a gente andar assim à toa.
Reparando na calma da sua cidade natal.

MODA DA CAMA DE GONÇALO PIRES

Gonçalo Pires possui uma cama,
Em nossa vila não tem mais nenhuma,
Gonçalo Pires se dá um estadão,
Só ele na terra dorme gostoso
Em traste bonito de estimação.

Delém! dem! dem!... O sr. Ouvidor,
Representante de Filipe IV,
Já vem subindo pelo Cubatão.
O dr. Antônio Rebelo Coelho
Vem nesta vila fazer correição.

Delém! dem! dem!... São Paulo nos acuda!
Se agita a Municipalidade,
Ouvidor-geral não dorme no chão!
Gonçalo Pires não quer emprestar
Cama cobertor lençol e colchão.

Mas os vereadores são bons paulistas
E Francisco Jorge, o procurador,
Recebe da Câmara autorização:
Trará a cama de Gonçalo Pires,
Ele que deixe-se de mangação!

Gonçalo Pires resmunga, peleja,
Mas a autoridade é da Autoridade,
Lá vêm pelas ruas em procissão,
Cobertos de olhos relampeando inveja
Cama cobertor lençol e colchão.

*

Que úmido frio... Das várzeas em torno
Da noite vazia que não tem fim
Dissolve as casinhas a cerração...
O Ouvidor-geral sonha em cama boa
E Gonçalo Pires dorme no chão.

Delém! dem! dem!... O Ouvidor vai-se embora.
Sai mais festejado que quando entrou...
A Câmara impa de satisfação.
Mas os vereadores são bons paulistas:
— Que entregue-se a cama com prontidão.

Gonçalo Pires rejeita o bem dele.
Não dorme em cheiro de ouvidor-geral!...
Se reúne a Câmara em nova sessão.
— Lave-se o lençol! indica o notário.
Qual! Gonçalo empaca na rejeição.

Sete anos levam nessa pendenga
A Câmara paulista e Gonçalo Pires,
Paulista emperrando, não cede não.
E a história não sabe que fim levaram
Cama cobertor lençol e colchão.

DOIS POEMAS ACREANOS

a Ronald de Carvalho

I
DESCOBRIMENTO

Abancado à escrivaninha em São Paulo
Na minha casa da rua Lopes Chaves
De supetão senti um friúme por dentro.
Fiquei trêmulo, muito comovido
Com o livro palerma olhando pra mim.

Não vê que me lembrei que lá no norte, meu Deus!
 [muito longe de mim
Na escuridão ativa da noite que caiu
Um homem pálido magro de cabelo escorrendo nos
 [olhos,
Depois de fazer uma pele com a borracha do dia,
Faz pouco se deitou, está dormindo.

Esse homem é brasileiro que nem eu.

II
ACALANTO DO SERINGUEIRO

Seringueiro brasileiro,
Na escureza da floresta
Seringueiro, dorme.
Ponteando o amor eu forcejo
Pra cantar uma cantiga
Que faça você dormir.

Que dificuldade enorme!
Quero cantar e não posso,
Quero sentir e não sinto
A palavra brasileira
Que faça você dormir...
Seringueiro, dorme...

Como será a escureza
Desse mato virgem do Acre?
Como serão os aromas
A macieza ou a aspereza
Desse chão que é também meu?
Que miséria! Eu não escuto
A nota do uirapuru!...
Tenho de ver por tabela,
Sentir pelo que me contam,
Você, seringueiro do Acre,
Brasileiro que nem eu.
Na escureza da floresta
Seringueiro, dorme.

Seringueiro, seringueiro,
Queria enxergar você...
Apalpar você dormindo,
Mansamente, não se assuste,
Afastando esse cabelo
Que escorreu na sua testa.
Algumas coisas eu sei...
Troncudo você não é.
Baixinho, desmerecido,
Pálido, Nossa Senhora!
Parece que nem tem sangue.
Porém cabra resistente

Está ali. Sei que não é
Bonito nem elegante...
Macambúzio, pouca fala,
Não boxa, não veste roupa
De palm-beach... Enfim não faz
Um desperdício de coisas
Que dão conforto e alegria.

Mas porém é brasileiro,
Brasileiro que nem eu...
Fomos nós dois que botamos
Pra fora Pedro II...
Somos nós dois que devemos
Até os olhos da cara
Pra esses banqueiros de Londres...
Trabalhar nós trabalhamos
Porém pra comprar as pérolas
Do pescocinho da moça
Do deputado Fulano.
Companheiro, dorme!
Porém nunca nos olhamos
Nem ouvimos e nem nunca
Nos ouviremos jamais...
Não sabemos nada um do outro,
Não nos veremos jamais!

Seringueiro, eu não sei nada!
E no entanto estou rodeado
Dum despotismo de livros,
Estes mumbavas que vivem
Chupitando vagarentos
O meu dinheiro o meu sangue
E não dão gosto de amor...

Me sinto bem solitário
No mutirão de sabença
Da minha casa, amolado
Por tantos livros geniais,
"Sagrados" como se diz...
E não sinto os meus patrícios!
E não sinto os meus gaúchos!
Seringueiro, dorme...
E não sinto os seringueiros
Que amo de amor infeliz...

Nem você pode pensar
Que algum outro brasileiro
Que seja poeta no sul
Ande se preocupando
Com o seringueiro dormindo,
Desejando pro que dorme
O bem da felicidade...
Essas coisas pra você
Devem ser indiferentes,
Duma indiferença enorme...
Porém eu sou seu amigo
E quero ver si consigo
Não passar na sua vida
Numa indiferença enorme.
Meu desejo e pensamento
    (... numa indiferença enorme...)
Ronda sob as seringueiras
    (... numa indiferença enorme...)
Num amor-de-amigo enorme...

Seringueiro, dorme!
Num amor-de-amigo enorme

Brasileiro, dorme!
Brasileiro, dorme.
Num amor-de-amigo enorme
Brasileiro, dorme.

Brasileiro, dorme,
Brasileiro... dorme ...

Brasileiro... dorme...

REMATE DE
MALES

Quid, homo, ineptam sequeris laetitiam.
(séc. XI)

EU SOU TREZENTOS...
(7-VI-1929)

Eu sou trezentos, sou trezentos e cinquenta,
As sensações renascem de si mesmas sem repouso,
Ôh espelhos, ôh Pireneus! ôh caiçaras!
Si um deus morrer, irei no Piauí buscar outro!

Abraço no meu leito as melhores palavras,
E os suspiros que dou são violinos alheios;
Eu piso a terra como quem descobre a furto
Nas esquinas, nos táxis, nas camarinhas seus próprios
                                              [beijos!

Eu sou trezentos, sou trezentos e cinquenta,
Mas um dia afinal eu toparei comigo...
Tenhamos paciência, andorinhas curtas,
Só o esquecimento é que condensa,
E então minha alma servirá de abrigo.

DANÇAS
(1924)

a Dona Baby Guilherme de Almeida

I

Quem dirá que não vivo satisfeito! Eu danço!

Dança a poeira no vendaval.
Raios solares balançam na poeira.
Calor saltita pela praça
    pressa
    apertos
    automóveis
   bamboleios
  Pinchos ariscos de gritos
Bondes sapateando nos trilhos...

A moral não é roupa diária!

Sou bom só nos domingos e dias santos!
Só nas meias o dia santo é quotidiano!
   Vida
   arame
   crimes
   quidam
   cama e pança!
  Viva a dança!
  Dança viva!
 Vivedouro de alegria!
Eu danço!
Mãos e pés, músculos, cérebro...

Muito de indústria me fiz careca,
Dei um salão aos meus pensamentos!
   Tudo gira,
   Tudo vira,
   Tudo salta,
   Samba,
   Valsa,
   Canta,
   Ri!
Quem foi que disse que não vivo satisfeito?
EU DANÇO!

    II

Meu cigarro está aceso.
O fumo esguicha,
O fumo sobe,
  O fumo sabe ao bem e ao mal...
   O bem e o mal, que coisas sérias!
    Riqueza é bem.
    Tristeza é mal.
     Desastres
     sangue
     tiros
     doença
    Dança!...

O elevador subiu aos céus, ao nono andar,
O elevador desce ao subsolo,
Termômetro das ambições.
  O açúcar sobe.
   O café sobe.
    Os fazendeiros vêm do lar.

        Eu danço!

Tudo é subir.
    Tudo é descer.
Tudo é dançar!
        O Esplanada grugrulha.

      Todos os homens vão no cinema.
      Lindas mulheres nos camarotes.
        Leves mulheres a passar...

Não frequento cafés-concertos,
Mas tenho as minhas aventuras...
        Desventurados os coiós!
    A vida é farta.
    O mundo é grande.
Tem muito canto onde esconder!
      Subúrbios
      casas
      pensões
      táxis...
          Vejo sonâmbulos ao luar
        Beijando moças estioladas.
      Tolos! a poeira sobe no ar...
    O fumo sobe e morre no ar...
    Eu vivo no ar!
Dançarinar!.. .

III

Filha, tu sabes... que hei de fazer!
Nós todos somos assim.
Eu sou assim.
Tu és assim.

Dançam os pronomes pessoais.

Nunca em minuetes! Nunca em furlanas!
      EU
   ELE
        TU
     NÓS
  ELES
    VÓS...
    Não paro.
     Não paras.
      Sucedem quadrilhas...
    Gatunos!
     Assassinos!
    Ciganos!
   Judeus!
   Quebras formidáveis!
Riquezas fetos de cinco meses
Já velhas como Matusalém.
Baixistas calvos, rotundos, glabros,
Trusts de cana, trusts de arroz,
Açambarcadores de feijão-virado...

    A Bolsa revira.
   Reviram-se as bolsas.
   As letras entram.
  Os ouros saem...
    Corrida
   tombos
  vitórias
  delírios
  banquetes
  orquestras ...

Os homens dançam...
Danço também.

Nunca minuetes nem bacanais!
Somos farândulas?
Somos lanceiros?
Somos quadrilhas?
   Que somos nós!?
      Pronomes pessoais.

IV

14 horas.
Filha, tu vais dormir.

Eu te contemplo aborrecido.
Que fazes estreita na cama tão larga?
Porque te encolhes assim?

Teus cabelos suados se esperdiçam.
Tuas mãos aziagas tamborilam.
Teu corpo estreito treme vibra...

   — Poeta, me deixe dormir!

Eu te contemplo aborrecido...

Devo esconder-te o meu sorriso?...
Já sei porque o sono não chega,
Filha, começas a dançar...

Teu corpo todo se enrodilha
      Estremece

        sacode
    bate
    lata
       seco
... heque! heque!...
quebra
queima
    reina
       dança
sangue
gosma...
    Teus lábios dançam:
        — Por Piedade!
Não é domingo nem dia santo!
Filha, tu danças para dormir!
    Tosses até que não podes mais!
        Devo esconder-te o meu sorriso?...

V

Aquele quarto me sufoca,
Prefiro ar livre,
Não voltarei.

Ar livre, ar leve que dança, dança!
Dançam as rosas nos rosais!
São flores vermelhas
São botões perfeitos
São rosas abertas, gritos de prazer!

      São Paulo é um rosal!
      São Paulo é um jardim!
      Morena, tem pena,

Tem pena de mim!

A rosa-riso dança nos teus lábios
      vermelhos
       mordidos...
  Volúpias alegres...
O mundo não vê?

  Nós nos separamos.
  Nós nos ajuntamos.
  O bonde passou,
  O amigo passou...
  O mundo não vê!

A vida é tão curta!
Quem tem certeza do amanhã!
      Lourenço de Médicis?...
   Florença delira,
   Paris queima,
   Viena dança,
  Berlim ri...
E New York abençoa o jazz universal.
   Negros de cartola
   Turcos de casaca
  Montecarlo e Caldas e Copacabana
  Tudo é um caxambu!
EU DANÇO!
   Dança do amor sem sentimento?
   Dança das rosas nos rosais! ...

VI

Parceiro, tu sabes a dança do ventre
Mas eu vou te ensinar dança milhor.
Olha: a Terra é uma bola.
            A bola gira.
                    Gira o universo.
                            Os homens giram também.

Tudo é girar, tudo é rodar.

  Sofres acaso de amor sem volta?
  Porque paraste no teu amor!
      Choras que os outros não te compreendem?
      Fala francês que te entenderão!
           Morres, duvidas, pensas?... — Parceiro,
Tu só conheces a dança do ventre,
A dança do ombro é muito milhor!

VII

"Ôh, como passas!"
        "Bravo! enfim voltas!"

            São inimigos,
            São morfinômanos,
            Virgens e honestos,
            Crápulas vis.

            Saúdo a todos,
            Ninguém me estima,
            Dançam meus ombros,
            Eu sou feliz!

*

Eu sou feliz porque a Terra é uma bola.
    A bola gira,
    Gira o universo,
    Giro também.
  Sou Gira.
  Sou Louco.
  Sou Oco.
 Sou homem!...
  Sou tudo o que vocês quiserem,
Mas que sou eu?

Meu alfaiate tem mais fregueses.
Não há canalha sem virtude.
Não há virtuosos sem desonra.
Entro nos teatros lendo jornais.
Converso pouco e escuto muito.
Falo francês...

Leio em vernáculo Tristram Shandy.
Conheço Freud e Dostoiévski.
Compro as revistas do Brasil.
E
Principalmente
Sei enramar meu ditirambo,
Sei guspir um madrigal!

Depois dou de ombros.
Meus ombros dançam...

Sou partidário da desombra universal!

VIII

Há terras incultas além muito longe...
Há bichos terríveis nas terras incultas...
Há pássaros lindos nos jequitibás...
O dia ora é claro, ora é escuro...
Zumbidos de abelhas fabricando mel...
Ora os bichos urram,
Ora as aves cantam,
Ora é a flor que abrolha,
Ora a árvore cai...
O céu se escurece. É a tormenta...
    Dançam coriscos no céu.
        Relâmpagos
        trovões
            um samba hediondo,
            um candomblé...
As caiporas galopam nas ancas das antas...
Aranhas formigas sacis e Jaci...
O rio da Dúvida passa a dançar...
A vitória-régia oscila balouçante nas águas indecisas...

Há terras incultas além...

Mas quem que as visitou?
    Ninguém.
        A confusão é enorme!...

Filha, tu sabes... que hei de fazer!
Tudo é quadrilha!
  Me ponho a dançar!

IX

EU DANÇO!

Eu danço manso, muito manso,
Não canso e danço,
Danço e venço,
    Manipanço...
    Só não penso...

Quando nasci eu não pensava e era feliz...

Quando nasci eu já dançava,
Dançava a dança da criança,
    Surupango da vingança...
Dança do berço:
    Sim e Não...
Dança do berço:
    Não e Sim...
        A vida é assim...
Eu sou assim.

... ela dançava porque tossia...
    Outros dançam de soluçar...
        Eu danço manso a dança do ombro...
        Eu danço... Não sei mais chorar!...

TEMPO DA MARIA
(1926)

a Eugênia Álvaro Moreira

I
MODA DO CORAJOSO

Maria dos meus pecados,
Maria, viola de amor...

Já sei que não tem propósito
Gostar de donas casadas,
Mas quem que pode com o peito!
Amar não é desrespeito,
Meu amor terá seu fim.
Maria há de ter um fim.

Quem sofre sou eu, que importa
Pros outros meu sofrimento?
Já estou curando a ferida.
Se dando tempo pro tempo
Toda paixão é esquecida.
Maria será esquecida.

Que bonita que ela é!... Não
Me esqueço dela um momento!
Porém não dou cinco meses,
Acabarão as fraquezas
E a paixão será arquivada.
Maria será arquivada.

*

Por enquanto isso é impossível.
O meu corpo encasquetou
De não gostar senão de uma...
Pois, pra não fazer feiura,
Meu espírito sublima
O fogo devorador.
Faz da paixão uma prima,
Faz do desejo um bordão,
E encabulado ponteia
A malvadeza do amor.

Maria, viola de amor!...

II
AMAR SEM SER AMADO, ORA PINHÕES

Esperemos neste lugar.
Não sou nenhum conde do papa,
Só mesmo de Anto serei conde...
Sou poeta da viação barata,
Mário, pague os duzentos réis...
Siga, chofer. Espero o bonde.

Cachorro. Trilhos nobres. Moças.
Moças, não. Mulheres perdidas
No ouro, distinga-se, senão
Perde o sal a comparação
Com que saudei essas amigas:
— Grandes auroras promissoras!

Tenho jeito pra gigolô...
E, por falar de aurora, enfim
Me dá São Paulo uma tardinha

De que o poeta Gonçalves Dias
Si tivesse alguma saudade,
Tinha razão. Que nem rubi

De puro oriente, no ocidente
O Solão despenca do mármore
Dum céu elegante, na estica.
Esta folha no meu chapéu...
Em mim, tal qual num tronco de árvore
Trepa um ventinho piricica.

Me perdi pelas sensações.
Não sou eu, sou eus em farrancho,
E vem lavar minha retina,
Em maretas de poeira fina
Todas as coisas tamisando,
O Tâmisa das ilusões.

Me dissolvo por essas águas!
E na vista submarina,
Renovo o milagre cristão
Com a minha multiplicação:
Sou a festança desta vida!
Peixes! Torpedos... bondes... casas...

Cavam a terra do jardim.
É no meu peito. Como um ólio,
Me esparramo pela cidade,
E as coisas, nessa intimidade,
São um dilúvio de olhos, olhos
Meus, assuntados sobre mim.

*

Tudo se funde em minha vista.
Estou alegre. Coisa estranha,
Não sinto o bem, sorrio ao mal...
Será a inconsciência transcendental
Que enche a boca de Graça Aranha?
Todo Infinito! ôh farra! ôh Lapa!

Não sei não. Porém, ver um Zeus,
Conhecem? Zeus de casimira,
Meio suado, vou no universo
Buscando o meu fogo disperso
Que pelas coisas girogira,
Roubado pelos Prometeus.

Às sacudidelas do bonde,
Na minha frente rósea chama
Crepita, ôh pescoço! Um ardor
Principiante, consolador,
Zeus (Zeus sou eu) gemendo chama:
— Fogo, onde estás, aonde? aonde?

É isso! Rapazes, encontrei
O fogaréu maravilhoso
Que foi, que é meu, que será sempre
Meu! Relumeia à minha frente,
E devora num instantinho
As minhas paus Tábuas da Lei.

Moralidade, lei seca, vá-se
Embora! Vá por Seca e Meca!
Darei Seca, Meca e Baía
Por mais este amor, sim, mais um,
Porque enfim é amante de poeta
Toda e qualquer mulher que passe!

*

Êxtase! Desejo! Loucura!
Quase dolorosa surpresa!
Espanto de não ser mais só!
E a gente imagina que é o pó
Que sufoca e, vai, com aspereza
Bota a culpa na Prefeitura.

Minha paixão de supetão!
Já nem posso mais respirar!
Que pescoço! que braços! quê!...
Bom... olhemos a natureza.
O céu se encurva sobre o chão
Num gesto forte de abraçar.

Te amo!... Que bonita que ela é!...
Trago comigo o cheiro dela,
Só penso nela!... Infelizmente
O meu caso não tem futuro,
Ai, Maria do perfil duro,
Ai, Maria sempre presente!...

Que friúme em minha tristeza...
Rapazes! a minha alegria,
A minha alegria está presa
Num perfil duro de mulher!
Ela me olha tão fria, fria...
Ora! verifiquemos como
Rictus: "Merde! voilá l'hiver".

Poeta, sossegue, ela é casada...
Pois sim. Pensemos noutra coisa.
No que será?... Negro de suéter,
Que engraçado!... mas... que tristeza!

Esta vida não vale nada!...
Vou cantar a Louvação do Éter!

    Vaga hipótese sem perigo!
    Hangar da nossa segurança!
    Luz de Einstein et caterva! Prova
    Dos nove da sabença humana!
    Deus, que a cosmogonia nova
    Nunca viu, mas conta contigo!

    Obra-prima do nosso Amigo!
    De alguma entocaiada parte
    Aonde a ciência não entrou,
    Me dás a honra de ser, e eu sou,
    Por tuas artes, Malazarte,
    Vaga hipótese sem perigo...

Tudo isso há de passar, Maria,
Durma em sossego. O meu respeito
Sempre há de respeitar você.
Eu não aguento mais meu peito!
Mas jamais não aceitaria
Arranjos como o de Musset!

Durma sem medo, sossegada.
Você não vai pra sala grande,
Tem sala à parte em meu harém.
Vista o pijama dos meus olhos,
E descanse sobre o meu sonho
Que nunca fez mal pra ninguém!

Eu velarei a corajosa
Dormindo sobre a dinamite...

Fumos... Assombrações... Não te
Largo mais, Iara do Tietê!...
Ao menos até que fareje
Alguma paixonite nova...

É o fim. Lá fora dormirá
Pauliceia. Paz. Quase informe,
Ela dorme, dorme sorrindo,
Enquanto gemo o verso lindo
Com que as índias parecis dormem...
Uirô mococê cê-macá...

III
CANTIGA DO AI

Ai, eu padeço de penas de amor,
Meu peito está cheio de luz e de dor!

Ai, uma ingrata tão fria me olhou,
Que vou-me daqui sem saber pra onde vou!

Eu cheirei um dia um aroma de flor
E vai, fiquei doendo de penas de amor!

Foi minha ingrata que por mim passou!
Ai, gentes! eu parto! não sei pra onde vou!

Ai, malvada ingrata que escolhi bem!
Eu sofro e não posso queixar de ninguém!

Sofro mas me orgulho de meu sofrer,
É linda a malvada que fui escolher!

*

Tem a mansidão dos portos de mar
Mas porém é arisca que nem pomba-do-ar!

Ela é quieta e clara, ela é rosicler,
É a boca-da-noite virada mulher!

Ai, unhas de vidro para me encantar!
Ai, olhos riscados pra não me enxergar!

Ai, peito liso, boca de carmim!
Ingrata malvada que não pensa em mim!

Ai, pena tamanha que me quebrou!
Adeus! vou-me embora! não sei pra onde vou!

Lastimem o poeta que vai partir,
Ôh, amantes se amando no imenso Brasil!...

IV
LENDA DAS MULHERES DE PEITO CHATO

Macunaíma, Maria,
Viajando por essas terras
Com os dois manos, encontrou
Uma cunhã tão formosa
Que era um pedaço de dia
Na noite do mato virgem.
Macunaíma, Maria,
Gostou da moça bonita.
Porém ela era casada,
E jamais não procedia
Que nem as donas de agora,
Que vivem mais pelas ruas

Do que na casa em que moram;
Vivia só pro marido
E os filhos do seu amor,
Fiava, tecia o fio,
Pescava, e março chegado,
Mexendo o corpo gostoso,
Ela fazia a colheita
Do milho de beira-rio.
Que bonita que ela é!... Bom.
Macunaíma, Maria,
Não pôde seguir, ficou.
Que havia de fazer!
Amar não é desrespeito,
Falou pra ela e ela se riu.
Então lhe subiu do peito
A escureza da paixão,
E o apaixonado cegou.
Pegou nela mas a moça
Possuía essa grande força
Que é a força de querer bem:
Forceja que mais forceja,
Até deu nele! Não doeu.
Macunaíma, Maria,
Largou da moça.
    Ôh, meu Deus!
Como estava contrariado!
Pois um moço que ama então
Não tem direito de amar!
Tem, Maria, tem direito!
Te juro que tem direito!
Macunaíma fez bem!
O amor dele era tão nobre
Ver o do outro que casou.

Casar é uma circunstância
Que se dá, que não se dá,
Porém amar é a constância,
Porta num, se abanca, e o pobre
Tem que lhe matar a fome,
Dar cama pra ele dormir.
Macunaíma, Maria,
Era como eu brasileiro,
E em todas as moradias
Que se erguem no chão quentinho
Do nosso imenso Brasil,
Não tem uma que não tenha
Um quarto de hóspedes pronto!
Pobre do Macunaíma,
Não tem culpa de penar!
Foi brasileiro, amor veio,
Ele teve que hospedar!
— Eu te amo, (que ele falava)
Moça linda! Você tem
Esse risco de urucum
Na beira do olhar somente
Pra não ver quem te quer bem!
Olhos de jabuticaba!
Colinho de cujubim!...
Te adoro como se adora
Com doçura e com paixão!
Maria... Vamos embora!
(Que ele falava pra moça)
Eu quero você pra mim!

Bom. O coitado, Maria,
De tanta contrariedade,
Pôs reparo que é impossível

Se ser feliz neste mundo,
Em plena infelicidade...
Se vingou... Tinha ali perto
Dois cachos de bananeira.
Cortou deles... você sabe,
Os mangarás pendurados,
Que de tão arroxeados
Têm mesmo a cor da paixão.
Lá no norte chamam isso
De "filhotes da banana",
E a bananeira dá fruta
Uma vez, não dá mais não...
Macunaíma, Maria,
Pegou na moça, arrancou
Os peitinhos emproados
Do colo de cujubim,
Pendurou no lugar deles
Os filhotes da paixão.

Por isso essa moça dura,
De quem nós todos nascemos,
Tem o colo que nem de homem,
De achatado que ficou.
E hoje as donas são assim...

Adianta a lenda que a moça
Ficou feia... Não sei não...

V
ECO E O DESCORAJADO

Neste lugar solitário
Onde nem canta o sem-fim,
Choro. E um eco me responde
Ao choro que choro em vão.
Eco, responda bem certo,
Meus amigos me amarão?...
    E o eco me responde: — Sim.

Pois então, eco bondoso,
Você que sabe a razão
Por que deixando o tumulto
De Pauliceia, aqui vim:
Eco, responda bem certo,
Maria gosta de mim?...
    E o eco me responde: — Sim.

Antes morrer!... Eu me sinto
Tão vazio com este amor...
Não aguento mais meu peito!
Morrer! seja como for!
Eco, responda bem certo,
Morrerei hoje, amanhã?...
    E o eco me responde: — Nhãam...

VI
LOUVAÇÃO DA TARDE

Tarde incomensurável, tarde vasta,
Filha de Sol já velho, filha doente
De quem despreza as normas da Eugenia,

Tarde vazia, dum rosado pálido,
Tarde tardonha e sobretudo tarde
Imóvel... quase imóvel: é gostoso
Com o papagaio louro do ventinho
Pousado em minha mão, pelas ilhotas
Dos teus perfumes me perder, rolando
Sobre a desabitada rodovia.
Só tu me desagregas, tarde vasta,
Da minha trabalheira. Sigo livre,
Deslembrado da vida, lentamente,
Com o pé esquecido do acelerador.
E a maquininha me conduz, perdido
De mim, por entre cafezais coroados,
Enquanto meu olhar maquinalmente
Traduz a língua norte-americana
Dos rastos dos pneumáticos na poeira.
O doce respirar do forde se une
Aos gritos pontiagudos das graúnas,
Aplacando meu sangue e meu ofego.
São murmúrios severos, repetidos,
Que me organizam todo o ser vibrante
Num método sadio. Só no exílio
De teu silêncio, os ritmos maquinares
Sinto, metodizando, regulando
O meu corpo. E talvez meu pensamento...

Tarde, recreio de meu dia, é certo
Que só no teu parar se normaliza
A onda de todos os transbordamentos
Da minha vida inquieta e desregrada.
Só mesmo distanciado em ti, eu posso
Notar que tem razão-de-ser plausível
Nos trabalhos de ideal que vou semeando

Atabalhoadamente sobre a Terra.
Só nessa vastidão dos teus espaços,
Tudo o que gero e mando, e que parece
Tão sem destino e sem razão, se ajunta
Numa ordem verdadeira... Que nem gado,
Pelo estendal do jaraguá disperso,
Ressurge de tardinha e, enriquecido
Ao aboio sonoro dos campeiros,
Enriquece o criador com mil cabeças
No circo da mangueira recendente...

Tarde macia, pra falar verdade:
Não te amo mais do que a manhã, mas amo
Tuas formas incertas e estas cores
Que te maquilham o carão sereno.
Não te prefiro ao dia em que me agito,
Porém contigo é que imagino e escrevo
O rodapé do meu sonhar, romance
Em que o Joaquim Bentinho dos desejos
Mente, mente, remente impávido essa
Mentirada gentil do que me falta.
Um despropósito de perfeições
Me cerca e, em grata sucessão de casos,
Vou com elas vivendo uma outra vida:

... Toda dor física azulou... Meu corpo,
Sem artritismos, faringites e outras
Específicas doenças paulistanas,
Tem saúde de ferro. Às intempéries
Exponho as ondas rijas dos meus músculos,
Sem medo. Pra que medo!... Regulares,
Mais regulares do que os meus, os traços
Do meu rosto me fazem desejado

Mais facilmente que na realidade...
Já não falo por ela não, por essa
Em cujo perfil duro jaz perdida
A independência do meu reino de homem...
Que bonita que ela é!... Qual!... Nem por isso.
Não sonho sonhos vãos. A realidade,
Mais esportiva de vencer, me ensina
Esse jeito viril de ir afastando
Dos sonhos vesperais os impossíveis
Que fazem a quimera, e de que a vida
É nua, friorentamente nua.
Não a desejo não... Viva em sossego
Essa que sendo minha, nos traria
Uma vida de blefe, arrebatada
Por mais estragos que deslumbramentos.
Isto, em bom português, é amor platônico...
Quá! quá! quá!... Desejemos só conquistas!
Um poder de mulheres diferentes,
Meninas de pensão, costureirinhas,
Manicuras, artistas, datilógrafas,
Brancaranas e loiras sem escândalo,
Desperigadas... livro de aventuras
Dentro do qual secasse a imagem da outra,
Que nem folha de malva, que nem folha
De malva... da mais pura malva perfumada!...

Livre dos piuns das doenças amolantes,
Com dinheiro sobrando, organizava
As poucas viagens que desejo... Iria
Viajar todo esse Mato Grosso grosso,
Danado guardador da indiada feia,
E o Paraná verdinho... Ara, si acaso
Tivesse imaginado no que dava

A Isidora, não vê que ficaria
Na expectativa pança em que fiquei!
Revoltoso banzando em viagens tontas,
Ao menos o meu sul conheceria,
Pampas forraginosos do Rio Grande
E praias ondejantes do Iguaçu...
Tarde, com os cobres feitos com teu ouro,
Paguei subir pelo Amazonas... Mundos
Desbarrancando, chãos desbarrancados,
Aonde no quiriri do mato brabo
A terra em formação devora os homens...
Este refrão dos meus sentidos... Nada
Matutarei mais sem medida, ôh tarde,
Do que esta pátria tão despatriada!

Vibro! Vibro. Mas constatar sossega
A gente. Pronto, sosseguei. O forde
Recomeça tosando a rodovia.
"Nosso ranchinho assim tava bom"... Sonho...
Já sabe: desejando sempre... Um sítio,
Colonizado, sem necessidade
De japoneses nem de estefanóderis...
Que desse umas quatorze mil arrobas...
Já me bastava. Gordas invernadas
Pra novecentos caracus bem...

       Tarde,
Careço de ir voltando, estou com fome.
Ir pra um quarto de banho hidroterápico
Que fosse a peça de honra deste rancho,
Aonde também, faço questão, tivesse
Dois ou três quartos de hóspedes... Isto é,
De hóspedes não, de amigos... Esta casa

É sua... Entre... Se abanque... Mande tudo...
Não faça cerimônia... Olha, de noite
Teremos Hindemith e Vila-Lobos!
Que bom! possuir um aparelho de
Radiotelefonia tão perfeito
Que pegasse New York e Buenos Aires!...
Tarde de meu sonhar, te quero bem!
Deixa que nesta louvação, se lembre
Essa condescendência puxa-puxa
De teu sossego, essa condescendência
Tão afeiçoável ao desejo humano.
De dia eu faço, mas de tarde eu sonho.
Não és tu que me dás felicidade,
Que esta eu crio por mim, por mim somente,
Dirigindo sarado a concordância
Da vida que me dou com o meu destino.
Não marco passo não! Mas si não é
Com desejos sonhados que me faço
Feliz, o excesso de vitalidade
Do espírito é com eles que abre a válvula
Por onde escoa o inútil excessivo;
Pois afastando o céu de junto à Terra,
Tarde incomensurável, me permites,
Qual jaburus-moleques de passagem,
Lançar bem alto nos espaços essa
Mentirada gentil do que me falta.

Ciao, tarde. Estou chegando. É quase noite.
Todo o céu já cinzou. Dependurada
Na rampa do terreiro a gaiolinha
Branca da máquina "São Paulo" inda arfa,
As tulhas de café desentulhando.
Pelo ar um lusco-fusco brusco trila,

Serelepeando na baixada fria.
Bem no alto do espigão, sobre o pau seco,
Ver um carancho, se empoleira a Lua,
— Condescendente amiga das metáforas...

VII
MARIA

Passa pura neste mundo,
Sendo chique e sendo rica,
Tem marido, quatro filhos,
Sabe rir, sabe gostar,
O nome dela é Maria.

Faz pouco telefonou
Falando que não iria
No chá da casa da amiga.
De vez em quando ela falta
Às festas de sociedade,
Arranja dor de cabeça
E outras desculpas assim.

Agora está no jardim
Toda de branco vestida.

O Sol é um pintor das dúzias!
Diz que pretende dourar
Aqueles cabelos curtos...
Não vê! Só faz relumear
O preto daquele preto,
Que não tem nada mais preto
Que os cabelos de Maria!

*

Como é bonita! Seus olhos
São que nem jabuticabas,
E mesmo que o perfil dela
Seja um pouco duro, a gente
Assuntando aquele rosto
Que o rouge aviva mansinho,
A gente sente um sossego
De peito de passarinho.

A gente sente... meu Deus!
De deveras, um amor...
Que não é amor, é amorzinho
Feito de admiração.
Encanto de dia santo!
Gosto que não dá desgosto!
Amor não! Veneração!

Si eu falasse que Maria
Traz um halo na cabeça,
Halo de santa moderna
Que maxixa e fala o inglês,
Muita gente se riria...
Pois se riam à vontade!
Maria traz na cabeça
O halo de Santa Maria!

É Shelley que está na moda,
E as mãos dela sobre a capa
Da edição de Oxford, orvalham
O couro negro macio
Com as gotas secas do brilho
Das unhas manicuradas.

Não quis mais ler porque livro
Não lhe dá a gostosura
Que tem vendo as travessuras
Dos filhinhos em redor.

Um fala que tem de ser
Chofer duma lincoln verde;
O outro inda não sabe, hesita
Entre o médico e aviador;
O caçula... lá se amola
Em saber o que será!
É pecurrucho, não pensa.
Tem a instintiva sabença
De andorinha taperá:
Aonde faz quente, ele vai.
Gatinhando emigra bambo
Do colo da mãe pro pai,
Do colo do pai pra cama.

Agora dorme na grama
Sobre o pleide branco e preto.
Troca a noite pelo dia...
Junto dele a ama cochila,
No branco e preto de estilo.
... Que a champanha dos jantares,
Tal e qual a cobra preta,
Vem de noite e chupa o leite
Da sem-seios da Maria...

E Maria, a outra filhinha,
Maria filha de Maria,
Parecida com Maria,
Essa emburrou porque o mano

Mais velho diz que não quer
Que ela beije a cara dele.
Há de ser chofer da Lincoln
E há de viver toda a vida
Sem boquinha de mulher!

Maria se ri tranquila.
São anjos, não são? São anjos
Que não têm asas por baixo
Dos suéteres de listrão.
Já falam seu alemão
Com a governanta comprida,
Mas que são anjos? são anjos
Da boniteza da vida!
    ... Que anjos são estes
    Que estão me arrodeando,
    De noite e de dia...
    Padre Nosso...
            Ave, Maria!

POEMAS DA NEGRA
(1929)

a Cícero Dias

I

Não sei por que espírito antigo
Ficamos assim impossíveis...

A Lua chapeia os mangues
Donde sai um favor de silêncio
E de maré.
És uma sombra que apalpo
Que nem um cortejo de castas rainhas.
Meus olhos vadiam nas lágrimas.
Te vejo coberta de estrelas,
Coberta de estrelas,
Meu amor!

Tua calma agrava o silêncio dos mangues.

II

Não sei si estou vivo...
Estou morto.

Um vento morno que sou eu
Faz auras pernambucanas.
Rola rola sob as nuvens
O aroma das mangas.
Se escutam grilos,
Cricrido contínuo

Saindo dos vidros.
Eu me inundo de vossas riquezas
Não sou mais eu!

Que indiferença enorme...

III

Você é tão suave,
Vossos lábios suaves
Vagam no meu rosto,
Fecham meu olhar.

Sol posto.

É a escureza suave
Que vem de você,
Que se dissolve em mim.

Que sono...

Eu imaginava
Duros vossos lábios,
Mas você me ensina
A volta ao bem.

IV

Estou com medo...
Teu beijo é tão beijo,
Tua inocência é dura,
Feita de camélias.

*

Ôh, meu amor,
Nós não somos iguais!
Tu me proíbes
Beber água após...

Eu volto à calma
E não te vejo mais.

V

Lá longe no sul,
Lá nos pés da Argentina,
Marulham temíveis os mares gelados,
Não posso fazer mesmo um gesto!

Tu me adivinhas, meu amor,
Porém não queres ser escrava!

Flores!
Apaixonadamente meus braços desgalham-se,
Flores!
Flores amarelas do pau-darco secular!
Eu me desgalho sobre teu corpo manso,
As flores estão caindo sobre teu corpo manso,
Te cobrirei de flores amarelas!

Apaixonadamente
Eu me defenderei!

VI

Quando
Minha mão se alastra
Em vosso grande corpo,
Você estremece um pouco.

É como o negrume da noite
Quando a estrela Vênus
Vence o véu da tarde
E brilha enfim.

Nossos corpos são finos,
São muito compridos...
Minha mão relumeia
Cada vez mais sobre você.

E nós partimos adorados
Nos turbilhões da estrela Vênus!...

VII

Não sei por que os tetéus gritam tanto esta noite...
Não serão talvez nem mesmo os tetéus.
Porém minha alma está tão cheia de delírios
Que faz um susto enorme dentro do meu ser.

Estás imóvel.
És feito uma praia...
Talvez estejas dormindo, não sei.

Mas eu vibro cheinho de delírios,
Os tetéus gritam tanto em meus ouvidos,

Acorda! ergue ao menos o braço dos seios!
Apaga o grito dos tetéus!

VIII

Nega em teu ser primário a insistência das coisas,
Me livra do caminho.

Colho mancheias de meus olhares,
Meu pensamento assombra mundos novos,
E eu desejava estar contigo...

Há vida por demais neste silêncio nosso!
Eu próprio exalo fluidos leves
Que condensam-se em torno...
Me sinto fatigantemente eterno!

Ah, meu amor,
Não é minha amplidão que me desencaminha,
Mas a virtuosidade!

IX

Na Zona da Mata o canavial novo
É um descanso verde que faz bem;
É uma suavidade pousar a vista
Na manteiga e no pelo dos ratos;
No mais matinal perfume francês
A gente domina uma dedicação;
Apertando os dedos no barro mole
Ele escorre e foge,
E o corpo estremece que é um prazer...

Mas você é grave sem comparação.

X

Há o mutismo exaltado dos astros,
Um som redondo enorme que não para mais.
Os duros vulcões ensanguentam a noite,
A gente se esquece no jogo das brisas,
A jurema perde as folhas derradeiras
Sobre Mestre Carlos que morreu.
Dir-se-ia que os ursos
Mexem na sombra do mato...
A escureza cai sobre abelhas perdidas.
Um potro galopa.
Ponteia uma viola
De sertão.

Nós estamos de pé,
Nós nos enlaçamos,
Somos tão puros,
Tão verdadeiros...
Ô, meu amor!
O mangue vai refletir os corpos enlaçados!
Nossas mãos já partem no jogo das brisas,
Nossos lábios se cristalizam em sal!
Nós não somos mais nós!
Nós estamos de pé!
Nós nos amamos!

XI

Ai momentos de físico amor,
Ai reintrâncias de corpo...
Meus lábios são que nem destroços
Que o mar acalanta em sossego.

A luz do candeeiro te aprova,
E... não sou eu, é a luz aninhada em teu corpo
Que ao som dos coqueiros do vento
Farfalha no ar os adjetivos.

XII

Lembrança boa,
Carrego comigo tua mão.

O calor exausto
Oprime estas ruas
Que nem a tua boca pesada.
As igrejas oscilam
Por cima dos homens de branco,
E as sombras despencam inúteis
Das botinas, passo a passo.

O que me esconde
É o momento suave
Com que as casas velhas
São róseas, morenas,
Na beira do rio.

Dir-se-ia que há madressilvas
No cais antigo...
Me sinto suavíssimo de madressilvas
Na beira do rio.

MARCO DA VIRAÇÃO

a José Bento Faria Ferraz

ASPIRAÇÃO
(9-IX-1924)

Doçura da pobreza assim...
Perder tudo o que é seu, até o egoísmo de ser seu,
Tão pobre que possa apenas concorrer pra multidão...
Dei tudo o que era meu, me gastei no meu ser,
Fiquei apenas com o que tem de toda a gente em mim...
Doçura da pobreza assim...

Nem me sinto mais só, dissolvido nos homens iguais!

Eu caminhei. Ao longo do caminho,
Ficava no chão orvalhado da aurora,
A marca emproada dos meus passos.
Depois o Sol subiu, o calor vibrou no ar
Em partículas de luz doirando e sopro quente.

O chão queimou-se e endureceu.
O sinal dos meus pés é invisível agora...
Mas sobra a Terra, a Terra carinhosamente muda,
E crescendo, penando, finando na Terra,
Os homens sempre iguais...

E me sinto maior, igualando-me aos homens iguais!...

LOUVAÇÃO MATINAL
(Dezembro de 1925)

É de manhã. Se sente a fadiga boa do sono.
Porém o corpo estica, chupando com os poros abertos,
Toda a luz, todo o frescor, todo o ímpeto da manhã.

Eu fiz da minha vida sempre um rasgo matinal...

Enquanto a água rija do banho me bate no corpo
Sinto a manhã se levantando viva no país...
Sinto movendo as coxas das coxilhas lá no sul;
Adiante os colonos monótonos erguem o mate,
E na sombra fraca do carijo a brisa trabalha,
Deitando sobre a congonha o bafo sedento dela;
Nos sítios de serra acima o Solzão dependurado,
Polido e carnudo que nem fruta de jerimum,
Despenca dos itaquás sangrentos e se esbandalha
Nas roças de milho, nas roças de arroz e nos corgos,
Afugentando a sombra funda das canhadas;
Nas terras de milagre as águas prenhes dos garimpos
Choram em cada bateia a lágrima dum diamante;
Mais pra arriba o grito pontudo do Cabuji
Achata o murmurejo religioso das juremas;
E quando lá no Amazonas as águas vadias se listram
Com os círculos dos jacarés que afundam pra descansar,
Vida de trabalho brabo, vida de todo dia.
Os gaiolas sobem lentamente o rio,
E os passarões, de pernas esticadas,
Mergulham em reta nas nuvens morenas do céu...

Tudo o que acorda na manhã do dia natural
Segue uma linha bem traçada, linha já sabida,

Aonde assusta de supetão o prisco do imprevisto,
Ver codorna que sem querer o camarada levantou.
Possuir consciência de si mesmo isso é a felicidade,
Isso é a glória de ser, fazendo o que será.
Que a vida de cada qual seja um projeto de casa!
Seco, o projeto agride o olho da gente no papel,
Porém quando a casa se agarra no lombo da terra,
Ela se amiga num átimo com tudo o que enxerga em
[volta,
Se adoça, perde a solidão que tinha no projeto,
Se relaciona com a existência, um homem vive nela,
E ela brilha da força do indivíduo e o glorifica.

Deflorar a virgindade boba do que tem de vir!...
Eu nunca andei metido em sortes nem feitiçarias,
Não posso contar como é a sala das cartomantes,
E minhas mãos só foram lidas pelos beijos das amadas,
Porém sou daqueles que sabem o próprio futuro,
E quando a arraiada começa, não solto a rédea do dia,
Não deixo que siga pro acaso, livre das minhas vontades.
O meu passado... Não sei. Nem nunca matuto nele.
Quem vê na noite? o que enxerga na escureza
[assombrada?
O que passou, passou; nossa vaidade é tão constante,
Os preconceitos e as condescendências são tão fáceis
Que o passado da gente não é mais
Que um sono bem comprido aonde um poder de
[sombras lentas
Mostram que a gente sonhou. Porém não sabe o que
[sonhou.
Não recapitular! Nunca rememorar!
Porém num rasgo matinal, em coragem perpétua
Ir continuando o que um dia a gente determinou!

*

Eu trago na vontade todo o futuro traçado!
Não turtuveio mais nem gesto meu para indeciso!
Passam por mim pampeiros de ambições e de
[conquistas,
Chove tortura, estrala o mal, serenateia a alegria,
Futuro está gravado em pedra e não se apaga mais!
Por isso é que o imprevisto é para mim mais imprevisto,
Guardo na sensação o medo ágil da infância,
Eu sei me rir! eu sei me lastimar com ingenuidade!

Nombrada da terra em força nova na manhã!
Ao pé de mim São Paulo em rosa vibra cheirando vida!
O Sol abrindo o para quedas de ouro na amplidão
E peneirando o pólen do calor sobre esse mundo...
Rangem os caminhões. Padeiro entrega o pão. O leite
Ferve no fogo. A feira grita de cor. As notícias
Correm povo no galopão folgado dos jornais.
Auto-ônibus bufando. Tudo bufando, abrindo asa...
A cidade mexe de vida fresca, temporã.
É a manhã! é a manhã! a glória formidável da manhã!...
Eu fiz da minha vida sempre um rasgo, uma nombrada
[matinal...
Isso é a felicidade.
É a minha glória.

IMPROVISO DO RAPAZ MORTO
(1925)

Morto, suavemente ele repousa sobre as flores do caixão.

Tem momentos assim em que a gente vivendo
Esta vida de interesses e de lutas tão bravas,
Se cansa de colher desejos e preocupações.
Então para um instante, larga o murmúrio do corpo,
A cabeça perdida cessa de imaginar,
E o esquecimento suavemente vem.
Quem que então goze as rosas que o circundam?
A vista bonita que o automóvel corta?
O pensamento que o heroíza?...
O corpo é que nem véu largado sobre um móvel,
Um gesto que parou no meio do caminho,
Gesto que a gente esqueceu.
Morto, suavemente ele se esquece sobre as flores do
                                               [caixão.

Não parece que dorme, nem digo que sonhe feliz,
                                              [está morto.
Num momento da vida o espírito se esqueceu e parou.
De repente ele assustou com a bulha do choro em redor,
Sentiu talvez um desaponto muito grande
De ter largado a vida sendo forte e sendo moço,
Teve despeito e não se moveu mais.
E agora ele não se moverá mais.

Vai-te embora! vai-te embora, rapaz morto!
Ôh, vai-te embora que não te conheço mais!
Não volta de noite circular no meu destino
A luz da tua presença e o teu desejo de pensar!

Não volta oferecer-me a tua esperança corajosa,
Nem me pedir para os teus sonhos a conformação
                                      [da Terra!

O universo muge de dor aos clarões dos incêndios,
As inquietudes cruzam-se no ar alarmadas,
E é enorme, insuportável minha paz!
Minhas lágrimas caem sobre ti e és como um Sol
                                        [quebrado!
Que liberdade em teu esquecimento!
Que independência firme na tua morte!
Ôh, vai-te embora que não te conheço mais!

MOMENTO
(Novembro de 1925)

Ninguém ignora a inquietação do clima paulistano...
Pois tivemos hoje uma arraiada fresca de neblina.

Depois do calorão duma noite maldita, sem sono,
Uma neblina leviana desprendeu das nuvens lisas
E pousou um momentinho sobre o corpo da cidade.
Ôh como era boa, e o carinho que teve pousando!
Não espantou, não bateu asa, não fez nenhuma bulha,
Veio, que nem beijo de minha mãe si estou enfezado
Vem mansinho, sem medo de mim, e poisa em minha
                                        [testa.
Assim neblina fez, e o sopro dela acalmou as penas
Desta cidade histórica, desta cidade completa,
Cheia de passado e presente, berço nobre onde nasci.
Os beijos de minha mãe são tal e qual a neblina
                                        [madruga...
Meu pensamento é tal e qual São Paulo, é histórico e
                                        [completo.

É presente e passado e dele nasce meu ser verdadeiro...
Vem, neblina, vem! Beija-me, sossega-me o meu
[pensamento!

PONTEANDO SOBRE O AMIGO RUIM
(Março de 1927)

Enfim a gente não é mais amigo um do outro não.

Você anda fácil, levianinho,
No labirinto das complicações.
Que sutileza! quanta graça dançarina!...
É certo que fica sempre
Bastante pó das asas de você
Nos galhos, nos espinhos,
Até nas flores desse mato...
Mesmo já pus reparo várias vezes
Nas asas de você estragadas pelas beiras...
Porém o essencial, o importante
É que apesar desse estrago inda você pode voar.

Eu não sou assim não.
Sou pesado, bastante estabanado,
Não tenho asa nem muita educação.
Careço de caminho largo, bem direito.
Si falta espaço, quebro tudo,
Me firo, me fatigo... Afinal caio.
No meio do mato eu paro, não posso mais caminhar.
Não posso mais.
Você... É possível que ainda me chame de amigo...
Mesmo perdendo um bocadinho de asa
Pousa no meu espinheiro e inda pode voar depois.
Mas eu, eu sofro é certo,

Porém já não sou mais amigo de você.

Você é amigo do mar, você é amigo do rio...

AS BODAS MONTEVIDEANAS
(15-I-1928)

Todas as coisas estarão boazinhas porque são
                                           [indiferentes...
Vocês chegaram até o ponto da alegria...
Praquê matutar mais?

— "Pois que a gente se quer bem, tanto! que o corpo
Consegue ficar na espera tempo longo de conversa,
Não venham nos avisar que é Buenos Aires lá fora,
Que é Buenos Aires com toda a magnitude firme dela!
Não venham nos avisar que até o garçom olha pra nós...
Não venham não! E que ninguém não venha mais!
Diz, pássaro, diz outra vez como foi que você veio
                                           [parar aqui!
Diz tudo, e diz principalmente outra vez, pássaro!
Repete, não faz mal, repete o caso, colhereira chiquita
                                           [do Brasil...
Será mesmo que a gente se escuta falando?
Diz, pássaro! Que a voz de você ameigue as coisas que
                                           [muito já sei,
Enquanto os nossos olhos entram fundo no invisível
                                           [de nós dois,
Pra que matutar mais!..."

— "Ah, flores duma outra idade e marchas nupciais,
                                           [véus de noiva...
Amanhã cedo iremos a Montevidéu casar...

Tem mais comodidades lá na Lei, até divórcio nos
[reserva,
E nós iremos a Montevidéu só pra casar...
Pra que matutar mais, viva o Uruguai!
Nem bem chegando lá vou no cabeleireiro consertar
[as sobrancelhas, estou medonha,
E você bota a gravata listrada que dei pra você.
Nos casaremos alinhados.
Flores de laranjeira não, bobagem! mas... que tal
[umas laranjas?
Umas laranjas bem geladas, bem ácidas pro jantar...
[Vai ser bom!"

Ah, flores duma outra idade e marchas nupciais,
[véus de noiva,
Até vocês podem cair sobre eles, os noivos aceitarão
[tudo!
A terra enorme em todos os seus gritos que ranja na
[marcha nupcial!
A burundanga dos ventos de poeira, pampeiros,
[noroestes, sulões,
Cheirosos, se tecendo em véu de noiva sobre o pássaro,
E a florada meridional das estrelas despencando em
[flor sobre eles!...
Aceitam tudo porque já não é mais hora de enxergar.
E que o quarto de hotel, Montevidéu, a Terra, o
[mundo,
Sejam pequenos ou grandes, qual! de nada saberão
[mais!

Canta, som complacente de minha voz, a louvação
[nupcial com entusiasmo!
Canta por ti, canta apostando!

Canta, que o canto nupcial é torcida também, torce
[pra eles!
A equipe nova seguiu andarilha,
Torce pra que eles cheguem juntos no destino!
Torce, ri contente, grita que embora não ouçam-te
[o grito,
O som irá dinamizar o ardor dos jogadores!
Dinamiza! Dá força, dá ritmo, porque o jogo bem torcido
É comovente, mais movimentado e bem de esporte leal!
Abaixo os profissionais!

Canta num som mui alto, casta e desnecessária!
Desabaladamente, feito boba, canta e recanta muito,
Eles estão no jogo e já não podem cantar mais!
Torce, torce e grita boba-alegre comovida sem sentido!
Para eles vai ser a vitória ou a derrota no jogo, despeito
[ou completamento,
Porém pra ti, voz minha, resta o canto de esporte vital,
[acima dos resultados!
Canta alegre na torcida, voz de poeta!
Canta sem ter razão pra estar alegre!
Dois seres sem temor, sem matutar se uniram, dois
[a mais!
Não tens razão especial não pra estar alegre, voz de
[poeta?
Pois canta assim mesmo ignorando a razão que te leva,
Mas canta sempre! Canta empolgada à violência da
[Terra,
À violência dos seres que através das civilizações
[aflitivas,
Inda enxergam o Sol na abertura dos dias
E bailam sobre os vulcões!

A ADIVINHA
(Janeiro de 1928)

Que é que é?
Ele possui uma alma e um corpo feito o nosso
E vai percorrendo o caminho de todos.
Foi piá, quis bem a mãe, quis bem a casa dele,
E afinal uma feita quis bem a cidade e foi homem.
Então gostou da intrepidez das ruas normativas
E cantou o orgulho do homem no indivíduo.
Pôs a boca no mundo, imaginou que era um,
E era apenas mais um o cantor gastador.
Pôs a boca no mundo e cantou todo o dia,
Porém a voz se fatigou tal-qualmente os vulcões
E não ficou mais que o instrumento.

Ser o bojo vazio do violão...
A noite igualada separa a vida do universo,
É o momento em que as coisas todas são resumos
E pelas esquinas dos bairros se engrandecem os violões.
Que é que é? ...
É um instrumento de música oscilando num soco
                                                [de pedra.
De pedra sangrenta do Itacolomi.
Careceu que pela entrada da cidade lerdamente,
Ao aboio alto dos homens e dos animais,
Viessem os séculos montando bois castrados,
Pra que o violão fosse afinal violão.
O vento afina e desafina as cordas,
A chuva tantana na tábua do pinho,
Remexe a dança com lambança,
Cada sujeito que passa tira um ponteio só dele...
Tudo ponteios, tudo sons sem resultado,

Reboam ressoam na caixa de todos,
Sem cantos, sem palavras... A voz do homem se acabou.

Sobre o mar cinzento relumeia céu de estrela,
Sobre a Terra girada ao impulso dos passos populares,
Que nem chagas as cidades, que nem chagas...
São berevas. Não! são pensamentos! maravilhas
                                           [orgulhosas!
São berevas... Taperas e palácios...
E a febre... As águas mornas do Paraíba...
As águas novas do Missúri-Mississípi...
O Reno com vilegiaturas e castelos medievais...
Vamos pra Caxambu! pra Karlsbad!
Vamos ver Mussolini! Vamos ver os escravos!
Vamos ver si Leningrado não mudou de nome, gente!

Que é que é! É o violão. Um ponteio sem voz
Trepadeirando até agarrar lá em riba
Nos espeques firmes das estrelas do céu.
Nos ares as luzes torcendo cruzando,
Sempre dança, tudo maxixe impossível,
As luzes fazem traçados em emboladas de luz.
São anúncios. Todas as luzes são anúncios.
Todas as ideias e paixões é tudo anúncio! Tudo só
                                       [anúncio, só anúncio no mundo!
E o pinho reboa ressoa se estrala em só anúncio!

Uma bruta duma dança rag remexe a Terra?
Um pensamento fundo rasga um lapo na caixa do pinho?
Porém que é que é! Será choro? Será seresta de festa?
Será que é pensamento mesmo? será piá? Serapião?
                                                [Será violão!
Que é que é balanceado no soco de pedra

O instrumento saracoteando anúncios de harmonias?...
Os críticos analisarão todas as harmonias,
Os pensamentos conceberão sistemas e tonalidades,
Será possível tirar uma regra e a regra viverá
                            [setenta e um anos...
Mas que é que é o violão que existe e existirá
Além da regra e a regra não diz nada e o violão vê na
                            [regra só anúncio!...

Eh, cordas, cordas, cordas metálicas feitas de século,
Se quebrem logo! Cordas, o violão não pode mais saber
                            [o que são cordas,
Não sabe por que soa tanto e a caixa de ressonância
Vibra com tudo, mesmo com o frescor sentimental da
                            [Luna sertaneja...
Eh, cordas do violão, por que não viram homem outra
                            [vez?
Deixem que ele cante a geometria praceana,
E o Carnaval, e a Flor de Amor, e Mamãe com Papai!
Deixem que ele possa achar de novo as palavras
                            [arcaicas!
Mas o violão é mais imenso que as palavras
E não as compreende mais.

Que significa até a palavra "Deus"?
      ... alguma coisa mais desejada...
      Mais bem puxada, mais bem dançada,
      Além do mundo e do pensamento...
      Catira leve e jongo lento,
      Pra que não basta noite de dança...
      Êxtase de interminável festança,
      Que a insuficiência do amor não abre
      Na flor humana duma palavra...

Ele ressoa no bojo do violão! no bordão! gentes, bem
[no bordão!
Mas o violão não sabe não! ninguém não sabe!
É tudo um som sem sins!... Platariviux! gentes,
[platariviux!...
Que é que é! Que é que é!...

E a tristeza iluminada, vasta, instrumental,
Ácida inquietação, maravilhando, turtuveando,
Recai sobre a adivinha.

IMPROVISO DO MAL DA AMÉRICA
(Fevereiro de 1929)

Grito imperioso de brancura em mim...

Êh coisas de minha terra, passados e formas de agora,
Eh ritmos de sincopa e cheiros lentos de sertão,
Varando contracorrente o mato impenetrável do
[meu ser...
Não me completam mais que um balango de tango,
Que uma reza de indiano no templo de pedra,
Que a façanha do chim comunista guerreando,
Que prantina de piá, encastoado de neve, filho de lapão.

São ecos. Mesmos ecos com a mesma insistência
[filtrada
Que ritmos de sincopa e cheiro do mato meu.
Me sinto branco, fatalizadamente um ser de mundos
[que nunca vi.
Campeio na vida a jacumã que mude a direção destas
[igaras fatigadas
E faça tudo ir indo de rodada mansamente
Ao mesmo rolar de rio das aspirações e das pesquisas...

Não acho nada, quase nada, e meus ouvidos vão
 [escutar amorosos
Outras vozes de outras falas de outras raças, mais
 [formação, mais forçura.
Me sinto branco na curiosidade imperiosa de ser.

Lá fora o corpo de São Paulo escorre vida ao guampaço
 [dos arranha-céus,
E dança na ambição compacta de dilúvios de penetras.
Vão chegando italianos didáticos e nobres;
Vai chegando a falação barbuda de Unamuno
Emigrada pro quarto de hóspedes acolhedor da
 [Sulamérica;
Bateladas de húngaros, búlgaros, russos se despejam
 [na cidade...
Trazem vodca no sapicuá de veludo,
Detestam caninha, detestam mandioca e pimenta,
Não dançam maxixe, nem dançam catira, nem sabem
 [amar suspirado.

E de noite monótonos reunidos na mansarda, bancando
 [conspiração,
As mulheres fumam feito chaminés sozinhas,
Os homens destilam vícios aldeões na catinga;
E como sempre entre eles tem sempre um que manda
 [sempre em todos,
Tudo calou de supetão, e no ar amulegado da noite
 [que sua...
— Coro? Onde se viu agora coro a quatro vezes, minha
 [gente! —
São coros, coros ucranianos batidos ou místicos,
 [Sehnsucht d'além-mar!

*

Home... Sweet home... Que sejam felizes aqui!

Mas eu não posso não me sentir negro nem vermelho!
De certo que essas cores também tecem minha roupa
[arlequinal,
Mas eu não me sinto negro, mas eu não me sinto
[vermelho,
Me sinto só branco, relumeando caridade e
[acolhimento,
Purificado na revolta contra os brancos, as pátrias, as
[guerras, as posses, as preguiças e ignorâncias!
Me sinto só branco agora, sem ar neste ar livre da
[América!
Me sinto só branco, só branco em minha alma crivada
[de raças!

MANHÃ
(18-III-1928)

O jardim estava em rosa ao pé do Sol
E o ventinho de mato que viera do Jaraguá,
Deixando por tudo uma presença de água,
Banzava gozado na manhã praceana.

Tudo limpo que nem toada de flauta.
A gente si quisesse beijava o chão sem formiga,
A boca roçava mesmo na paisagem de cristal.

Um silêncio nortista, muito claro!
As sombras se agarravam no folhedo das árvores
Tal-qualmente preguiças pesadas.
O Sol sentava nos bancos tomando banho de luz.

Tinha um sossego tão antigo no jardim,
Uma fresca tão de mão lavada com limão,
Era tão marupiara e descansante
Que desejei... Mulher não desejei não, desejei...
Si eu tivesse a meu lado ali passeando
Suponhamos Lenine, Carlos Prestes, Gandhi, um
[desses!...

Na doçura da manhã quase acabada
Eu lhes falava cordialmente: — Se abanquem um
[bocadinho.
E havia de contar pra eles os nomes dos nossos peixes,
Ou descrevia Ouro Preto, a entrada de Vitória, Marajó,
Coisa assim, que pusesse um disfarce de festa
No pensamento dessas tempestades de homens.

MOMENTO
(16-IX-1928)

Deve haver aqui perto uma roseira florindo,
Não sei... sinto por mim uma harmonia,
Um pouco da imparcialidade que a fadiga traz consigo.

Olho pra minhas mãos. E uma ternura perigosa
Me faz passar a boca sobre elas, roçando,
(Decerto é alguma rosa...)
Numa ternura que não é mais perigosa não, é piedade
[paciente.
As rosas... Os milhões de rosas paulistanas...
Já tanto que enxerguei minhas mãos trabalhando,
E tapearem por brinquedo umas costas de amigo,
Se entregarem pra inimigo, erguerem dinheiro do
[chão...

Uma feita meus dedos pousaram nuns lábios,
Nesse momento eu quis ser cego!
Ela não quis beijar a ponta dos meus dedos,
Beijou as mãos apaixonadamente, em submissão...
Ela beijou o pó das minhas mãos...
O mesmo pó que já desce na rosa nem bem ela se abre.
Deve haver aqui perto uma roseira florindo...
Que harmonia por mim... Que parecença com jardim...
O meu corpo está são... Minha alma foi-se embora...
E me deixou.

PELA NOITE DE BARULHOS ESPAÇADOS...
(Junho de 1929)

Pela noite de barulhos espaçados,
Neste silêncio que me livra do momento
E acentua a fraqueza do meu ser fatigadíssimo,
Eu me aproximo de mim mesmo
No espanto ignaro com que a gente se chega pra morte.

Meu espírito ringe cruzado por dores sem nexo,
Numa dor unida, tão violentamente física,
Que me sinto feito um joelho que dobrasse.
A luz excessiva do estúdio desmancha a carícia do
                                      [objeto,
Um frio de vento vem que me pisa tal qual um contato,
Tudo me choca, me fere, uma angústia me leva,
Estou vivendo ideias que por si já são destinos não
                                      [escolho mais minhas visões.

A aparência é de calma, eu sei. Dir-se-ia que as
                                      [nações vivem em paz...
Há um sono exausto de repouso em tudo,

E uma cega esperança, cantando benditos, esmola
Em favor dos homens algum bem que não virá...
Me sinto joelho. Há um arrependimento vasto em mim.
Eu digo que os séculos todos
Se atrasaram propositalmente no caminho,
Me esperaram, e puxo-os agora como boi fatal.
Me sinto culpado de milhões de séculos desumanos...
Milhões de séculos desumanos me fizeram, fizeram-te,
                                                    [irmã;
E pela noite de barulhos espaçados
Não quero escutar o conselho que desce dos
                           [arranha-céus do norte!
Eu sei que teremos um tempo de horror mais fecundo
Que as rapsódias da força e do dinheiro!

Será que nem uma arrebentação...
Os postos isolados das cidades
Se responderão em alarmas raivacentos,
Saídos das casas iguais e da incúria dos donos da vida.
Havemos de ver muitos manos passando a fronteira,
Haverá pão grátis muito duvidoso,
As salas de improviso se encherão de discussões
                                         [apaixonadas,
Mortas no dia seguinte em desastres que não sei quais.
Será tempo de esforço caudaloso,
Será humano e será também terribilíssimo...
Só há de haver mulheres que não serão mais nossas
                                                [mulheres.
Os piás hão de estar sem confiança catalogados na fila,
E os homens morrerão violentamente
Antes que chegue o tempo da velhice.

POEMAS DA AMIGA
(1929-1930)

a Jorge de Lima

I

A tarde se deitava nos meus olhos
E a fuga da hora me entregava abril,
Um sabor familiar de até-logo criava
Um ar, e, não sei por quê, te percebi.

Voltei-me em flor. Mas era apenas tua lembrança.
Estavas longe, doce amiga; e só vi no perfil da cidade
O arcanjo forte do arranha-céu cor-de-rosa
Mexendo asas azuis dentro da tarde.

II

Si acaso a gente se beijasse uma vez só...
Ontem você estava tão linda
Que o meu corpo chegou.

Sei que era um riacho e duas horas de sede,
Me debrucei, não bebi.
Mas estou até agora desse jeito,
Olhando quatro ou cinco borboletas amarelas,
Dessas comuns, brincabrincando no ar.
Sinto um rumor...

III

Agora é abril, ôh minha doce amiga,
Te reclinaste sobre mim, como a verdade,
Fui virar, fundeei o rosto no teu corpo.

Nos dominamos pondo tudo no lugar.
O céu voltou a ser por sobre a terra,
As laranjeiras ergueram-se todas de pé
E nelas fizemos cantar um primeiro sabiá.

Mas a paisagem logo foi-se embora
Batendo a porta, escandalizadíssima.

IV

Ôh trágico fulgor das incompatibilidades humanas!
Que tara divina pesa em nosso corpo vitorioso
Não permitindo que jamais a plenitude satisfeita
Descanse em nosso lar como alguém que chegou!...

Não tenho esperança mais nas vossas revelações!
Vós me destes o amor, me destes a amizade,
E na experiência de minha doce amiga me destes
Mais do que imaginei... Mas a volta foi cruel.

Eu sofro. Eh, liberdade, essência perigosa...
Espelhos, Pireneus, caiçaras e todos os desesperos,
Vinde a mim que outros agora aboiam pra eu marchar!
Tudo é suavíssimo na flora dos milagres...
Um pensamento se dissolve em mel e à porta
Do meu coração há sempre um mendigo moço
                              [esmolando...

*
Eu saí da aventura! Eu fugi da ventura!
Nós não estamos na cidade nem no mato.
Nós rolamos na ânsia dos fabulosos aeroplanos,
E vos garanto que agora não acabaremos mais!

V

Contam que lá nos fundos do Grão-Chaco
Mora o morubixaba chiguano Caiuari,
Nas terras dele nenhum branco não entrou.
São planos férteis que passam a noite dormindo
Na beira dum lagoão, calmo de garças.
Enorme gado pasta ali, o milho plumeja nos cerros,
E os homens são todos bons lá onde o branco não
[entrou.

Nós iremos parar nesses desertos...
Viajando através de fadiga e miséria,
Os dias ferozes nós descansaremos abraçados,
Mas pelas noites suaves nossos passos nos levarão
[até lá.
E ao vivermos nas terras do morubixaba Caiuari,
Tudo será em comum, trabucaremos como os outros
[e por todos,
Não haverá hora marcada pra comer nem pra dormir,
Passaremos as noites em dança, e na véspera das
[grandes bebedeiras
Nos pintaremos ricamente a riscos de urucum e
[picumã.
Pouco a pouco olvidaremos as palavras de roubo, de
[insulto e mentira,
A terminologia das nações e da política,

E dos nossos pensamentos afinal desertarão as profecias.
Ôh, doce amiga, é certo que seríamos felizes
Na ausência deste calamitoso Brasil!...
Fecho os olhos... É pra não ver os gestos contagiosos...
Ando em verdades que deviam já não ser do tempo
[mais...
A nossa gente vai muito sofrer e tenho o coração
[inquieto.

VI

Nós íamos calados pela rua
E o calor dos rosais nos salientava tanto
Que um desejo de exemplo me inspirava,
E você me aceitou por entre os santos.

Erguer do chão um toco de cigarro,
Fumá-lo sem saber por que boca passou,
A terra me erriçava a língua e uma saliva seca
Pousando nos meus lábios molhados renasceu.

Todos os boitatás queimavam minha boca
Mas quando recomecei a olhar, ôh minha doce amiga,
Os operários passavam-se todos para o meu lado,
Todos com flores roubadas na abertura da camisa...

O Sol no poente, de novo auroral e nativo,
Fazia em caminho contrário um dia novo;
E as noites ficaram luminosamente diurnas,
E os dias massacrados se esconderam no covão duma
[noite sem fim.

VII

É hora. Mas é tal em mim o vértice do dia
Nesta sombra... Por que serás mais que os rapazes,
E bem mais, muito mais do que as amantes?...
Sombra!... Sombra de cajazeira perfumada,
Saudando a minha inquietação com a tua delícia!

Eu poderia dormir no teu regaço, ôh mana...
Abri-vos, rincões do sossego,
Não cuideis que é minha amante, é minha irmã!

Porém é muito cedo ainda, e no portão do Paraíso
O anjo das cidades vigia com a espada de fogo na mão.

VII (bis)

É uma pena, doce amiga,
Tudo o que pensas em mim.
Eu sei, porque acho uma pena
Também o que penso em ti.

Mesmo quando conversamos,
É uma pena, outras conversas
De olhos e de pensamentos,
Andam na sala, dispersas.

VIII

Gosto de estar a teu lado,
Sem brilho.
Tua presença é uma carne de peixe,
De resistência mansa e um branco

Ecoando azuis profundos.

Eu tenho liberdade em ti.
Anoiteço feito um bairro,
Sem brilho algum.

Estamos no interior duma asa
Que fechou.

IX

Vossos olhos são um mate costumeiro.
Vossas mãos são conselhos que é indiferente seguir.
Gosto da vossa boca donde saem as palavras isoladas
Que jamais não ouvi.
Porém o que eu adoro sobretudo é vosso corpo
Que desnorteia a vida e poupa as restrições.

Ôh, doce amiga! vossos castos espelhos de aurora
Despejam sobre mim paisagens e paisagens
Em que passeio feito um rei sem povo,
Cortejado por noruegas, caponetes e caminhos,
— Os caminhos incompetentes que jamais não me
                       [conduzirão a alguém!...

X

Os rios, ôh doce amiga, estes rios
Cheios de vistas, povoados de ingazeiras e morretes,
Pelo Capibaribe irás ter ao Recife,
Pelo Tietê a São Paulo, no Potenji a Natal.
Pelo Tejo a Lisboa e pelo Sena a Paris...

*

Os rios, ôh minha doce amiga, na beira dos rios
É a terra de povoação em que as cidades se agacham
E de noite, que nem feras de pelo brilhante, vão beber...

Pensa um bocado comigo na vasta briga da Terra,
E nas cidades que nem feras bebendo na praia dos rios!
Insiste ao pé de mim neste meu pensamento!
E os nossos corações, livres do orgulho,
Mais humilhados em cidadania,
Irão beber também junto das feras.

XI

A febre tem um vigor suave de tristeza,
E os símbolos da tarde comparecem entre nós;
Não é preciso nem perdoar nem esquecer os crimes
Pra que venha este bem de sossegar na pouca luz.

É a nossa intimidade. Um fogo arde, esquentando
Um rumor de exterior bem brando, muito brando,
E dá clarões duma consciência intermitente.
A poesia nasce.
Tu sentes que o meu fluido se aninha em teu colo e
                                    [te beija na face,

E, por camaradagem, me olhas ironicamente.

Mas estamos sem mesmo a insistência dos nossos
                                      [brinquedos
E o vigor suave da febre
Não intimida os nossos corações tranquilos.

XII

Minha cabeça pousa nos seus joelhos,
Vem o entressono, e é milagroso!
A vida se conserva em mim doada pelos seus joelhos,
E sou duma inimaginável liberdade!

Ôh espíritos do ar que os homens adivinham,
Dizei-me o que se evola do meu corpo!
Essa outra coisa vaporosa e brancacenta
Que não é fumo, nem echarpe,
Não tem forma porém não se desmancha
E baila no ar...

Todos os adeuses, todos os espelhos e girândolas
Voltijam no espaço que se enche e esvazia
Num tremor ávido a esfolhar-se em pregas sem dureza...
Abre a rosa oculta em sinais,
Manhãs em vésperas de ser,
Pireneus sem desejo, enquanto à espreita,
Os objetos em torno me invejam
Buscando me prender na miséria da imagem...

Ôh espíritos do ar, dizei-me a rosa incomparável
Que se evola reagindo em baile no ar!
Baile! Baile de mim no entressono!
Não é uma alma, não é um espírito do ar, não é nada!
É outra coisa que baila, que baila,
Livre de mim! gratuita enfim! fútil de eternidade!

Ôh, brinca, brinca, minha melodia!
Sabiá-da-mata que canta a mei-dia!
Olha o coco, Sinhá!

O CARRO
DA MISÉRIA

(24-XII-1930, II-X-1932 e 26-XII-1943)
A CARLOS LACERDA

I

O que que vêm fazer pelos meus olhos tantos barcos
Lenços rompendo adeuses presentinhos
Charangas na terra-roxa das estações um grito
Um grito não um gruto
Que me faz esquecer a miséria do mundo pão pão...

O que que vem fazer na minha boca um beijo
A mulher da Bolívia agarrando
Um penacho de viúvas restritas
Restritas não restrutas
Que o papagaio repassa e põe na vida...

Ah... caminhos caminhos caminhos errados de séculos...
Me sinto o Pai Tietê. Dos meus sovacos
Saem fantasmas bonitões pelos caminhos
Penetrando o esplendor falso da América.

Dei-vos minas de ouro vós me dais mineiros!
Glória a Cícero nas vendinhas alterosas
Com a penugem dos pensamentos sutis
Feito ninho de guaxe
O passado atrapalha os meus caminhos
Não sou daqui venho de outros destinos
Não sou mais eu nunca fui eu decerto

Aos pedaços me vim — eu caio! — aos pedaços disperso
Projetado em vitrais nos joelhos nas caiçaras
Nos Pireneus em pororoca prodigiosa
Rompe a consciência nítida: EU TUDO AMO.

Ora vengam los zabumbas
Tudoamarei! Morena eu te tudoamo!
Destino pulha alma que bem cantaste
Maxixa agora samba o coco
E te enlambuza na miséria nacionar.

II

Meu baralho dois ouros
Eu não quero mais jogar
Meu baralho dois ouros
Eu não quero mais jogar.

E diz o prinspo
Sangue-azul louro perneta
Ontem me deu na veneta
Fui na venda pra jogar
Joguei no sangue
Companheiro de aventura
Mas o sangue se depura
Está na moda depurar

      Meu baralho dois ouros
      Eu não quero mais jogar.

E diz o sangue
Rebolando a raça fina
Tintinabulem tintinas

Que eu vou jogar no ariano
Mai' não me assustem
Que num mês viro paulista
Ganho bem suspendo a crista
e tenho quatrocentos anos.

      Meu baralho dois ouros
      Eu não quero mais jogar.

Diz o ariano
Deixe de parte seu mano
Você fede a veterano
Da rabolução de julho
Tava danado
Com a sonhança desses pestes
Que juguei no Júlio Prestes
Mas quem deu foi o Getúlio.

      Meu baralho dois ouros
      Eu não quero mais jogar.

E diz o Júlio
Sou o mês nublado e frio
Que lava a bunda no rio
E economiza sabão
Fui trapaceado
Tanto heroísmo tanto estralo
Que arrisquei tudo em São Paulo
Mas quem deu foi a treição.

      Meu baralho dois ouros
      Eu não quero mais jogar.

*

Diz a treição
Navegando na água turva
Vá pela sombra e na curva
Apite que nem buzina
E foi-se embora
Tão elegante e gentil
Que joguei no meu
Brasil Mas quem deu foi a Argentina!

      Ai meu baralho dois ouros
     Eu não quero nunca mais jogar!
    Vou seguindo no cortejo
E vira o coco Sinhá!

III

Pica-Fumo Rompe-Rasga
João Jaffet e mariposa
Olê banqueiro da esquina
Acende a vela da esposa
Pica-Fumo funga um choro
Rompe-Rasga masca a coisa
João Jaffet sou da imoralidade
Olê banqueiro da esquina
O que não sabe imagina
João Jaffet da nossa cama
Deu um prisco e disse adeus
Mas o banqueiro crê em Deus
Convoca na encruzilhada
Um conselho de família
Vem o Diabo vem a Pomba
Rompe-Rasga Jornalista
E a Santa Constituição

Senhores grande é o perdão
O juiz com a vela da esposa
Bateu no céu que esfolou
Eu joguei na mariposa
Mas quem deu foi barbuleta
"Antigamente espineta
Depois mazurca, hoje samba"
Me disse um cipreste triste
Senhor de borla e cacimba

IV

Mas não quero estes zabumbas!
Eu não quero o fulgor da mocidade
Nem teus peiticos morena.

Vamos a ver adonde cai o fogo-do-ar
E um coração velho experimentado
Que a Guerra Grande de 14 mutilou...

Voa uma pomba no adro.
O caçador aponta. A pomba atira.
A pia pinga o pinto pia
Morre a vizinha.

És virgem
Virgem nasceste virgem morreste ôh soneto
Vejo tua estrela morta no teu corpo frio
Onde os ratos fazem ninho.

O enterro trouxe tanto carro
"Mais um!" sino canta "Mais um!"
Supostas as lágrimas de todos os porões
Puxa que inundação!

Mas eu não quero estes zabumbas
Prefiro a excursão roçando no morro
Desejo a noite em que a miséria durma
Indiferente às gargalhadas infernais...

Calma
Calma de rio de água barrosa
Donde nos vem a maleita sublime
O grande bem... Vamos maninha vamos
Na praia passear
Vou esperar o sonho que há de vir
E quando vier o hei de matar.

V

Plaff! chegou o Carro da Miséria
Do carnaval intaliano!

Tia Miséria vem vestida de honour (honra)
Cor de cobre do tempo
Atrás dela recolhendo guspe.
O caronel o ginaral o gafetão
O puro o heroico o bem-intencionado
Fio da usina brasileira
Requebra o povo de Colombo.

Tia Miséria vai se ajeita
E tira o peido da miséria.
Mármores estralam rebentados
Vento sulão barrendo as chamas
Contorce os pinheiros machados
Zine o espaço carpideira
Arrancando os cabelos

Dos luminosos magistrais
E à luz dos raios que te partam
Colhida pelos vendavais
Faz bilboquê com a bolinha do mundo
A cibalização cristã.

VI

Ah eu sei que as trompas fúnebres
Chamam os novos pra circuncisão!...

São os moços negros não da África
São os moços nugros lá das oficinas
Fábricas e chavascais
Chapéus fálicos no cocuruto
E enormes maracás simbólicos na mão...

Caipiras praieiros bichos-do-mato rendeiras
Trazei pro cortejo mil carros de milho!

A oficina apita no grão da arraiada
E vamos ter brigas e mortes que bão!

Ao poeta tu pagas ao farda tu pagas
Louvores e guerras escorre tostão...

Larinhos crespinhos e matarazinhos
Lá vem o esculápio num pingo quartão...

Mas eu sei sei que as trompas fúnebres
Chamam os novos pra circuncisão!

*

Bilboquê por bilboquê
Os moços nugros lá das oficinas
Fazem bilboquê da civilização.

VII

Tia Miséria talvez antes que o galo cante
Me negarás três vezes Tia Miséria...

VIII

Nas ondas do mar eu vou
Tenho medo de morrer
Si eu soubesse que morria
Nas ondas do mar não ia.

Geme por sobre mim
O grande torpe esfacelado
Âncoras caem feito lágrimas
Do meu amor que se acabou.

Mergulho no ão do vendaval.
... toda essa multidão de caminhos malditos
Por onde puxo o Carro da Miséria feito boi
Eu boi? eu cobra! não! que eu sou gaúcho
Cuera na dignidade e na zangueza!

Viúvas restritas restrutas restritas
Venham amostrar a obrigação do poeta
Que range e come as próprias tíbias do naufrágio
Venham escutar o canto das jangadas
E a tropilha em rancor cegar meus gritos
Traíras velozes rombos infinitos

Maravilhas de Europa e arranha-céus...
No fundo eu choro como um mamote safado
No fundo eu choro como um safadíssimo chupim.

Viúvas restritas viúvas da Bolívia
Venham explicar a obrigação do poeta
Assanhadas coitadinhas dessas madres
Por me encontrarem constipado.

IX

Ôh não! muito obrigado.
... pra depois outro e mais outro
Basta o que vai-me por dentro
Amargo de alma de moço
Deste século safado
Cigarro...pra que cigarro
Basta Mussoline Trotski
A Neoscolástica Freud
Crise virtuoses cinema
Como o sereno na flor
Não insista mais amor
Sou desgraçado não fumo.

X

Pois então violão hás de reconhecer
Que é impossível em plena cibalização
A coincidência do leproso...

Nesta casa tem... tem... tem...
Tem chão de terra e latrina de poço.

*

Neste poço tem... tem... tem...
Tem adubo fino e doença pra moço.

Este moço tem... tem... tem...
Alma de alecrim corpo de caroço.

Alma de alecrim! alma de alecrim!
Plantaram no chão deu fogo santelmo
Falaram que aquilo é plata escondida
Abriram a cova pulou o esqueleto.

O esqueleto segue zurzido
Pelas tiradeiras pelas pás pelas sementes
Um rico cidadão provindo de Barbados
Que resistiu no sorvedouro da Madeira-Mamoré
Chimpa sobre o esqueleto um insulto em inglês

Bate mas não insulta
Fala o esqueleto com sua cara de pelote
É então que o bandeirante
Aponta o clavinote
Mas Deus existe até num pote
E o esqueleto engole o insulto
E mais a ponta do chicote.

XI

Enquanto isso os sabichões discutem
Si doce de abobra não dá chumbo pra canhão.

XII

Mas eu mas eu rapazes
Canto com convicção.
Eu canto as viúvas canto os marmeleiros
Canto o gosto do mel e da amplidão
Librar librar asas de ouro e granada
Sobre o Carro da Miséria
Mas si o carro está escarlate
Que parece um bonifrate
Isso é sangue era-não-era
Que só com a Vaca-Amarela
Parou o esguicho coagulou
Com tanta arte de repuxo
Que é ver pluma de avestruz
Zás-trás quem é?...

É o chauffeur que vem de Angola
Com a Internacional na boca
E o seu chapéu à espanhola.

XIII

Enquanto o mundo for mundo
Enquanto o sal for compra e venda
Enquanto a vida vier com injeção de éter
Enquanto o poeta tiver
Vetiver cabeça tronco e membro
Os milagres farão chuvas de astros nos sonhos
O amor há de ser tudo e a carícia dos pratos
Além de alimentar despertará prazer...

*

Chorar é bom, rir bim, raivar é bão pão pão
Mas im miu páito as núvoas dus absentos
Não puderão tir mais doçuras de mulatras
Nem o soave gimir das brises no caqueiral.

Torpe é a cidade. Um desejo sombrio de estupro
Um desejo de destruir tudo num grito
Num grito não num gruto
E dar um beijo em cada mão de quem trabalha...

E si o Fulano for maneta?
Ora brinque-se senhor adevogado
Diga adeus e vá pro Diabo que o carregue
Que eu também já vou saindo
Pro galo poder cantar.

XIV

Vou-me embora vou-me embora
Vou-me embora pra Belém
Vou colher cravos e rosas
Volto a semana que vem

Vou-me embora paz da terra
Paz da terra repartida
Uns têm terra muita terra
Outros nem pra uma dormida

Não tenho onde cair morto
Fiz gorar a inteligência
Vou reentrar no meu povo
Reprincipiar minha ciência

Vou-me embora vou-me embora
Volto a semana que vem
Quando eu voltar minha terra
Será dela ou de ninguém.

XV

Estes zabumbas que eu quero!
Quero a vida franca nobilitada
Esquecida dos séculos atrás

Vocês sombras ignaras das enxadas
Punidos sem razão nas camisas listradas
Mães pra ter filho mães pra lavadeiras
Vermes barrigudinhos chins e Almeidas
Avança avança contra toda a Cristandade!

General serás derrotado
Há de o sabor da vida alumiar tantas almas
Quantas o dia contiver
Por que não serão sombras os passados
Por que não há de a glória dos povos
Ruir em saudade inocência vazia dos tempos escuros
Vertigem de tanto crime que se foi?...

Ainda não viveste
Não refaças com dulce e suciadade
A longa vida de inferioridade
Que os séculos atrás acumularam
Há um fulgor bravo em se datar a entrada
Sem reviver puxando atrás de si
A cauda do pavão e mil olhos de séculos
Te castigando o andar debilitado.

XVI

Nasce o dia canta o galo
O salvador não nasceu.

Não foram esses heróis heróis revolucionários
Que ficaram heróis heróis revolucionários
Martirizados pelo encalhe do café
Não foram esses heróis vestidos de farda e farsa
Capazes de vencer na luta pizzico-física
Crentes ainda de corage e covardage
Que fizerem vosso dia
Não nasceu o salvador.

Nasce o dia canta o galo
Tudo é angústia e Tia Miséria
Grunhe junto aos portões feito capado e dorme
Acorda acorda Tia Miséria
Vem nascendo um dia enorme
Mas pouco se vê porém!

Tia Misemiséria
Tens de parir o que espero
Espero não! Esperamos
O plural é que eu venero
Nasce o dia canta o galo
Miséria pare vassalo
Pare galão pare crime
Pare Ogum pare cherém:

Pois então há de parir
Nossa exatidão também.

A COSTELA DO GRÃ CÃO

A MURILO MIRANDA

CANTO DO MAL DE AMOR
(1924)

Caminho pela cidade
Sofrendo com mal-de-amor.
Senti que vinha... Seus braços
Era fatal me chamavam,
Parti... Cheio de vontade
E já não tenho vontade,
Percorro a noite, percorro
A noite com mal de amor...

É tarde já... Zero grau.
Hesito mais, indeciso...
Meus irmãos desaparecem
Nos corredores com luz
Donde saltam na calçada
Muitos palhaços de riso,
Até rio... Vaia o jazz.
Caminho pela cidade
Sofrendo com mal-de-amor
Sofrendo com mal-de-amor
Sofrendo com mal-de-amor
Sofrendo. A frase não para
No meio: com mal-de-amor

*

Ironia do contraste,
Militares linhas retas,
Praças claustros seculares
Nunca amaste! nunca amaste!
Névoa filha de Maria,
Névoa fria... vida fria...

Não vale a pena ficar
Torturando a minha carne
Com o cilício da esperança,
Arrasto gozos perdidos,
Vim buscar os corredores
Os corredores com luz,
E o eco desses braços nus
Resvalando no céu baixo,
Atordoando os meus ouvidos,
Corro cambaleio azoinam
Meu corpo corpos rangentes,
Estalidos de desejos,
Beijos, ecos estridentes
De braços nus me chamando,
Eu quero! eu quero... Seus braços
Teus abraços boca pele
seios olhos seios dentes
Corro. O eco explode já perto
Muito, perto muito, forte,
Vejo perfume de fome
Muito forte, muito perto,
Agora... Ela me abre os braços
Viro a esquina, estendo os braços,
Meus abraços nos espaços,
Rua reta, rua reta,
Rua reta, que deserto!...

Os lampiões bem regulares
Com um só olho. São cíclopes.

São eunucos dum harém,
Odalisca, o lampião pisca,
Não tem mais nada ninguém...

O sino cai sobre mim.

São três horas já... Percorro
A noite com mal de amor...
Pedaços de minha carne
Pelos punhais das esquinas
Vão ficando, vou caminho
Sigo... amor... Sei que não morro,
Vou sigo caminho... é tarde...
É mais adiante! Na esquina!...
Já sei que não é... Aquela
Janela sempre acordada,
É uma puta me chamando,
Dez mil-réis, mercadoria,
Alfândega, porto de Santos
Oceano Atlântico, grande
Mar monótono monótono,
As ondas que vão e vêm,
Os cadáveres dos naufrágios
Serão jogados na areia...
E há praias muito bonitas
Com palmeiras guaranis...
As invenções de Alencar
Ficaram muito inferiores
A esses oásis das praias
Tão verdes, tão verdes, tão,

Tão horrível solidão!...
E o mar ondula e desmaia,
Depois me empurra é fatal
O mar me empurra pra areia
Sou atirado na praia
Das palmeiras, minha rua...
Minha rua das Palmeiras...
Vou sigo caminho... Longe
Meu quarto... quarto vazio...

Um vago marulhar de ondas
Sai dos meus ouvidos... O eco
Morreu. Um marulhar de ondas...

A miragem se dispersa.

Os braços nem chamam mais...
Sangue da aurora... O padeiro
Passou.
          Última esquina.
                    Perto
O olho frio do meu quarto...
Nem não tenho carne mais...
Carne mais... Sigo. Caminho...
Destroços de ossos batendo...

Triste triste do andarilho
Carregando para o quarto
Os lábios secos. Inúteis...

RECONHECIMENTO DE NÊMESIS
(Março de 1926)

Mão morena dele pousa
No meu braço... Estremeci.
Sou eu quando era guri
Esse garoto feioso.
Eu era assim mesmo... Eu era
Olhos e cabelos só.
Tão vulgar que fazia dó.
Nenhuma fruta não viera
Madurando temporã.
Eu era menino mesmo,
Menino... Cabelos só,
Que à custa de muita escova
E de muita brilhantina,
Me ondulavam na cabeça
Que nem sapé na lagoa
Si vem brisando a manhã.

É gente que não compreendo
Os saudosos do passado,
Nem os gratos... Relembrança
Porta muito raramente
Nos olhos dos ocupados.
Por isso enxergo sem gosto
A casa da minha infância,
Casão meio espandongado
Onde meu pai se acabou.
Só mesmo o que é bem de agora
Possui direito de lágrimas,
Sofrer... pois sim, mas lutando
Pela replanta brotando,

Sofrer sim, mas porém nunca
Sofrer puxando memória
Pelo café que secou.

No entanto quando sucede
Mais braba a vileza humana
Arranhar na minha porta,
Não sei por que o curumim
Que eu já fui, surge e se bota
Assim rentinho de mim.
Será que é um anjo da guarda?...
Não sei não... Creio que não.
Ele faz que não me enxerga,
Que não me conhece... Mão
Morena sempre pousando
No meu ombro, aluada muito!
Até o menino inteirinho
É que nem cousa perdida
E não dá tento de si.
Possui a vida sem vida
Das sombras. É assombração.

Remexe por todo o quarto,
Não desloca nenhum traste,
Se vê bem que não faz parte
Do grupo dos meus amigos...
Volta e meia vem e pousa
No meu braço a mão morena...
É um silêncio atravessando
O corpo manso das cousas.

Eu também si o reconheço
É só porque sofro agreste,

E embora grudando a vista
No livro, eu faça de conta
Que não reparo no tal,
Minha alma espia o menino
Enquanto a vista devora
Uma sopa de aletria
Feita de letras malucas.
Mas ele não vai-se embora,
E o vulto do curumim,
Sem piedade, me recorda
A minha presença em mim.

Só isso. E por causa disso
Não posso fugir de mim!
Não posso ser como os outros!
Riso não pega de enxerto,
Ser mau carece raiz...
E confessando que sofro,
Não sei si é pela coragem,
Mas tenho como uma aragem
E fico bem mais feliz.
Menino, tu me recordas
A minha presença em mim!

... A primeira vez que veio,
Tive uma alegria enorme,
Gostei de ver que já era
Bem mais taludo e mais forte
Que em pequeno e que possuía
Uma alma aquecida pelo
Fogo humano do universo.
Segunda vez me irritou.
Fui covarde, fui perverso,

Peguei no tal, lhe ensinei
A indecente dança do ombro.
Não quis saber, foi-se embora.
E quando não o vi mais,
Sozinho, me arrependi.
A terceira vez é agora
E eu... não sei... não gosto dele
Mas não quero que o rapaz
Me deixe sozinho aqui.
Não danço mais dança do ombro!
Eu reconheço que sofro!

Ah! malvadeza brutaça
Dos indivíduos humanos,
Dos humanos desta praça!
Ah! homens filhos da puta,
Gente bem ruim, bem odiando,
Homens bem homens, grandiosos
Na sua inveja acordada!
Grandiosos na força bruta,
Na estupidez desvelada!
Que heroísmo sem inocência,
O do sujeito esquecendo
Do remorso e da consciência!
Ôh! força reta, bem homem,
De ser tal-qualmente os mares,
E os movimentos do mundo!
Perversidades solares
Da magrém! ser mata-pau!
Sucuri, raio, minuano!
Forçura destes humanos,
Iguais na perversidade,
Iguais na imbecilidade,

Na calúnia, iguais no ciúme!...
Conscientemente implacáveis!
Imperiais no riso mau!...
Ota, cabra demográfico,
Jornaleiro do azedume,
Secreção de baço podre,
Alma em que a sífilis deu!
Burrice gorda, indiscreta,
Veneranda... *Homo imbecilis*,
Invejado pelo poeta...
Viva piolho de galinha!
Êh! homem, bosta de Deus!

Menino, sai! Eu te odeio,
Menino assombrado, feio,
Menino de mim, menino,
Menino trelento, que enches
Com teus silêncios puríssimos
A bulha dos meus desejos,
Que nem a calma da tarde
Vence a bulha da cidade...
Menino mau, que me impedes
De entrar também pro recheio
Das estatísticas... sai!
Menino vago, sem nome,
Que me embebes inteirinho
Nesta amargura visguenta
Pelos homens! pelos homens!...

Puxa! rapazes, minha alma,
Comprida que não se acaba,
Está negra tal e qual
Fruta seca de goiaba!

Meus olhos tão gostadores
Nem têm mais gosto de olhar!
E pela primeira vez
O murmurejo natal
Desta vida está sem graça,
E eu só desejo uma calma
Que apagasse até meus ais!
Tudo amarga porque os homens
Me amargaram por demais!
Uma tristeza profunda,
Uma fadiga profunda,
E até, miseravelmente,
O projeto inconfessável
De parar...

      Menino, sai!
Você é o estranho periódico
Que me separa do ritmo
Unânime desta vida...
E o que é pior, você relembra
Em mim o que geralmente
Se acaba ao primeiro sopro:
Você renova a presença
De mim em mim mesmo... E eu sofro.

É tarde. Vamos dormir.
Amanhã escrevo o artigo,
Respondo cartas, almoço,
Depois tomo o bonde e sigo
Para o trabalho... Depois...
Depois o mesmo... Depois,
Enquanto fora os malévolos
Se preocupam com ele,

Vorazes feito caprinos,
Nesta rua Lopes Chaves
Terá um homem concertando
As cruzes do seu destino.

MÃE
(1926)

Existirem mães,
Isso é um caso sério.
Afirmam que a mãe
Atrapalha tudo,
É fato, ela prende
Os erros da gente,
E era bem milhor
Não existir mãe.

Mas em todo caso
Quando a vida está
Mais dura, mais vida,
Ninguém como a mãe
Pra aguentar a gente
Escondendo a cara
Entre os joelhos dela.
— O que você tem?...
Ela bem que sabe
Porém a pergunta
É pra disfarçar.
Você mente muito,
Ela faz que aceita,
E a desgraça vira
Mistério pra dois.

Não vê que uma amante
Nem outra mulher
Entende a verdade
Que a gente confessa
Por trás das mentiras!
Só mesmo uma mãe...
Só mesmo essa dona
Que apesar de ter
A cara raivosa
Do filho entre os seios,
Marcando-lhe a carne,
Sentindo-lhe os cheiros,
Permanece virgem,
E o filho também...
Ôh virgens, perdei-vos,
Pra terdes direito
A essa virgindade
Que só as mães têm!

LUNDU DO ESCRITOR DIFÍCIL
(1928)

Eu sou um escritor difícil
Que a muita gente enquizila,
Porém essa culpa é fácil
De se acabar duma vez:
É só tirar a cortina
Que entra luz nesta escurez.

Cortina de brim caipora,
Com teia caranguejeira
E enfeite ruim de caipira,

Fale fala brasileira
Que você enxerga bonito
Tanta luz nesta capoeira
Tal e qual numa gupiara.

Misturo tudo num saco,
Mas gaúcho maranhense
Que para no Mato Grosso,
Bate este angu de caroço
Ver sopa de caruru;
A vida é mesmo um buraco,
Bobo é quem não é tatu!

Eu sou um escritor difícil,
Porém culpa de quem é!...
Todo difícil é fácil,
Abasta a gente saber.
Bajé, pixé, chué, ôh "xavié",
De tão fácil virou fóssil,
O difícil é aprender!

Virtude de urubutinga
De enxergar tudo de longe!
Não carece vestir tanga
Pra penetrar meu caçanje!
Você sabe o francês "singe"
Mas não sabe o que é guariba?
— Pois é macaco, seu mano,
Que só sabe o que é da estranja.

MELODIA MOURA
(1928)

Quando as casas baixarem de preço
Lá na cidade, Laura Moura,
Uma delas será sua sem favor.
Será num bairro bem central,
Pra que o nosso mistério engane mais.

Quando as casas baixarem de preço,
Você há de ter a vossa, Laura Moura,
Lá na cidade em que trabalho...
Há de ser bom, pousando o rosto em vosso colo,
Me entediar feito um dono,
Mal escutando as mágoas de você.

Laura Moura viverá bem sossegada,
Me servindo,
Toda puxada pelo Piauí.
Num longing quase bom,
Comendo alimentos comprados,
Laura Moura falará de Teresina
E das boiadas e dos boiadeiros
E da polvadeira seca do Piauí.

Quando as casas baixarem de preço,
Laura Moura, prenda minha,
Uma delas será sua sem favor.
Lá fora a bulha da cidade
Disfarçará nosso prazer...
E a gente, numa rede maranhense,
Ao som dum jazz bem blue,

Balancearemos no calor da noite,
Sonhando com o sertão.

MOMENTO
(1929)

O mundo que se inunda claro em vultos roxos
No caos profundo em que a tristura
Tange mansinho os ventos aos mulambos.

A gente escapa da vontade.
Se sente prazeres futuros,
Chegar em casa,
Reconhecer-se em naturezas-mortas...

Ôh, que pra lá da serra caxingam os dinossauros

Em breve a noite abrirá os corpos,
As embaúbas vão se refazer...

A gente escapa da vontade.
Os seres mancham apenas a luz dos olhares,
Se sobrevoam feito músicas escuras.

E a vida, como viola desonesta,
Viola a morte do ardor, e se dedilha...
Fraca.

TOADA
(1932)

No outro lado da cidade,
Não sei o quê, foi o vento,
O vento me dispersou.

Viajei por terras estranhas
Entre flores espantosas,
Tive coragem pra tudo
No outro lado da cidade,
Sem tomar cuidado em mim.
Passeava com tais perícias,
Punha girafas na esquina,
Quantos milagres na viagem,
Meu coração de ninguém!
E pude estar sem perigo
Por entre aconchegos pagos,
Em que o carinho mais velho
Inda guardava agressão.
Busquei São Paulo no mapa,
Mas tudo, com cara nova,
Duma tristeza de viagem,
Tirava fotografia...
E o meu cigarro na tarde
Brilhava só, que nem Deus.
Fiquei tão pobre, tão triste
Que até meu olhar fechou.

No outro lado da cidade
O vento me dispersou.

GRÃO CÃO DO OUTUBRO

I — VINTE E NOVE BICHOS
(Outubro de 1933)

No meu enorme corpo fatigado,
Todo mole com as almofadas,
Você se aninha sem beijar.

Estou sem forças feito um caos.
Você é uma Via Láctea errante
Que não desejo mais valorizar.

Paz. A falsa paz vacila disponível
Enquanto à sombra da cheia fruteira
Os bichos se alimentam sem cessar.

Um desespero me arde, eu te repilo.
É a arraiada que vem, é o sol imundo
Que vai mostrar a bicharada
Aos emboléus, vinda do caos.

II — OS GATOS
(14-X-1933)

(a)

Que beijos que eu dava...
Não tigre, vossa boca é mesmo que um gato
Imitando tigre.
Boca rajada, boca rasgada de listas,
De preto, de branco,
Boca hitlerista,
Vossa boca é mesmo que um gato.

*

Nas paredes da noite estão os gatos
Têm garras, têm enormes perigos
De exércitos disfarçados,
Milhares de gatos escondidos por detrás da noite
                                              [incerta.

Irão estourar por aí de repente,
Já estão com mil rabos além de São Paulo,
Nem sei mais si são as fábricas que miam
Na tarde desesperada.

Penso que vai chover sobre os amores dos gatos.
Fugirão?... e só eu no deserto das ruas,
Ôh incendiária dos meus aléns sonoros,
Irei buscando a vossa boca,
Vossa boca hitlerista,
Vossa boca mais nítida que o amor,
Ai, que beijos que eu dava...
Guardados na chuva...
Boiando nas enxurradas
Nosso corpo de amor...
Que beijos, que beijos que eu dou!

Vamos enrolados pelas enxurradas
Em que boiam corpos, em que boiam os mortos,
Em que vão putrefatos milhares de gatos...
Das casas cai mentira,
Nós vamos com as enxurradas,
Com a perfeita inocência dos fenômenos da terra,
Voluptuosamente mortos,
Os sem ciência mais nenhuma de que a vida
Está horrenda, querendo ser, erguendo os rabos
Por trás da noite, em companhia dos milhões de gatos
                                              [verdes.

(b)
(15-X-1933)

Me pus amando os gatos loucamente,
Ôh China!
Mas agora porém não são gatos tedescos,
Tudo está calmo em plena liberdade,
Se foram as volúpias e as perversões tão azedas,
Eu sou cravo, tu és rosa,
Tu és minha rosa sincera,
És odorante, és brasileira à vontade,
Feito um prazer que chega todo dia.

Mas eu te cresço em meu desejo,
Ai, que vivo arrasado de notícias!
Murmurando com medo ao teu ouvido:
Ôh China! ôh minha China!...

Tu te gastas sob o meu peso bom,
Teus lábios estão alastrados na abertura do
                                  [reconhecimento,
Teus olhos me olham, me procuram todo...

Mas eu insisto em meu castigo, ôh China.

Como um gato chinês criado através de séculos de
                              [posse e de aproveitamentos,
Para meu gozo só, pra meu enfeite só de mim,
Pra mim, pra mim, tu foste feita, ôh China!
Estou te saboreando, és gato china que apanhei
                                   [vagamundo na rua,
Ôh China! ôh minha triste China,
Estarei pesando, te fazendo pesar sem motivo,

Estou... estava, ôh minha triste sina,
Até que fui guardar nos teus cabelos perdidos
Lágrima que não pude nem chorar.

III — ESTÂNCIAS
(15-X-1933)

(a)

No caminho da cidade,
Oh vós, homens que andais pelo caminho,
Olhai-me, cercai-me todos, abraçai-me,
Abraçai-me de amor e de amigo, na meiga carícia
                                            [indecisa,
Cegos, mudos, viris, na imperfeição irremediável!

(b)

No caminho da cidade
Meus olhos se rasgam na volúpia de amor,
Torres, chaminés perto, notícias, milhões de notícias,
Dor... Este profundo mal de amar indestinado,
Como a primavera que fareja a cidade através do
                                                  [sol frio.

(c)

No caminho da cidade
Que estranha ressonância, frautas, membis,
                                            [andorinhas,
Tudo alargou, tudo está ereto de repente,
Minhas mãos penetram no ar reconhecidas,
Desfaleço, meus olhos se turvam, me encosto.

(d)

No caminho da cidade
Mas não posso esquecer!
Ôh meu amor, este grito avançando através das idades...
Me beija! me sufoca nos teus braços!
Que eu só desejo ser vencido logo
Para te perfurar com a cadência do dia e da noite
E sermos anulados numa paz sem colisão...

IV — POEMA TRIDENTE
(Outubro de 1933)

Vosso corpo seria encontrado nos desertos.
Sois tão linda... você é a Lei!
Você é tão mal contrária a essas mil leis humanas
Que avançam cegas insensíveis sobre o horror...
Você é tal e qual, bem polida,
Sem erros, cadencial.

Ôh besta fera maldita,
Você é mas é um braço esfomeado terminando em
                                  [faísca de gládio,
Caindo aqui, varrendo além,
Voando, cego braço, aterrissando no meio das turbas,
Matando gente, depredando gente, inventando orfanatos,
Bandos de caravanas de leprosos,
Exílios pra judeus, pra paulistas, pra estudantada
                                  [cubana,
Eu te amo de um amor educado no inferno!
Te mordo no peito até o sangue escorrer
Me dando socos, chorando, chamando de bruto, de cão,
O Grã Cão é o Mildiabo educado sozinho no inferno!

*

Nos debatemos, o braço esfomeado braceja,
Golpeia aqui, matou centenas de operários,
Queima cafezais, trigais, canaviais, desocupados,
Quebra os museus grandiosos,
Usa a lei de fugir pra estudantada cubana,

E no esforço subrosso colhendo com o gládio o subsolo
                                          [da Europa,
Abaixo os tiranos! abaixo Afonso XIII!
O mar fez maremoto, e convulsivos
Nos odiando no mesmo abraço confundidos,
Eleitos, desesperados na febre de amar
Jorramos em lucilações fantásticas tremendas,
Todo o nosso ardor vai se esgotar na seiva!
Você é lindíssima! É polida e cadencial feito uma lei!
Mas eu sou o Grã Cão que te marquei um bocado
                             [com o crime dos mundos!
E agora nem de perdão carecemos
No mesmo abraço desaparecidos.

V — DOR
(15-X-1933)

A cidade está mais agitada a meidia.
As ruas devastam minha virgindade
 E os cidadãos talvez marquem encontro nos meus
                                          [lábios.
Minha boca é o peixe macho e derramo núcleos de
                                  [amor pelas ruas.
Que irão fecundar os ovários da vida algum dia.

Eu venho das altas torres, venho dos matos alagados,
Com meus passos conduzidos pelo fogo do Grã Cão!

Mas pra viver na cidade de São Paulo escondi na
                              [corrente de prata
A inútil semente do milho, a maniva,
E enroupei de acerba seda o arlequinal do meu dizer...

E agora apontai-me, janelas do Martinelli,
Calçadas, ruas, ruas, ladeiras rodantes, viadutos,
Onde estão os judeus de consciência lívida?
Os tortuosos japoneses que flertam São Paulo?
Os ágeis brasileiros do nordeste? os coloridos?
Onde estão os coloridos italianos? onde estão os
                              [turcomanos?
Onde estão os pardais, madame la Françoise,
Ergo, ego, Ega, égua, água, iota, calúnia e notícias,
Balouçantes nas marquesas dos roxos arranha-céus?...

Não vos trago a fala de Jesus nem o escudo de Aquiles,
Nem a casinha pequenina ou a sombra do jatobá.
Tudo escondi no caminho da corrente de prata.
Mas eu venho das altas torres trazido ao facho do
                              [Grã Cão,
Lábios, lábios para o encontro em que cantareis
                              [fatalmente,
Ameaçados pela fome que espia detrás da cochilha,
A dor, a caprichosa dor desocupada que desde milhões
                              [de existências
Busca a razão de ser.

QUARENTA ANOS
(27-XII-1933)

A vida é para mim, está se vendo,
Uma felicidade sem repouso;
Eu nem sei mais si gozo, pois que o gozo
Só pode ser medido em se sofrendo.

Bem sei que tudo é engano, mas sabendo
Disso, persisto em me enganar... Eu ouso
Dizer que a vida foi o bem precioso
Que eu adorei. Foi meu pecado... Horrendo

Seria, agora que a velhice avança,
Que me sinto completo e além da sorte,
Me agarrar a esta vida fementida.

Vou fazer do meu fim minha esperança,
Ôh sono, vem!... Que eu quero amar a morte
Com o mesmo engano com que amei a vida.

MOMENTO
(Abril de 1937)

O vento corta os seres pelo meio.
Só um desejo de nitidez ampara o mundo...
Faz sol. Fez chuva. E a ventania
Esparrama os trombones das nuvens no azul.

Ninguém chega a ser um nesta cidade,
As pombas se agarram nos arranha-céus, faz chuva.
Faz frio. E faz angústia... É este vento violento

Que arrebenta dos grotões da terra humana
Exigindo céu, paz e alguma primavera.

BRASÃO
(10-XII-1937)

Vem a estrela dos treze bicos,
Brasil, Coimbra, Guiné, Catalunha,
E mais a Bruges inimaginável
E a decadência dos Almeidas.

E sobre a estrela dos treze bicos
Pesa um coração mole
De prata coticada trezemente,
Em cujo campo há de inscrever-se
"Eu sou aquele que veio do imenso rio".

E sobre o campo do meu coração,
Todo em zarcão ardendo,
Há em ouro a arca de Noé com vinte e nove bichos blau,
E a jurema esfolhando as folhas derradeiras
Sobre Mestre Carlos, o meu grande sinal.

E a seguir a trombeta, essa trombeta
Insiste pela Catalunha,
Mas desta vez eu que escolhi!
Ôh, meus amigos,
Perdão pelos séculos pesados de cicatrizes infinitas,
Perdão por todas as sabedorias,
Pela esfera armilar das conquistas insanas!
Essa trombeta eu que escolhi, toda de prata,
Com treze línguas de fogo na assustadora boca,

E a inscrição "Que-dele eles?",
Eles, os bandeirantes...

E falta o boi Paciência, o boi que pertence a Armida,
Traz por guampas os cornos da luna
E um peitoral de turmalinas.
Mas esse vem no outro coração mole,
Não se mostra a ninguém.
O boi Paciência serão treze preguiças assustadas,
No porto do imenso rio esperando,
Esperando pelos treze caminhos
Das mil cavernas das quarenta mil perguntas.

Ai, que eu vou me calar agora,
Não posso, não posso mais!

SONETO
(Dezembro de 1937)

Aceitarás o amor como eu o encaro?...
... Azul bem leve, um nimbo, suavemente
Guarda-te a imagem, como um anteparo
Contra estes móveis de banal presente.

Tudo o que há de milhor e de mais raro
Vive em teu corpo nu de adolescente,
A perna assim jogada e o braço, o claro
Olhar preso no meu, perdidamente.

Não exijas mais nada. Não desejo
Também mais nada, só te olhar, enquanto
A realidade é simples, e isto apenas.

Que grandeza... A evasão total do pejo
Que nasce das imperfeições. O encanto
Que nasce das adorações serenas.

AS CANTADAS
(Rio, 20-IX-1938)

Terras bruscas, céus maduros,
Apalpam curvas os autos,
Ai, Guanabara,
Serão desejos incautos,
Ancas pandas, seios duros...
Senti as curvas dos autos
Nas praias de Guanabara.

Penetro as fendas dos morros,
Desafogos de amor, jorros
De sensualidades quentes,
Ai, ares de Guanabara,
Sou jogado em praias largas,
Coxas satisfeitas feitas
De ondas amargas.

Não posso mais... Nunca ousara
Pensar cajás, explosões
De melões,
Mulatas, uvas pisadas,
Ai, Guanabara,
Tuas noites fatigadas...
Me derramo todo em sucos
Malucos de ilhas Molucas.

*

Manhã. Brisas intranquilas
De volúpias mal ousadas
Passam por ti,
Num gosto naval de adeuses...
Há deusas...
Há Vênus, há Domitilas
Fazendo guanabaradas
Por aí...

Mas as palmeiras resistem.
Na deformação dos raios,
Templos, gentes, esperanças
Em desmaios
E transposições de níveis...
Só as palmeiras resistem
Como consciências incríveis!

As noites não são bem noites,
As músicas são cansaços,
Açoites
De convites, bocas, mar,
Ai, ares de Guanabara,
Vou suspirar...

Meus olhos, minhas sevícias,
Minha alma sem resistências,
A Guanabara te entregas
Sem Deus, sem teorias poéticas.
Os aviões saltam dos trilhos,
Perfuram morros, ardências,
Delícias, vícios, notícias...

Aiai, Guanabara!
Que todo me desfaleço
Por cento e dez avenidas,
Pela mulher de em seguida,
Por teus cheiros, por teus sais,
Pelos aquedutos, pelos
Morros de crespos camelos
E elefantes triunfais!

Eu não sei si mais gozara,
Iaiá, Sereia do Mar,
Si achara nalma outra clara
Glória rara sol luar
Aurora uiara
Niágara realeza
Suprema, eterna surpresa,
Guanabara!...

LUAR DO RIO
(Rio, dezembro de 1938)

Olha o balão subindo!
Mas quem foi o louco varrido
Quem em novembro se lembrou de o soltar!

— É o luar, é o luar!

E as casas! olha os arranha-céus,
Parece que estão se movendo,
Com tantas janelas a chamar?...

*

E este céu cor-de-cinza,
E este mar cor-de-prata,
E o Cristo do Corcovado!
Olha! parece um palhaço,
Parece um filósofo, parece até Cristo mesmo
Erguido no altar?...

E estas minhas mãos inquietas,
E o vento alcoolizado,
E as carícias das ilhas...

E as narinas cheirando ofegantes,
E essa vela das praias do norte,
E um desejo de falar besteira,
De dançar por aí feito maluco,
Esquecido de amar?...

— É o luar, é o luar!

É o luar que inventa novas árvores e morros,
Vence as luzes da enorme cidade,
Vence a noite, vence os homens,
Vence as tristezas e os mandos do mundo...

Não acredita não, José Correia,
Que vais te perder, e esquecer, feito estátua
A imensa dor multissecular.

CANÇÃO
(Rio, 22-XII-1940)

... de árvores indevassáveis
De alma escusa sem pássaros
Sem fonte matutina
Chão tramado de saudades
À eterna espera da brisa,
Sem carinhos... como me alegrarei?

Na solidão solitude,
Na solidão entrei.

Era uma esperança alada,
Não foi hoje mas será amanhã,
Há de ter algum caminho
Raio de sol promessa olhar
As noites graves do amor
O luar a aurora o amor... que sei!

Na solidão solitude,
Na solidão entrei,
Na solidão perdi-me...

O agouro chegou. Estoura
No coração devastado
O riso da mãe da lua,
Não tive um dia! uma ilusão não tive!
Ternuras que não me viestes
Beijos que não me esperastes
Ombros de amigos fiéis
Nem uma flor apanhei.

Na solidão solitude,
Na solidão entrei,
Na solidão perdi-me,
Nunca me alegrarei.

LIVRO AZUL

RITO DO IRMÃO PEQUENO
(1931)

a Manuel Bandeira

I

Meu irmão é tão bonito como o pássaro amarelo,
Ele acaba de nascer do escuro da noite vasta!
Meu irmão é tão bonito como o pássaro amarelo,
Eu sou feito um ladrão roubado pelo roubo que leva,
Neste anseio de fechar o sorriso da boca nascida...

Gentes, não creiam não que em meu canto haja siquer
[um reflexo de vida!
Ôh não! antes será talvez uma queixa de espírito sábio,
Aspiração do fruto mais perfeito,
Ou talvez um derradeiro refúgio para minha alma
[humilhada...

Me deixem num canto apenas, que seja este canto
[somente,
Suspirar pela vida que nasceria apenas do meu ser!
Porque meu irmão pequeno é tão bonito como o pássaro
[amarelo,

E eu quisera dar pra ele o sabor do meu próprio destino
A projeção de mim, a essência duma intimidade
[incorruptível!...

II

Vamos caçar cutia, irmão pequeno,
Que teremos boas horas sem razão,
Já o vento soluçou na arapuca do mato
E o arco da velha já engoliu as virgens.

Não falarei uma palavra e você estará mudo,
Enxergando na ceva a Europa trabalhar;
E o silêncio que traz a malícia do mato,
Completará o folhiço, erguendo as abusões.

E quando a fadiga enfim nos livrar da aventura,
Irmão pequeno, estaremos tão simples, tão primários,
Que os nossos pensamentos serão vastos,
Graves e naturais feito o rolar das águas.

III

Irmão pequeno, sua alma está adejando no seu corpo,
E imagino nas borboletas que são efêmeras e ativas...
Não é assim que você colherá o silêncio do enorme sol
[branco,
O ferrão dos carapanãs arde em você reflexos que me
[entristecem.

Assim você preferirá visagens, o progresso...
Você não terá paz, você não será indiferente,
Nem será religioso, você... ôh você, irmão pequeno,

Vai atingir o telefone, os gestos dos aviões,
O norte-americano, o inglês, o arranha-céu!...

Venha comigo. Por detrás das árvores, sobrado dos
[igapós
Tem um laguinho fundo onde nem medra o grito do
[cacauê...
Junto à tocaia espinhenta das largas vitórias-régias,
Boiam os paus imóveis, alcatifados de musgo úmido,
[com calor...

Matemos a hora que assim mataremos a terra e com ela
Estas sombras de sumaúmas e violentos baobás,
Monstros que não são daqui e irão se arretirando.
Matemos a hora que assim mataremos as sombras
[sinistras,
Esta ambição de morte, que nos puxa, que nos chupa,
Guia de noite,
Guiando a noite que canta de uiara no fundo do rio.

IV

Deixa pousar sobre nós dois, irmão pequeno,
A sonolência desses enormes passados;
E mal se abra o descuido ao rolar das imagens,
A chuva há de cair, auxiliando as enchentes.

Sob a jaqueira no barranco ao pé da sombra
As pedras e as raízes sossegadas apodrecem.
Havemos de escutar o som da fruta caindo nágua,
E perceber em toda essa fraca indigência,
A luminosa vaga imperecível lentidão.

V

Há o sarcástico predomínio das matérias
Com seu enorme silêncio sufocando os espíritos do ar...
Será preciso contemplá-las, e a paciência,
Irmão pequeno, é que entreabre as milhores visões.
Nos dias em que o sol exorbita esse branco
Que enche as almas e reflete branqueando a solidão
[da ipueira,
Havemos de sacrificar os bois pesados.
O sangue lerdo escorre das marombas sobre a água
[do rio,
E catadupa reacendido o crime das piranhas.

Só isso deixará da gente o mundo tão longínquo...
As nossas almas se afastam escutando o segredo parvo,
E o branco penetra em nós que nem a inexistência
[incomparável.

VI

Chora, irmão pequeno, chora,
Porque chegou o momento da dor.
A própria dor é uma felicidade...

Escuta as árvores fazendo a tempestade berrar.
Valoriza contigo bem estes instantes
Em que a dor, o sofrimento, feito vento,
São consequências perfeitas
Das nossas razões verdes,
Da exatidão misteriosíssima do ser.

Chora, irmão pequeno, chora,
Cumpre a tua dor, exerce o rito da agonia.

Porque cumprir a dor é também cumprir o seu próprio
[destino:
É chegar àquela coincidência vegetal
Em que as árvores fazem a tempestade berrar,
Como elementos da criação, exatamente.

VII

O acesso já passou. Nada trepida mais e uma acuidade
[gratuita
Cria preguiças nos galhos, com suas cópulas
[lentíssimas.
Volúpia de ser a blasfêmia contra as felicidades parvas
[do homem...
São deuses...
Mas nós blefamos esses deuses desejosos de futuro,
Nós blefamos a punição europeia dos pecados originais.

Ouça. Por sobre o mato, encrespado nas curvas da terra,
Por aí tudo, o calor anda em largado silêncio,
Ruminando o murmulho do rio, como um frouxo
[cujubim.

Na vossa leve boca o suspiro gerou uma abelha.
É o momento, surripiando mel pras colmeias da noite
[incerta.

VIII

O asilo é em pleno mato, cercado de troncos negros
Em que a água deixa um ólio eterno e um som,
Só uma picada fere a terra e leva ao porto,
Onde entre moscas jaz uma pele de uiara a secar.

*

As maqueiras se abanam com lerdeza,
Enquanto à voz do cotcho uma toada se esvai.
Ela foi embora e nós ficamos. Não há nada.
Nem a inquieta visão dessa curiosidade que se foi.

IX

A cabeça desliza com doçura,
E nas pálpebras entrecerradas
Vaga uma complacência extraordinária.

É pleno dia. O ar cheira a passarinho.
O lábio se dissolve em açúcares breves,
O zumbido da mosca embalança de sol.
... Assurbanipal...
A alma, à vontade,
Se esgueira entre as bulhas gratuitas,
Deixa a felicidade ronronar.

Vamos, irmão pequeno, entre palavras e deuses
Exercer a preguiça, com vagar.

X

A enchente que cava margem,
Roubou os barcos do porto,
A água brota em nosso joelho
Delícias de solidão.

Trepados na castanheira
Viveremos sossegados
Enquanto a terra for mar;
Pauí-Pódole virá

Nas horas de Deus trazer
A estrela, a umidade, o aipim.

E quando a terra for terra,
Só nós dois, e mais ninguém,
De mim nascerão os brancos,
De você, a escuridão.

GIRASSOL DA MADRUGADA
(1931)

a R. G.

I

De uma cantante alegria onde riem-se as alvas uiaras
Te olho como se deve olhar, contemplação,
E a lâmina que a luz tauxia de indolências
É toda um esplendor de ti, riso escolhido no céu.

Assim. Que jamais um pudor te humanize. É feliz
Deixar que o meu olhar te conceda o que é teu,
Carne que é flor de girassol! sombra de anil!
Eu encontro em mim mesmo uma espécie de abril
Em que se espalha o teu sinal, suave, perpetuamente.

II

Diga ao menos que nem você quer mais desses gestos
[traiçoeiros
Em que o amor se compõe feito uma luta;
Isso trará mais paz, por quanto o caminho foi longo,
Abrindo o nosso passo através dos espelhos maduros.

Você não diz porém o vosso corpo está delindo no ar,
Você apenas esconde os olhos no meu braço e
                    [encontra a paz na escuridão.
A noite se esvai lá fora serena sobre os telhados,
Enquanto o nosso par aguarda, soleníssimo,
Radiando luz, nesse esplendor dos que não sabem mais
                                [pra onde ir.

III

Si o teu perfil é puríssimo, si os teus lábios
São crianças que se esvaecem no leite,
Si é pueril o teu olhar que não reflete por detrás,
Si te inclinas e a sombra caminha na direção do futuro:

Eu sei que tu sabes o que eu nem sei si tu sabes,
Em ti se resume a perversa imaculada correria dos
                                    [fatos,
És grande por demais para que sejas só felicidade!
És tudo o que eu aceito que me sejas
Só pra que o sono passe, e me acordares
Com a aurora incalculavelmente mansa do sorriso.

IV

Não abandonarei jamais de noite as tuas carícias,
De dia não seremos nada e as ambições convulsivas
Nos turbilhonarão com as malícias da poeira
Em que o sol chapeará torvelins uniformes.

E voltarei sempre de noite às tuas carícias,
E serão búzios e bumbas e tripúdios invisíveis
Porque a Divindade muito naturalmente virá.

Agressiva Ela virá sentar em nosso teto,
E seus monstruosos pés pesarão sobre nossas cabeças,
De noite, sobre nossas cabeças inutilizadas pelo amor.

V

Teu dedo curioso me segue lento no rosto
Os sulcos, as sombras machucadas por onde a vida
[passou.
Que silêncio, prenda minha... Que desvio triunfal da
[verdade,
Que círculos vagarosos na lagoa em que uma asa
[gratuita roçou...

Tive quatro amores eternos...
O primeiro era a moça donzela,
O segundo... eclipse, boi que fala, cataclisma,
O terceiro era a rica senhora,
O quarto és tu... E eu afinal me repousei dos meus
[cuidados.

VI

Os trens de ferro estão longe, as florestas e as bonitas
[cidades,
Não há senão Narciso entre nós dois, lagoa,
Já se perdeu saciado o desperdício das uiaras,
Há só meu êxtase pousando devagar sobre você.

Ôh que pureza sem impaciência nos calma
Numa fragrância imaterial, enquanto os dois corpos
[se agradam,
Impossíveis que nem a morte e os bons princípios.

Que silêncio caiu sobre a vossa paisagem de excesso
[dourado!
Nem beijo, nem brisa... Só, no antro da noite, a insônia
[apaixonada
Em que a paz interior brinca de ser tristeza.

VII

A noite se esvai lá fora serena sobre os telhados
Num vago rumor confuso de mar e asas espalmadas,
Eu, debruçado sobre vossa perfeição, num cessar
[ardentíssimo,
Agora pouso, agora vou beber vosso olhar estagnado,
[ôh minha lagoa!

Eis que ciumenta noção de tempo, tropeçando em
[maracás,
Assusta guarás, colhereiras e briga com os arlequins,
Vem chegando a manhã. Porém, mais compacta que
[a morte,
Para nós é a sonolenta noite que nasce detrás das
[carícias esparsas.

Flor! flor!...
      Graça dourada!...
            Flor...

O GRIFO DA MORTE
(1933)

a Lúcio Rangel

I

Milhões de rosas
Para esta grave
Melancolia,
Milhões de rosas,
Milhões de castigos...

Milhões de castigos,
Imperfeita grávida,
Quem foi? foi o vento
Que fez-te imperfeita,
Milhões de aratacas!

A toca fendeu
Para esta grave
Melancolia,
Milhões de castigos,
Milhões de aratacas...

Salta o bicho roxo,
Depois ficou ruim,
Depois ficou roxo,
Depois ficou ruim,
Depois ficou roxo,
Ruim-roxo, ruim-roxo,
Milhões de bandeiras!

*

Os camisas pretas,
Os camisas pardas,
Os camisas roxas,
Ruim-roxo, ruim-roxo,
Milhões de bandeiras!
Milhões de castigos!
Quem foi! foi a rosa
Dos ventos da amarga
Desesperança...

Ei-vem a morte
— ruim-roxo... —
Consoladora...
Milhões de rosas,
Milhões de castigos...

II

Retorno sempre
A cada volta do caminho
À lagoa imóvel.

Superfície juncada
De mãos-postas negras
Que afundam sempre.

Meus olhos são moscas,
Única vida grave
Esparsa no silêncio.

O silêncio avança
Que nem um navio,
Não penso, estremeço.

*

Tremor sem razão
Que termina em meio
Nem bem principia.

A boca desdenha
As palavras ásperas,
Evitando a vida.

Mas... dor, periquito,
Novamente rufa
Da serrapilheira,
Sobe no alto no alto,
Vai dormir nas casas
Além da floresta.

III

Mocidade parva,
Dor sem pensamento,
Ôh cálido futuro
De brilho estonteante,
Fechando o presente
No punho cerrado
Com as unhas aduncas,
Ferindo a munheca
De onde o sangue escorre
Gravando o caminho
Com rasto facílimo
Em que a fera acode.

Lá no rombo escuro
Te pega nas garras,
Explode o suspiro.

*

Escurece aos poucos
Teu corpo auroral.

IV

Quando o rio Madeira
Fica inavegável,
A corredeira clara
Junto ao trem de ferro
Vai rasa entre as pedras
Da margem deserta,
Suspensa no charco
Imenso da morte.

A claridade vasta
Guasca Mato Grosso,
Filtrada da nuvem
Que de tão exausta
Se apoia na crista
De espuma do rio.

O calor mais branco
Esturrica as pedras
E tange o Grão Chaco
Pros altos dos Andes,
Onde as almas planam
Sem fecundidade,
Na terra sem mal,
Sem fecundidade.

V

Silêncio monótono,
Calma serenata
Na monotonia,
A alma sem tristeza
Pouco a pouco vai
Desabrochando
O instante do lago.

> *Morte, benfeitora morte,*
> *Eu vos proclamo*
> *Benfeitora, ôh morte!*
> *Benfeitora morte!*
> *Morte, morte...*

Se escuta no fundo
A sombra das águas
— calma serenata... —
Se depositando
Para nunca mais.

CAFÉ
CONCEPÇÃO MELODRAMÁTICA
(EM TRÊS ATOS)

SÃO PAULO, 1933-1939-1942

A LIDDY CHIAFFARELLI

PRIMEIRO ATO
PRIMEIRA CENA — PORTO PARADO

Desde muito que os donos da vida andavam perturbando a marcha natural do comércio do café. Os resultados foram fatais. Os armazéns se entulharam de milhões de sacas de café indestinado. E foi um crime nojento. Mandaram queimar o café nos subúrbios escusos da cidade, nos mangues desertos. A exportação decresceu tanto que o porto quase parou. Os donos viviam no ter e se aguentavam bem com as sobras do dinheiro ajuntado, mas e os trabalhadores, e os operários, e os colonos? A fome batera na terra tão farta e boa. Os jornais aconselhavam paciência ao povo, anunciavam medidas a tomar. Futuramente. A inquietação era brava e nos peitos dos estivadores mais sabidos do porto parado, numa hesitação desgraçada, entre desânimos, a cólera surda esbravejava, se assanhavam os desejos de arrebentar.

A orquestra, de supetão, está agitadíssima, desagradável, quase tão irrespirável como o turbilhão que agita interiormente os estivadores. O pano se ergue rápido no armazém do porto. O armazém está sombrio, apenas no fundo a fresta da vasta porta de correr. As pilhas de sacas de café sobem até o teto no fundo, dos dois lados. Na frente, as sacas se amontoam mais desordenadas, às quatro, às três, outras sozinhas. Sobre elas, deitados, sentados, aos grupos, os estivadores quase imóveis esperam. Mais deixam raivar o turbilhão que têm do peito do que esperam, esperar o quê! A um lado, junto à ribalta, um grupo deles no chão quer matar o tempo no jogo do truco. A vestimenta de todos é a mesma, calças escuras, largas, e as camisas de meia com listas vivamente coloridas, vermelho e branco, azul-marinho e branco, amarelo e roxo, verde e encarnado. Esta calça de veludo cor de charuto denuncia um espanhol, assim como a boina que ele traz. Estes bigodes no estivador gordo denunciarão o português. Tem a palheta de banda deste rapaz amulatado, e dois negros de cabeça ao vento, enormes, luzindo.

Na fresta da porta do fundo entra mais um estivador. Vem desanimado, lento, lerdo, se arrastando até o centro da cena. O jornal que tinham mandado ele buscar não trouxe notícia nenhuma e ele o arrasta no chão, da mão pendida. Todos os estivadores se interessam pelo que dirá o recém-chegado, mas ele nem fala, coitado, faz um gesto só: amarfanha o jornal de parolagem e o atira com nojo no chão. E o desânimo agora abafa a todos, mais completo. Aqueles homens enormes, forças brutais, se sentem feito crianças na decisão a tomar. Como será possível que aquela terra deles, sempre tão altiva, tão generosa também, tenha perdido assim o seu porte de grandeza?... O que fazer, agora que o café está baixo, sem valor? E manso, melancólico, sofrido, o queixume daqueles homens fortes enche o bojo sombrio do armazém. E morre num abafamento implacável. Talvez fosse milhor morrer... E os estivadores se estiram por aí, na fraqueza vil da pasmaceira. Os jogadores voltam ao seu truco disfarçador. Fosse domingo, iriam ser sugados internamente de suas forças morais, no futebol apaixonante, que isto os generosos donos da vida não se esquecem de arranjar. E ainda um italiano e o rapaz da palheta se adormecem no jogo da morra. E parece que nada vai suceder.

Mas eis que duas mulheres de repente espiam pela fresta da porta. São elas sim, são os companheiros que elas andaram buscando pelos botequins do cais. Mas o portuga do boteco deu o basta do fiado e eles vieram ali. As mulheres raivosas correm a porta do armazém em toda a extensão. E agora se enxerga bem nítido o porto parado, a linha reta do cais vazio, o verde gasto do mar vazio, e um céu claro, branquiçado, sem nuvens, da mesma impassível desolação.

E o grupo agitado de umas vinte mulheres corre para o centro da cena. Estão quase delirantes, não podem mais, os filhos choram em casa pedindo pão, elas também estão famintas, e os maridos, os companheiros, o que fazem? Os seus vestidos femininos de fazendas lavradas botam uma nota turbulenta e multicor no ambiente. "Eu quero o meu pão!" que elas gritam, quase desvairadas. Mas aqueles homens, amolentados ainda pela indecisão, num desalento cínico não têm mais esperança em nada. "Quem pode dar pão!", eles murmuram, ecoando em cinza de eco o grito vivo das mulheres.

Quem pode dar pão?... O café pode dar pão. Sempre dera o pão, a roupa e a paz relativa dos pobres. Mas agora aquele companheiro generoso de outros tempos jaz ali, inútil, vazio de força, como o cais, como o porto: vazio. E as mulheres e os homens, numa alucinação, contemplam as pilhas mudas de sacas. Eles amam, sempre amaram aquele café paterno, que agora parece falhar. Mas ainda há de estar nele a salvação de todos.

As mulheres se aproximam das sacas, se abraçam com elas, contando os seus segredos de miséria, acarinham o grão pequenino que não falhará. E o grão pequenino lhes segreda o segredo que eles não se animavam a se revelar. Aquela fome que eles sentiam não era, apenas uma fome de alimento, mas outra maior, a fome milenar dos subjugados, fome de outra justiça na terra, de outra igualdade de direitos para lutar e vencer.

E o pano desce lentamente, dando tempo a que o segredo que a cena revelou se grave para sempre no coração de todos os oprimidos.

SEGUNDA CENA
A COMPANHIA CAFEEIRA S.A.

Também noutras partes daquelas terras a fome e a angústia vai feroz. A orquestra, muito triste e abafada chega coleando, fazendo esforço pra saber o que será da existência. Mas eis que se aclara porque o pano sobe nos dando o céu claro das dez horas da manhã, cafezal pleno. A cena mostra uma encruzilhada de carreadores, árvores já taludas, com oito anos, saias grandes pousando na terra-roxa. Na ponta dum dos carregadores está uma laranjeira carregadinha de fruta madura. É o único gesto de altura, vivo de cor, variando os horizontes longínquos, largos, levemente ondulados no célebre cafezal da Companhia Cafeeira S.A.

Os colonos estão por ali, terminando de almoçar. É fácil de perceber idade e condição deles pela roupa. As moças solteiras estão de vestido vermelho, cor sexual de quem deseja homem na vastidão dos campos. Os rapazes já não querem mais a cassa das camisas bordadas com que os pais deles chegaram da Europa bestial das aldeias. Estão de azulão vivo, e algum já terá seu chapéu de caubói, aprendido no cinema. As mulheres casadas relembram a *Colona sentada* de Cândido Portinari, a saia de um vermelho já bem gasto e lavado, aquela espécie de matinê largo de um azul quase cinza, bem neutro, e o lenço também de vermelho gasto, protegendo os cabelos. Os seus maridos, calças de brim cinzento que aguenta a semana, camisas brancas, sem brancura. As velhas estão de preto completamente, e os velhos estão ridículos, com suas calças grossas, muito largas, pardacentas, e aqueles blusões de cores que foram vivas, rosadas, amareladas, esverdeadas. As meninotas de vermelho, e os meninos da cor do chão.

Pois um destes não se conteve. Percebendo que todos estavam distraídos na arrumação dos badulaques do almoço, roubou uma laranja da árvore, a furou com o dedinho e vai chupá-la. Uma velha viu, mostra o menino a outra. Aliás, vários colonos viram, mas fingem que não: que o animalzinho aprenda por si. E o menino, se imaginando livre de olhares, chupa a fruta com ansiedade. Faz uma careta e joga a laranja longe, enquanto velhos e velhas caem na risada. Agora o bobo vai ficar conhecendo pra sempre o provérbio da terra: "Laranja no café é azeda ou tem vespeira".

Mas a mocidade e os casados, menos filósofos pra se divertirem com os provérbios da experiência, já agarraram no trabalho da colheita. Nada dispostos, aliás, mecanizados, fatalizados apenas pela obrigação. O almoço foi insuficiente, já de muito que os colonos não recebem pagamento, o café para nas estações do trem de ferro, os armazéns não fiam mais. A visão da fome espia nas esquinas dos carregadores. Os velhos enfim se decidem a trabalhar também. Mas imediatamente lhes volta a dureza da realidade e um deles, num assomo de desabafo ao menos físico, coça a cabeça com raiva e dá um pontapé na saia da árvore que devia colher.

Ora sucedeu que justamente no instante do pontapé chegavam pela boca esquerda da cena, os donos da Companhia Cafeeira S.A. e os comissários. Ex-donos aliás, porque se vendo na possibilidade de curtir alguns anos gastando o que já tinham amontoado, eles acabaram de entregar a fazenda aos comissários, como pagamento de dívida. É gente bem-vestida, está claro, vestindo brim do bom. Só que os comissários estão de "brim de linho S.120", como se diz, branco, corte de cidade, pra luzir nos escritórios e na bolsa. Os donos ainda trazem o brim cáqui, de fazenda, calça de montar, polainas bem engraxadas, chapéus largos, panamás legítimos.

Esquecidos de que a fazenda já não lhes pertence mais, ficam indignados com o velho e a colheita distratada, passam pito. Os colonos vão pra baixar a cabeça, mas as mulheres, sempre a mulher que é mais perfeita, intervêm irritadas, desesperadas, a discussão cresce rápida, se azeda. Tem um momento em que tudo está pra estourar. Os colonos vão perder o tino, vão "amassar" aqueles senhores impiedosos que não arranjam nada, não querem pagar os ordenados de meses, pouco estão se amolando com a fome dos pobres. É um instante bravo de silêncio aquele da decisão. E os donos se preparam também pra brigar, buscando sem disfarce os revólveres no bolso traseiro da calça ou na cinta. Qual, assim não vai mesmo nem adianta: o milhor é abandonar a fazenda, desistir daquela espera improvável, ir buscar pão onde ele se esconder. E os colonos anunciam que abandonarão a fazenda. Não era isto exatamente o que os senhores queriam. Queriam era a submissão, a sujeição total. Em todo caso livraram as epidermes, e aproveitam a decisão dos colonos pra fugir dali, um bocado apressadinhos não tem dúvida, mas bancando gestos de indignação.

    E agora os colonos estão sós. Estão consigo de novo, e a orquestra com eles cai na realidade terrível. Acaso não teriam sido precipitados por demais?... É o desemprego, é o caminhar nas estradas do acaso, é o bater nas portas, é o mofar na impiedosa indiferença das cidades. Se sentem inermes, desprotegidos, incapazes. Têm a noção muito vaga ainda de que tudo é um crime infame. Não poderão gritar. A poeira dos caminhos vai secar a voz nas gargantas. Ou poderão gritar! Não sabem, não conhecem, não entendem. Parece que tem momentos nesta vida dura em que a gente se revolta, não é porque queira decididamente se revoltar, mas porque uma força maior move a gente e se fica sem capacidade mais pra não se revoltar. As velhas já partiram em busca da colônia, arranjar seus trastes, suas trouxas. As mulheres casadas principiam partindo também. Melancolicamente. E o pano cai depressa, bem depressa.

SEGUNDO ATO
PRIMEIRA CENA — CÂMARA-BALLET

    É bem difícil explicar o que teria levado o autor à invenção subitânea deste "Câmara-Ballet", que até pelo nome já denuncia a sua intenção de vaia. É possível se crer, se deve crer numa humanidade tão civilizada que permita a existência de câmaras eficazes. E afinal são sempre câmaras a cachimbada dos Velhos na tribo e as salas improvisadas dos sovietes. Por isto, a intenção de "Câmara-Ballet" se limita, é vaia, mas por tudo quanto de falsificação e de ridículo os anões subterrâneos do servilismo fizeram das câmaras que a história conta. Ineficientes, traidoras e postas ao serviço dos chefes.

Estamos em plena farsa, e até o pano "farseia", não querendo subir, caindo de repente. Os personagens são vários, pois o enredo cai em cheio numa sessão de câmara de deputados. A mesa da presidência está na boca da cena, bem junto do ponto, e por trás dela se vê as bancadas numa inclinação leve, de maneira que presidente, vice e os secretários da Mesa dão as costas ao público, ao passo que os deputados nos encaram de frente. E mais ou menos a meia altura da cena, atrás, estão as galerias da assistência pública. Quando a reunião não é secreta.

A sala de sessões é bem chique, todos os móveis, mesa, bancada, parapeito das galerias, até o chão, tudo branquinho, d'um branco alvar. Ao passo que todos os personagens da câmara estão de preto. Mesa e deputados de sobrecasaca, e um *plastron* gordo com uma enorme pérola branca de enfeite. Os serventes também de preto, com os botões de prata no dólmã. E os jornalistas? Si os serventes são cinco, de pé, do lado direito da cena, na mesma linha da Mesa, na mesma linha ainda da Mesa, mas do outro lado, os jornalistas também são cinco, sentados em cadeiras enfileiradas, uma atrás da outra. Sucede que as cadeiras jornalísticas estão de perfil pro público, não deixando por enquanto ler o título do jornal a que cada uma pertence, por honra e graça inusitada dessa força enorme e tão facilmente servil que é o jornal. Ora os títulos dos jornais da terra, que se erguem do encosto das cadeiras, são *O Patativa*, *Diário da Luz, O Clarim, O Presidente* e o *Jornal das Modas*. Os jornalistas também se vestem seriamente de preto, mas não usam sobrecasaca mais, são modernos. Usam um paletozinho curto, calças apertadas ainda mais curtas acabando um palmo acima do tornozelo, deixando ver as lindíssimas meias brancas de seda e os *escarpins* de verniz. E quanto a gravatas airosamente, os jornalistas só aceitam enormes gravatas cor-de-rosa, com um laço borboleta bem pintor, são lindos. Francamente, esse tal de jornalista é um amor.

Como se vê, tudo é branco e preto. O que vai variar de colorido muito é o pessoal das galerias, que será o mais berrantemente colorido possível. Repete-se as camisas de meia dos estivadores, o azulão proletário, dólmãs, quepes, o cáqui de um soldado raso. Mas as mulheres, muitas e também com tons vivos, serão fazendas lavradas, fazendas de ramagens, fazendas "futuristas" com desenhos abstratos de muitas cores berrantes. Nada de tecido duma cor só, logo se perceberá por quê.

E da mesma forma que o presidente e o vice, alguns personagens têm seus nomes distintivos. Tem, por exemplo, Deputado do Som-Só, o Deputado da Ferrugem, o Deputado Cinza e o Secretário Dormido.

Quando ergue o pano, está falando o Deputado do Som-Só, um escolado velhusco, que já sabe que se falando num som só todos dormem e as falcatruas se fazem com mais facilidade. Tem o discurso escrito num papel gigantesco, difícil de manejar de tamanho. Como era de esperar todos dormem, toda a Mesa, os vários deputados, todos os jornalistas, e até um único operário que está nas galerias e ronca de papo pro ar. Só os serventes à direita é que parolam suas intriguinhas de ofício, problemas de gorjetas, intercâmbio de amantes de deputados, chamados de magnatas e banquetes oficiais — a vida deles. É o Quinteto dos Serventes.

E este é que acaba musicalmente porque o Deputado do Som-Só não acabaria nunca, si não fosse entrar o Deputadinho da Ferrugem, muito novo ainda, filho de chefe político não há dúvida, com ar de quem descobriu a pólvora. Não vê que tendo estudado direito e se formado em nove anos rápidos, percorreu o Corpus Juris e toda a legislação existente, e com assombro (lá dele) descobriu que ainda ninguém não legislara sobre o ínclito fenômeno da ferrugem nas panelas de cozinha. E decidiu salvar a pátria. Se fechou seis meses a fio num cabaré, só saindo pra comer dinheiro público na câmara, e escreveu um discurso de embolada maravilhoso sobre o dito assunto. Ele é que entrou pimpante, na emoção gavotística da estreia felicíssima que os jornais já elogiaram. Está claro, durante todo o bailado é um entra e sai de deputados que não se acaba. Ao passo que as galerias vão se enchendo pouco a pouco e quando arrebentar a bagunçona, estará repleta.

Pois o Deputadinho da Ferrugem está louco pra falar, mas quem disse o Deputado do Som-Só dar fim ao lero-lero. Agora todos acordaram, menos o Secretário Dormido, sempre de bruços, sonhando sobre a mesa. O resto não, quer escutar a estreia do Deputadinho da Ferrugem. Os jornalistas aspiram tomar muitas notas. Pegam do chão, ao lado, os seus maços de papel pra notas, que pelo maço e o tamanho servem também pra outra coisa, e os lápis, que lápis! desses gigantescos, feitos pra anúncio nos mostradores das papelarias. Mas vamos ter o discurso, porque entrou um polícia muito lindo, até polainas brancas, bateu no ombro do Som-Só e fez pra ele parar. Ele para que é só pra isso mesmo que ele existe e principiará dobrando o discurso, dobrando que mais dobrando até o fim do "Câmara-Ballet".

O Deputadinho da Ferrugem fala enfim. Fala bem, fala verdade, e é tão gostosa a fala "andantino grazioso" dele, que entre aplausos e gostosa satisfação toda a câmara entra no movimentinho suave se movendo pendularmente de cá pra lá, de lá pra cá. Menos o povo das galerias que procura saber o que se decide da vida. Um operário não se contém afinal. "Pra que falar em ferrugem de panela, si não tem o que cozinhar!", ele estoura. Outros querem que se trate do problema do café. Os deputados se contrariam muito, o presidente bate no sinão enorme. Ora, no princípio do discurso da ferrugem, o Secretário Dormido, que já estava cansado da posição, se aninhara no colo do secretário seu vizinho e lhe dormira no ombro. Meio que acorda com a baguncinha do povo, muda de posição outra vez. Se ajoelha no chão, com a bunda nos calcanhares e se debruça no assento da sua própria cadeira, aí pondo sobre os braços, a cabeça dormida.

Ora nos bastidores estava esperando que o discurso acabasse o Deputado Cinza. Não que pretendesse fazer o discurso também, não vê que ele ia se comprometer. Mas o Deputado Cinza é desses uns que gostam muito de estar bem com todos. Eu cá sou pelo que é justo, como eles dizem. Daí se vestirem completamente de cinzento, que é a cor neutra por excelência. Pois do que mais ele havia de se lembrar! Industriou bem (pensou que industriou) a Mãe, uma colona cheia de filhos, fez ela decorar um discursinho bem comodamente infeliz, contando que os filhos tinham escola dada pelo Governo, roupa de inverno dada pela Liga das Senhoras Desusadas e muito feijão com arroz que o Ministério da

Abastança iria plantar no ano que vem. Remédio então era mato, remédio, dentista, calista, manicura, boninas, *water-closet* e balangandãs. A Mãe decorou, decorou, custava decorar aquele final dizendo que a vida estava triste e o Governo era muito bom, não havia jeito de lembrar as palavras! Mas enfim estava ali nos bastidores com o Cinza, esperando muito nervosa, diz que era pra ela falar naquele meio de tanta gente elevada tão limpa. De forma que quando, amedrontado com a baguncinha, o Deputadinho da Ferrugem acabou, uf! ela não quis entrar e o Deputado Cinza teve que arrastar a infeliz pro recinto lustroso da câmara. E a Mãe entra chamando a atenção de todos. Coitada, botou o único vestido completo que ainda possuía. É aquele vestido todinho encarnado vivo, duma cor só. Na cabeça, escondeu os cabelos destratados no lenço de cetineta verde vivo. E traz consigo os três filhinhos que não tinha com quem deixar. Os dois maiores, que andam, se agarram horrorizados na saia dela. O recém-nascido lhe dorme no braço, envolto no xale amarelo cor de ovo. E de cor de ovo estão também os outros dois, fazendinha que sobrou de incêndio. E a Mãe com os filhos botam a cor do alarma no recinto. Que será! que não será! E o Deputado Cinza gesticulava pra ela: Fala, diabo de mulher! Mas a Mãe estava horrorizada, queria, pedia pra sair, fugir dali. "Fala, diabo!" que ele gesticulava.

Então a Mãe se viu perdida. Numa espécie de delírio que a toma, se evapora todo o discurso decorado... Sem resolver, sem decidir, sem consciência, sem nada, apenas movida por um martírio secular que a desgraça transmite aos seus herdeiros, ela se põe a falar. Não são dela as palavras que movem-lhe a boca, são do martírio secular. São palavras duma verdade não bem sabida, não bem pensada, são palavras bobas. Muitos deputados vão-se embora pra não perder tempo. Outros adormecem. Falar nisso: o Secretário Dormido mudou de posição outra vez. A cadeira estava incômoda decerto. O fato é que ele a empurra e, sempre de joelhos, põe os braços no chão e sobre eles descansa a cara dormida agora se amostrando ao público, e a bunda ao vento, erguida como parte principal dos secretários de câmaras.

Bom, os demais não estão muito se amolando com a fala da Mãe, só as galerias lhe devoram as palavras. E aos poucos, deputados, jornalistas, serventes, a Mesa, todos esses anões subterrâneos do servilismo, utilizados pelos gigantes da mina de ouro, todos, pra não escutar tanta besteira, se botam recordando o maravilhoso discurso sobre a ferrugem das panelas de cozinha. E o mesmo ritmo balangado de antes volta aos poucos e afinal se afirma franco, quando as palavras alucinadas da Mãe se tornam insuportáveis de ouvir. Tudo se mexe, tudo cantarola, tudo dança na câmara. Os jornalistas montaram a cavalo em suas cadeiras e com pulinhos vão formando roda, afinal mostrando os títulos dos jornais ao público. Os serventes também dançam de roda, se dando as mãos. O que fez o presidente? É que, não podendo mais escutar os gritos lamentosos da Mãe, mas correspondendo a eles, a galeria, realistamente se move, se revolta, insulta, berra, diz nomes feios com razão. E o presidente, movendo o sino engraçado, não vê que se esqueceu da vida e está brincando com o sino, jogando ele no ar. Também o Deputado Cinza, quando viu a bagunçona estourar, disse consigo: Bem, cumpri com o meu dever, agora lavo as mãos. Lavou mesmo. Lavou na água astral do cinismo e, para enxugá-las, puxou do bolso aquela espécie de lenço de Alcobaça, lenço não, lençol vasto, de todas, mas todas as cores. De todas as cores.

Mas isto não se aguenta mais, é o cúmulo! Onde se viu agora o povo querer ter opinião! Onde se viu nunca as Mães falarem! Aqui é que entra o destino precípuo da polícia dos gigantes. Isso entram corvejantes nas galerias uns polícias, tiram os sabres com realismo cru, e principiam chanfalhando o povo. Como reagir, ainda somos poucos, a coisa ainda não se organizou num destino unânime. Ainda não surgiu do enxurro das cidades o Homem Zangado, o herói moreno que os há de anular na erupção coletiva final. E o povo foge, as galerias se despovoam, enquanto mais dois polícias que entraram no recinto da câmara levam presa aos empuxões aquela doida. O pano cai com violência, sem achar mais graça nenhuma na farsa.

SEGUNDA CENA — O ÊXODO

São os ritmos de uma marcha pesada, arrastada, fatigadíssima já. Sons tristes, sons lastimosos, se diria de marcha fúnebre. Estamos numa dessas estaçõezinhas de trem de ferro, postadas nos vilejos de três, quatro casas, pra serviço de embarque da grande indústria do café. Até lhe puseram o nome "estação progresso", que se lê na tabuleta de início da plataforma, que começa no meio do palco. A estaçãozinha mesmo quase não se vê. Apenas, na direita da cena, o princípio do edifício e quase meia porta apenas. É a tardinha. Pra cá da plataforma e do edifício passa a linha do trem. No lusco-fusco rosado, os trilhos ainda colhem um resto mais franco de luz. A paisagem do fundo ainda se percebe, cafezal, cafezal. O cafezal infindável, no ondular manso dos morros. Nada mais.

Só aquela marcha pesada que vem chegando. Primeiro chegam os moços. São os colonos, aqueles mesmos colonos da famosa Companhia Cafeeira S.A. que vimos despedidos no primeiro ato. Na frente vieram os moços, mais fortes, que podem andar sem a ajuda de ninguém. Rapazes e raparigas, cada qual vem por si, e param por aí, na espera do trem de segunda classe, que ninguém sabe a que horas será composto. Não há mais vagões de segunda classe. É que de todas aquelas terras felizes, agora tornadas invisíveis, o povo está fugjndo. Onde vão parar? São estes os que vão parar desocupados nas esquinas das ruas, no parapeito dos viadutos, nos crimes da noite urbana, roubando quando podem, esmolando, matando pra roubar. São os criminosos. Não os criminosos natos, são os criminosos feitos.

Pois os moços se arrancharam por aí, na espera do trem. Brincam, são moços. Os namorados aproveitam pra namorar, se separando aos pares. Mas os outros passam o tempo com brinquedos ásperos de colonos, se atiram coisas com intenção de machucar um pouco, sem machucar não é brinquedo, meio que se generaliza esse brinquedo, até que aquela rapariga mais perigosa teve a ideia milhor. Tirou da trouxinha um alimento, uma última banana que toma o cuidado de mostrar bem. Todos ficam logo desejando e ela atira a banana bem no meio da cena. Isso, os rapazes todos se atiram sobre a fruta boa, até os namorados se esqueceram que amavam. É aquele bolo humano, pernas, braços, tombos, se mexemexendo no chão. Um consegue a banana e com brutalidade se destaca do grupo, triunfante. Vai pra comer, mas ainda com tempo se lembra da proprietária. Lhe põe a banana na boca que ela morde com vontade, enquanto ele devora o resto. Ninguém mais está com vontade de brincar. Uns sentam no chão, outros na plataforma. Fazem silêncio, mudos, pensativos, e se escuta outra vez o ritmo lamentoso da marcha, na orquestra.

Agora são os casados que chegam. Estes vêm aos pares, braços dados, se ajudando. E também se ajeitam por aí, sem mais nenhum ar de brinquedo. Não sabem brincar mais. O coração está apertado com aquela solução de vida. Pois não venceram tantos trabalhos, tantos sacrifícios, não aguentaram tantas omissões? Agora já estavam bem regularmente arranjados na vida. Tinham enfim conquistado as graças daquela cidade terrível, postada como sentinela impiedosa na abertura dos caminhos de serra acima, dona das sete doenças do frio, não deixando ninguém passar. Mas eles tinham conseguido vencer a ciumenta de serra acima e então ela os tomara pelas suas próprias mãos e os trouxera para aqueles chãos felizes. E eles tinham amado tanto aqueles chãos. Ali a vida era boa, o trabalho sadio, muitos enriqueciam e se passavam para o bando dos gigantes... Eles amavam aqueles chãos e quem disse pensar em partir outra vez! Haviam de viver e de morrer ali. Mas aqueles chãos felizes e a cidade legítima foram traídos, a ruína chegara, o café apodrecera no galho. E como o fumo ácido afugenta os insetos de beira-rio, eles também partiam de seus chãos, afugentados pela fumaça torva do café queimado.

É quase noite já. A cólera ronda aquele troço de infelizes. O ódio aos gigantes da mina fareja sangue no ar. Tudo está escuro, muito escuro já. Apenas na fímbria do horizonte uma faixa encarnada violenta denuncia a existência de um sol. A orquestra marcha cada vez com mais dificuldade, se arrasta aos socos pesadíssimos de pés exaustos. Muito longe se escuta um rumor estranho, feio. Parecem uivos lamentosos, parecem choros de morte. E o rumor aumenta pouco a pouco, aumenta. Agora se distingue bem: são uivos, são lamentos humanos, são gritos horríveis de imprecação. E os colonos tapam os ouvidos, escondem os olhos, se agitam, não suportam aquela visão horrível que vem chegando. E vêm chegando os grupos de velhos e crianças. Parecem monstros, pencas de monstros, aos três, aos quatro, se ajudando em grupo, que ninguém pode consigo mais. O chefe da Estação Progresso surgiu da meia porta. Atravessa a cena e bem aqui na frente, na ribalta, pendura um cartaz que trouxe e lhe põe uma lâmpada por cima, pra que todos saibam que

TREM DE SEGUNDA CLASSE
NÃO HAVERÁ MAIS

É o que diz o cartaz. E naquele estrondar de uivos, de lamentos lancinantes, os grupos vão atravessando a cena toda e desaparecem. Ritmo cadenciado, lento, aos empuxões pesados. Ritmo de coisa que marcha por desgraça, ritmo de supliciados. E o pano cai ainda mais lento, como sem cair, enquanto os grupos marcham, se arrastam, se morrem naquela marcha monstruosa.

TERCEIRO ATO
DIA NOVO

O que eu chamo de "Dia Novo" é o dia da vitória da revolução que afinal acabou estourando mesmo. Chegara enfim o tempo em que o povo não tivera capacidade mais pra não se revoltar, se revoltara. Vai haver luta, briga brava em cena, que estamos num desses tentáculos de guerra com que a revolução, se espraiando pela cidade convulsionada, a dominara afinal. As mulheres, no cortiço em que a cena se desenrola, são mulheres de operários, as mesmas vestimentas vivas das mulheres dos estivadores do primeiro ato. Os soldados da situação governista estarão num cáqui acinzentado bem neutro, contrastando com as cores vivas dos revoltosos. Estes, carece fazer todos eles vibrar muito no colorido. São operários, estivadores, ascensoristas em vermelho, rapazes estudantes com suas blusas de esporte, uniformes civis, empregadinhos. E alguns soldados também, mas dólmãs abertos, lenço encarnado no pescoço, libertados de seus quepes.

O pano subiu vagarento num completo silêncio musical. É noite, não se divisa nada no escuro, apenas umas luzinhas vão se abrindo muito longe e talvez, no fundo, uma pequena mancha rubra. Um clarão de incêndio talvez. O palco está vazio. Depois de um meio minuto decorrido assim, mais para o fundo do palco, se ilumina um lampião de rua. Luz bem fraca, desses lampiões destratados de bairro pobre, não permitindo perceber ainda o pano do fundo, jogando apenas a sua mancha branquiçada sobre o muro que lhe está na frente e separa o pátio do cortiço em que estamos, da rua que faz o fundo do palco. Como que despertado pela iluminação do lampião, um instrumento grave na orquestra principia rondando entre as tonalidades, numa voz indecisa.

Eis que bem na frente, junto à ribalta, no canto direito da cena se acende uma lâmpada e o espectador ainda pega a operária com os dois braços erguidos, no ato de fazer a ligação elétrica. E a lâmpada nova apenas ilumina esse interior de casinha, uma das várias que dão para o pátio do cortiço. Mas como a janela da casinha está aberta, uma réstia larga de luz vai morder o chão do pátio. Pátio naturalmente vazio, sem plantas, sem nenhum prazer. Bem no centro dele, junto do ponto quase, está o poço, que naquele bairro pobre e longínquo ainda não chegou a rede de águas e esgotos.

Mas naquele pedaço pequeno de casinha operária, a mulher está meio inquieta, meio sem que fazer. Vem à janela e fica espiando as bulhas da noite. A orquestra, soturna sempre, está se arrepiando toda de frasinhas angustiadas. A luz da casinha mostra apenas, mais para a frente, a mesinha do rádio, talvez um banco, e mais no fundo um colchão no chão, onde já dormem duas crianças-bonecas de três e cinco anos. Mas a mais velha, seus sete anos, está acordada, muito entretida em mexer com o rádio. Afinal consegue obter uma ligação e, na soturnidade do ambiente, o espíquer agudo principia contando coisas da revolução. Meio parece parolagem o que ele diz, cheio de frases feitas. Diz que a revolução está vencendo, mas isso toda a gente diz, faz três dias que o marido dela não aparece, e esta coisa não se acaba nunca! Irritada a mulher fecha o rádio. Mas a orquestra agora já se completou, e divaga, cheia de bulhas soturnas, arrepiada de frasinhas de ansiedade, um caos inquieto, de interrogações e ameaças.

É neste instante que se abre a porta duma das casinhas do cortiço, de outro lado da cena. É mais uma luz de lâmpada elétrica que morde o vazio do pátio. Um meninote surgiu, seus dez anos. Se escuta um grito atrás dele. E o menino foge atravessando o pátio todo e vindo, por instinto, na direção da outra luz, da casinha iluminada. Mas vem atrás dele a mãe correndo com angústia, o persegue, o consegue alcançar já bem próximo da janela luminosa que o chamou, o esconde nos braços, o protege com o corpo, não vá alguma bala perdida destruir aquele filho. Com o grito, a mulher da casinha se precipitou para a janela. Porém não foi ela só que escutou o grito. De todas as casinhas, as portas se abrem, jogando jatos retos de luz no pátio. E surgiram por elas mulheres, mulheres moças, casadas, algumas velhas trôpegas, vêm saber, querem saber, correm todas pra junto da mulher e seu filho, estão assustadíssimas, o grito ainda as desarvorou mais naquela inquietação medonha da espera, estão juntinhas umas das outras, e se contam o seu susto, num cânone veloz, que as ideias e os sentimentos de todas são sempre os mesmos e lhes encurtam numa corrida desesperada o pensamento e o coração.

Um grito de alarma rasga a cena. Passou um homem fugindo pela rua, atrás do muro. A orquestra zanga, esbravejando muito, e em bulhas abafadas na rua, por detrás do muro, se percebe que um grupinho de homens persegue fugitivo. Há um pequeno choque de armas. Um tiro, um soluço de dor, um tombo pesado. Batem com fúria no portão do cortiço. As mulheres estarrecidas nem se mexem, como que até se unem mais, um bloco humano apavorado. Mas a menina da casinha sabe lá agora o que é revolução! Estava mexendo no rádio outra vez e consegue ligar de novo. E o rádio, como falará mesmo, enquanto espera notícias frescas pra comunicar, está no lero-lero duma varsa besta, bem "hora da saudade", em pleno choro de sensualidades fáceis. A varsa chega a tocar seu bom minuto, porque a mulher, ainda muito tomada de pavor, à janela, junto das outras, não pusera reparo na festa. Mas afinal percebe, faz um gesto de desesperada, vem, fecha o rádio, empurra a menina pra longe.

    Mas corre à janela outra vez. Não vê que o barulho recrudesceu na rua, e não tem dúvida mais, a revolução chegou no bairro afastado, e agora é um grupo grande que está brigando na rua. O som parece agradável, que os soldados governistas estão mudos, mas a voz clara, entusiasmada, viril dos revolucionários vai cantando, luta cantando, com o som da música animando os corações. Mas batem com violência, batem muito no portão. A luta parece que vai cessar outra vez, cessar não, vai passar, vai continuar subindo a rua, já deve ter virado a esquina longe, o silêncio volta, mais claro, porque era visível, os revolucionários é que vinham perseguindo os situacionistas.

    Tam... tam... tantã, batidas convencionais no portão. Isso uma mulher se destaca do grupo, corre feito doida, amalucada, corre rapidíssimo até o centro do pátio, não sabe o que fazer, gira sobre si mesma na indecisão, morde uma mão com a outra e afinal se atira ao portão e abre. O abre a meio, e pelo vão entram rápido dois operários arrastando um chefe revolucionário, visivelmente um chefe, no dólmã aberto uns galões de sargento e na camisa a mancha rubra do sangue. Está gravemente ferido e vai morrer. Mas agora as mulheres perdem o medo, o esquecem, chamadas ao seu destino de mulher. Se afobam. Entram nas casinhas, saem, trazendo água, panos, uma almofada bem cor-de-rosa pra encostar o moribundo. O qual, carregado pelos dois rapazes e a esposa, veio ser sentado na borda do poço. Mas ele não tem forças mais, escorrega para o chão, enquanto a mulher o aninha no seu peito pra morrer, escorregada com ele. Os dois rapazes operários não têm mais nada que fazer ali, o chefe está em milhores mãos. Um parte rápido e a mulher que lhe vai abrir o portão agora ficará junto deste, pra abrir si necessário. Mas o outro fica, meio esquecido da luta, é o chefe do esquadrão dele que morre. Em pé, ereto, o rapaz sofre muito e mesmo num momento, num gesto raivoso de vergonha, limpa com as costas da mão a lágrima. Mas o chefe se estertora na morte. Chega a visita da saúde. Para de tremer, vai erguendo o pescoço, se soergue nos braços da mulher que não existe mais pra ele, nem sabe que ela está ali, não saberá mesmo? Os sentidos são muitos. Na aparência o moribundo apenas com os olhos desmesuradamente abertos e o ouvido à escuta colhe e devora os ruídos da luta que recrudesceu na rua. Então o chefe repara no operário ali inútil, vendo ele morrer. Faz um gesto raivoso de ordem. O operário vai pra obedecer, hesita, volta, beija a testa do chefe e parte, desaparecendo pelo portão. O chefe soergue mais o torso, dá um sorriso de esgar vitorioso e cai morto. A mulher chora soluçado sobre o corpo dele.

As coisas se precipitam. A luta está completamente generalizada por detrás do muro. As mulheres, dignificadas pela morte do chefe, reagem, se entranhando na sanha da luta. Só a menina, completamente de alma azul, está mexendo no rádio outra vez. Por vezes, em cima do muro há um reflexo de baioneta. O portão às vezes é violentamente sacudido. Os cantos se sucedem, coléricos, em fuga, vêm os gritos insultuosos dos soldados governistas, reagindo cegos, feito anões. São anões. E o canto dos revolucionários se torna cada vez mais firme e pertinaz. Não é agitado mais, nem rápido. É firme. É obstinado. É pertinaz. "Fogo e mais fogo! Fogo até morrer", cantam num fugato feroz. A bulha da luta aberta é alastrada pela orquestra. Se abre, muito no longe, um clarão de incêndio mais forte. E aos poucos irá, nos clarões rubros dos incêndios, se delineando a paisagem vasta do fundo. Estamos num subúrbio alto e todo o pano de fundo, sem nenhum céu, é a vista da cidade. No longe, batido pelos incêndios, é o centro da cidade com seus arranha-céus formidáveis. Mais próximos, são as casas de um, de dois andares de bairro, com as janelas de perto suficientemente largas pra se abrirem, aparecer gente nelas.

O portão foi de novo sacudido com ansiedade. E o soldado fugitivo surgiu no alto do muro, trepado. Ao ver o grupo das mulheres, agora decididas, eretas, enérgicas, hesita. Mas sempre a um fugitivo governista um grupo de mulheres soará menos perigoso que gente bêbeda de revolução, o soldado pula no pátio. Mas logo atrás dele um revolucionário, um estudante apenas, seu blusão de esporte, tem dezenove anos, vem perseguindo o covarde, apenas com um pau na mão. Pula no pátio. Um clarão fortíssimo de um segundo ilumina toda a cena. Foi uma granada que arrebentou bem perto, mas que a música, por elevação de arte, desdenhará fazer soar. E o covarde, atemorizado com a criança que lhe vai bater de pau, como ele apenas merece, atira a carabina ao longe e se joga de joelhos aos pés das mulheres, pedindo a vida. Elas caem sobre ele e o estraçalharão sem piedade, sanhudas. O rapazelho troca o pau pela carabina do soldado, abre o portão, se engolfa na luta, agora enfim entrevista pelo público. E o canto enorme de guerra, nota contra nota, harmônico, sem grã-finagens mais de polifonias, unânime, coletivo, se alastra largo e potente pelo teatro todo. É guerra! É guerra! É revolução!... É de parte a parte fogo na nação!... É hora, é hora, é hora!

Chegou! chegou! chegou!... Uma das mulheres agarra o pau abandonado pelo estudantinho, corre ao portão, se engolfa no bolo de morte, batendo, mordendo. A menina conseguiu ligar o rádio outra vez, que agora está berrando as últimas notícias. O presidente da nação já fugiu do palácio e se escondeu no quartel da polícia. Os revolucionários já estão de posse dos Correios e Telégrafos... No Bairro Dourado os gigantes da mina do ouro resolveram morrer com muita aristocracia, bancando Maria Antonieta, marias-antonietas de borra, em grande tualete, se embebedando que nem gambás. "Patrão! Patrão! Patrão!", invocam os soldados governistas, pedindo água para anões subterrâneos. E fogem pelo pátio, entram pelas portas das casinhas, fugindo. Os revolucionários perseguem sem piedade. Um novo clarão vivíssimo, mais vivo, mais próximo que o primeiro cega a cena toda, o muro cai com a explosão. As mulheres estão lutando também. O rádio grita, berra, estronda. Vitória! Vitória! O presidente foi preso, o Bairro Dourado está em chamas. Os clarões dos incêndios agora clareiam toda a cidade longínqua, lambendo as paredes dos ilustres arranha-céus, as pombas enlouquecidas se agarram nas marquesas dos arranha-céus. Piedade! Piedade! berram os soldados jogando longe as armas de aluguel. Perdão! Perdão! Perdão! Mas os revoltosos, cegos, impiedosos, que piedade nada! "Café! Café! Café!", gritam desvairados, café! café! café! Vitória! Vitória! E vêm, quem são! são os palhaços, são anões subterrâneos, são apenas um magote de deputados de negro, vêm, são as prima-donas da vida, vêm, junto da ribalta, entre a casinha iluminada e o poço, vêm, e com gestos de prima-dona, botando as mãos no peitinho, caem mortos, formando um bolo de cadáveres divertido.

E vêm, vêm também numa revoada, um ramilhete de aristôs de ambos os sexos, casacas, decoletês, vidrilhos, garrafas de uísques, de champanha, de *fine*, vêm até à ribalta, do lado oposto ao dos deputados e caem mortos noutro bolo engraçado de esqueletos podres, emborcando pela última vez as garrafas desonradas.

E vem, mas até parece outra, no delírio da vitória, vem a Mãe no seu vestido vermelho estraçalhado, um seio todo à mostra, o lenço verde da cabeça caindo num dos ombros, vem completamente louca, delirando, com uma enorme bandeira vermelha e branca nas mãos. Avança, corre, seguida de muitas mulheres tão selvagens como ela, tão assanhadas, tão doidas, manchadas de sangue, rasgadas, muitos revoltosos as seguem cercando o grupo feroz. Ferozes, ferozes, todos rindo em esgares horríveis, caras numa exaltação primária, são monstros admiráveis, irracionais, faz medo olhar. Todas as janelas de fundo estão abertas, iluminadas, com gente incitando os vitoriosos. Os incêndios tomaram tanto a cidade que tudo está claro agora, violentamente clareado numa luz vermelha. A Mãe trepou no poço. Tem aos pés o chefe que morreu, tem as irmãs em torno, os revolucionários cercando, todo o palco cheio de vitória. Os camarotes, frisas do proscênio, são invadidos por mais gente da vitória com suas enormes bandeiras vermelho-e-branco oscilando. Só a menina, depois que o rádio acabou de falar, já cansadinha foi dormir com os manos no colchão.

A calma desce do ar, a calma forte, já agora mais sadia e humana da vitória, e a Mãe se imobiliza. Todos são dominados pela grandeza augusta daquela mulher. E ela entoa o hino da vitória da vida, que todos repetem. Eu sou a fonte da vida, Força, Amor, Trabalho, Paz!...

Os holofotes estraçalham as últimas escurezas esparsas no ar. E o povo berra imensamente vasto! Paz!... O pano cai com estrondo.

Eu me sinto mais recompensado de ter feito esta épica. Dei tudo o que pude a ela, pra torná-la eficaz no que pretende dizer, lhe dei mesmo com paciência os mil cuidados de técnica, pra convencer também pelo encantamento da beleza. Mas duma beleza que nunca perde o senso, a intenção de que devia ser bruta, cheia de imperfeições épicas. Nada de bilros nem de buril. Pelo contrário, muitas vezes a perversidade impiedosa da ideia definidora por exagero, fiz acompanhar da perversidade tosca da voluntária imperfeição estética.

Me sinto "recompensado", eu falei, não tive a menor intenção, nem sombra disso! de me dar por feliz. Como eu tenho uma saudade incessante dessa paz, dessa "PAZ" que os vitoriosos invocaram para um futuro mais completado em sua humanidade. Eu tenho desejo de uma arte que, social sempre, tenha uma liberdade mais estética em que o homem possa criar a sua forma de beleza mais convertido aos seus sentimentos e justiças do tempo da paz. A arte é filha da dor, é filha sempre de algum impedimento vital. Mas o bom, o grande, o livre, o verdadeiro será cantar as dores fatais, as dores profundas, nascidas exatamente desta grandeza de ser e de viver.

Há de ser sempre amargo ao artista verdadeiro, não sei se artista bom, mas verdadeiro, sentir que se esperdiça deste jeito em problemas transitórios, criados pela estupidez da ambição desmedida. Um dia o grão pequenino do café nunca mais apodrecerá largado no galho. Nunca mais os portos de todos hão de se esvaziar dos navios portadores de todos os benefícios da terra. Nunca mais os menos favorecidos de forças intelectuais estarão nos seus lugares, porque não tiveram ocasião de se expandir em suas realidades. Não terão mais de partir, na busca lotérica do pão. Então estarão bem definidas e nítidas pra todos as grandes palavras do verbo. Terá fraternidade verdadeira. Existirá o sentido da igualdade verdadeira. E o poeta será mais verdadeiro.

Então o poeta não "quererá" ser, se deixará ser livremente. E há de cantar mandado pelos sofrimentos verdadeiros, não criados artificialmente pelos homens, mas derivados naturalmente da própria circunstância de viver. Me sinto recompensado por ter escrito esta épica. Mas lavro o meu protesto contra os crimes que me deixaram assim imperfeito. Não das minhas imperfeições naturais. Mas de imperfeições voluntárias, conscientes, lúcidas, que mentem no que verdadeiramente eu sou.

São Paulo, 15 de dezembro de 1942.

MÁRIO DE ANDRADE

CAFÉ
TRAGÉDIA SECULAR
O POEMA

PRIMEIRO ATO — PRIMEIRA CENA

PORTO PARADO

(A cena representa o interior de um armazém de café, no porto. Os estivadores na entressombra.)

I
CORAL DO QUEIXUME

Os Estivadores:

Minha terra perdeu seu porte de grandeza...
O café que alevanta os homens apodrece
Escravizado pela ambição dos gigantes da mina do ouro.
O café ilustre, o grão perfumado
Que jamais recusou a sua recompensa,
Nada mais vale, nada mais.
Que farei agora que o café não vale mais!

*

Essa força grave da terra era também a minha força.

Ela era verde e { me ensinava / desenhava o futuro / me desvendava

Ela era encarnada e audaciosa
Era negra e aquentava o meu coração.
Foi ela que deu à minha terra o seu porte de grandeza
E hoje nada mais vale, nada mais.
Café! Café! Eu exclamo a palavra sagrada (no deserto)
Café!... O seu fruto me trazia o calor no coração
Era o cheiro da minha paz, o gosto do meu riso
E agora ele me nega o pão...
Que farei agora que o café não vale mais!
Porte de grandeza, odor da minha terra, força da
[minha vida,
Que farei agora que pra mim não vales mais!

II
MADRIGAL DO TRUCO

Um jogador solista (parlato):
— Truco!

(cantando):
Arreda porteira, aí vai
Os peitos de Zé Migué
Laranja não tem caroço
Jacaré não tem pescoço
Truco de baralho velho!

O grupo madrigalista:

Seis papudo! Sai tapera
Seis, seu cara de tatu

Seu portão de cemitério
Arapuca de bambu
Toma seis que três é pouco!

Saia do caminho porqueira
Toma nove, seis é pouco
E diga por que não quer
Quem não pode não me espera
Seu cara de jacaré!

Truco mesmo! Sai perneta
Reboco de igreja velha
Esteira de bexiguento
Sapicuá de lazarento
Sumítico, arrisque o tento!

Trucou, aguenta a parada
Carrapato é bicho feio
Tem cabelo até no joeio
Mosquito não leva freio
Pernilongo não se capa!

(O compositor poderá, si quiser, intercalar, ajuntar com o truco, mais dois cantores jogando a morra, um italiano e um preto, porque assim o ariano cantará "Trè!", "Cinque!", etc., lá na língua de Dante, e o tizio cá bem na língua nossa de Camões, secundando "Dois!", "Oito!")

III
CORAL DAS FAMINTAS

(As companheiras dos estivadores irrompem abruptamente pela cena.)

Frases à escolha, cantadas aos grupos:

— Porto parado! mar vazio! sangue à vista!
— Eu tenho fome! Meus braços já se armam na ordem
[fatal da maldição!
— Eu tenho fome! Na minha boca nasce a palavra
[da decisão!
— Não sou mais eu! Chegou a hora da destruição!

Tutti das Famintas:

Não aguento a fome
Não há mais perdão
Deus dorme nos ares
Os chefes nas camas
Acordo no chão
Eu quero o meu pão!

Não aguento a fome
Lei no coração:
Malditos os homens
Maldito este tempo
Maldita esta vida.
Eu quero o meu pão!
Eu quero o meu pão!

Não aguento a fome

Nesta maldição
Ordens nos ouvidos
Sangue nos meus olhos
Ódio em minha boca
Eu quero o meu pão!
Eu quero o meu pão!
Eu quero o meu pão!

   Os estivadores (pianíssimo, depois da orquestra se melancolizar, repetindo a mesma frase melódica final das Famintas):

— Quem pode dar pão!...

IV
IMPLORAÇÃO DA FOME

   (Os estivadores e suas mulheres, à última pergunta, olham para as pilhas de sacas de café, e extáticos, amorosos, como que delirando, invocam o café.)

   Os estivadores e suas Mulheres (coral misto):

Ôh grão pequeno do café, escuta o meu segredo
Grão pequenino
Não te escondas assim no silêncio infecundo
Grão pequenino
Não dorme na paz falsa da morte, a fome indica os
                                      [caminhos
A fome vai fatalizar os braços
Grão pequenino do café!

Pois não escutas o rebate surdo das ventanias?
Grão pequenino
Não vês o clarão breve dos primeiros fogos?
Grão pequenino
Logo eu te acordarei da paz falsa da morte
E tu reviverás, razão da minha vida,
Grão pequenino do café!

EU SOU AQUELE QUE DISSE:
Eu tenho fome! eu tenho muita fome!
Grão pequenino
É uma fome antiga, de milhões de anos que renasce
Grão pequenino
Nem todo o trigo do universo feito pão
Acalmava esta fome antiga e multiplicada
Fome de fome
Fome de justiça
Fome de equiparação
Fome de pão! FOME DE PÃO

SEGUNDA CENA
COMPANHIA CAFEEIRA, S.A.

I
CORAL DO PROVÉRBIO

(Os colonos estão colhendo com má vontade, maltratando as árvores justo quando aparecem os Donos e os Comissários. Aliás, pouco antes um meninote colheu uma fruta madurinha da laranjeira que nasceu em pleno cafezal, foi pra chupar e jogou fora. Velhos e velhas sorriram melancólicos, coralizando brevemente sobre o provérbio paulista: "Laranja no café — É azeda ou tem vespeira". Donos e Comissários entrando.)

II
A DISCUSSÃO

Os Donos (solenes):
— A ordem é de expulsar o que maltrata as árvores inocentes!

Colonos homens (melancólicos e mansos):
— Malvado o que abusou da inocência do fruto, o encarcerando nos armazéns insaciáveis, o queimando nas caieiras clandestinas da madrugada!

Os donos (ásperos):
— Tonto é o que fala sem saber as altas leis da História!

Colonas (se abespinhando, a várias vozes amontoadas):
— História! A ignorância do humilde, a esperteza do sábio!

Colonos (irritados, entrando na resposta das mulheres):
— Ainda o último verão não secava os caminhos, e já me interrogavam as manhãs... A fome vem chegando...

Os Donos (muito a gosto):
— Lavamos nossas mãos: eis vossos donos novos!
(Com gesto imponente aos Comissários): Falai, donos finais!

(Estupor geral da coloniada.)

Colonas:
— Mas quem paga! quem paga! quem paga!
— Não posso mais! Não posso mais! (ter, ad libitum)
— "O homem não é propriedade do home!"

Os Comissários (querendo acalmar, em uníssono mecânico de quem já sabe de cor o que vai falar):
— Ôh fecundos trabalhadores rurais! Vós sois a fonte de toda a grandeza de nossa querida pátria! Falafalar é prata, mas a paciência é oiro! Ora sulcamos o oceano encapelado duma crise mundial que ameaça subverter a santa ordem das cousas...

Colonas (interrompendo irritadíssimas):
— Quem paga! Quem paga! Quem paga! (ad libitum)
— Fome chegou! (bis, ter, ad libitum)
— Não pode ser! (bis, ter, ad libitum)

Comissários (imperturbáveis):
— ... a paciência é a maior virtude do operário! Os respeitáveis pais da pátria já garantiram ufanos que nem bem findo o próximo verão, secador dos caminhos, as Câmaras alvorotadas cuidarão do enigmático problema do café! Fé!... Fé!...

Colonos e colonas (amontoados):
— O ano que vem! (Sempre estas frases poderão ser repetidas ad libitum.)
— Dia de São Nunca!
— Não posso mais!
— Quem paga! quem paga! quem paga!

Comissários e Donos:
— Mas senhores fecundos trabalhadores ru...

A Coloniada (em *hochetus*):
— Isso é conversa...
   — ... pra boi dormir!
      — Palavras ocas,
         — ... ouvidos moucos!

Comissários e Donos (em *hochetus*):
— Calai-vos, brutos!
   — Respeitai os chefes!

Colonas (avançando dois passos):
— Mas temos fome! temos fome!

Comissários e Donos (depois de leve hesitação):
— Mas estamos profundamente tristes.

Colonos velhos:
— Tristeza não paga dívida!

Os rapazes (avançando dois passos, feito as Colonas):
— Triste, de barriga cheia!

As moças (caçoando amargas):
— Vou fazer um vestido com a chita tristeza!

As casadas (avançando mais um passo, coléricas):
— Vou dar pra meu filho só leite tristeza!

Casados e velhos (avançando também mais um passo, coléricos):
— Eu pago armazém com dinheiro tristeza!

Comissários e donos (inocentérrimos):
— Mas que quereis vós que façamos nós!

Colonos (tutti):
— Pagar!

Comissários e Donos:
— Pagar não podemos! (Ou apenas: Não podemos!)

Colonos:
— Pagar!

Comissários e Donos:
— Pagar não podemos!

(Bagunça coral a várias vozes mistas, sobre palavras a escolher: "Unha de fome!"; "Eu não aguento mais"; "Avarentos e avaros!"; "Mentira!"; "Maldição!"; "Quem paga! quem paga! quem paga!")

Comissários e Donos (uníssono):
— Paciência! Pagar não podemos, se arranjem!

(Silêncio súbito total. Os colonos oscilam pra frente no desejo de avançar; Comissários e Donos se postam na defesa, levando a mão aos revólveres. E numa rajada de orquestra:)

Colonos (tutti):
— EU SOU AQUELE QUE DISSE: Não fico mais neste pouso maldito! Eu parto! Eu parto! Eu vou-me embora!

(Donos e Comissários aproveitam pra sair, meio com excessiva rapidez. Dois colonos que, durante a discussão, tinham mordido laranjas sem reparar atiram as frutas com raiva, enquanto ecoa pianíssimo na voz das velhas o provérbio do início.)

III
CORAL DO ABANDONO

Os Colonos (coral a seis vozes mistas, ou quatro):
Um tremor me alucina o pensamento...

Nos meus pés indecisos vão rolar as estradas
A minha voz de porta em porta
Há de implorar o direito de vida...

A cada volta do caminho
Na poeira vermelha que me embaça os olhos
E apaga a minha voz
Me sentirei morrer nessa morte ignorada
Que o sol dos verões seca logo
E a poeira cobre eternamente.

E nada ficará como prova do crime insensato.

No túmulo das estradas estão escondidos
Milhares de mortos de bocas abertas.
Qual a culpa que me castiga
Na eternidade desta boca aberta?...
Esta boca aberta que ninguém responde,
Boca aberta que o sol dos verões seca logo
A que a poeira apaga a voz.

*

Povo sem nome das terras aradas
Tu vais morrer na poeira das estradas

Mas uma voz te mandará do espaço
A lei maior te fataliza o braço

Muitas vezes a gente se revolta
Não que falte a paciência de lutar   (da pobreza)
Muitas vezes a gente se revolta
Por incapaz de não se revoltar.

(Pano)

SEGUNDO ATO
PRIMEIRA CENA

CÂMARA-BALLET

(A cena representa uma sala de Câmara de Deputados.)

I
QUINTETO DOS SERVENTES

O Deputado do Som-Só (num som pedal que durará todo o quinteto):

... — plápláplá chiriri côcô pum. Blimblimblim tererê xixi pum. Furrunfunfum furrunfunfum. Pipi pipi pipi pipi a caridade, popô. Zunzum zunzum zunzum baile das rosas lero-lero lero-lero lero-lero lero-lero lero-lero! Cacá cacá cacá cacá cacá cá-pum? Pois tataca teteca titica totoca tutuca! Pum!.

Cocô pum!... Xixi pum!... Pipi pum!...

Sclá sclá sclá sclá sclá sclá sclá sclá
Dem-dem pum!... pum!... Tereré tereré tereré tereré a ilustre Dama, popô. *Bois sacré railway* Tobias Barreto patati lenga-lenga, fonfom, pum. Sclá sclá sclá!...
Sclááááá! Scláááááááááááááá! Scláááááááááááááá!... Xi!... Xi!

(O polícia bate no ombro dele, dizendo pra parar, e ele obedece com mansidão. Todos dormiam, mas agora acordam curiosos porque é a estreia do Deputadinho da Ferrugem, filho de papai.)

II
A EMBOLADA DA FERRUGEM

O Deputadinho da Ferrugem:

    Sobre a ferrugem
    Das panelas de cozinha
    Do país maior mistério
    Diremos uma cousinha
    O assunto é sério
    Que as cozinheiras já rugem
    Coléricas com a ferrugem
    Das panelas de cozinha.

    Sobre a cozinha
    Com ferrugem na panela
    Tragédia gloriosa e bela
    Desta pátria queridinha
    Ouvide! embora
    Nossas palavras que sugem
    No tremedal da ferrugem
    Das panelas de cozinha

*

Porque as panelas
Com ferrugem, meus senhores,
Na cozinha são penhores
De vitamina mesquinha
Pois a verdade
Não se oculta com a babugem
Da Oposição: tem ferrugem
Nas panelas de cozinha

Dizer que não
Há ferrugem quem dirá
Nas panelas de cozinha
Garantimos que isso há
Dizemos que há
E os maus não tugem nem mugem
Pois bem sabem que há ferrugem
Nas panelas de cozinha

E tantas provas
Da cozinha não encobrem
Que as panelas se manobrem
Com essa ferrugem daninha
E si quiserdes
Damos provas de lambujem
Garantindo que há ferrugem
Nas panelas de cozinha

E se a ferrugem
Não sairá sem mais aquela
Da cozinha na panela
Por ser cousa comezinha
O que propomos

É deixar que se enlambuzem
Nossas bocas com a ferrugem
Das panelas de cozinha

(Durante a embolada, pelos seus dois terços um estivador nas galerias gritou irritado: — Pra que panela si não tem o que cozinhar! O grito provocou uma pequena barafunda coral, em que as galerias entram em cheio, atrapalhando o refrão em movimento contínuo com que os deputados desde início estão fazendo um fundo coral delicado à embolada. As frases para o *Stretto* das galerias serão: "Vá carregar piano!"; "Comigo não, violão!"; "Conversa pra boi dormir!"; "Tereré não resolve!"; "Deixa de lero-lero!"; e talvez é muito apropriado um ritmo-refrão único: "Café, café, café...", dito quando for preciso.)

III
A ENDEIXA DA MÃE

(Entrou durante o barulho o Deputado Cinza, puxando a Mãe, e insiste com ela pra que fale. Aliás um discurso mui hábil que ele mesmo escreveu pra ela decorar. Ela se amedronta, quer fugir, mas se vendo perdida esquece tudo que decorara e delira.)

A Mãe:

Depois que o grão apodreceu no galho
A miséria chegou com seus dias compridos
E as noites curtas por demais que a fome acorda.
Nunca mais o meu filho fugiu da horta
Amassando na boca as alfaces.

*

Os peitos das mães já secaram
Caíram as cercas das hortas
Vendeu-se a vaca, fugiu o sabiá dos pomares
E muitos homens jazem podres
Nos botequins de beira-estrada
Nos armazéns do cais vazio
Nas grunhas do conluio da noite.

Falai si há dor que se compare à minha!...

Nos caminhos da noite pressaga
Os infelizes vêm chegando, vêm chegando
Conduzidos pela estrela da cidade.
São todos os que abafaram o sonho, meninos
Todos os que só amaram no susto e no arrependimento
Os que se viram já velhos sem ter o que recordar.
São os famintos, são os rotos, são os escravos,
São os mil e um cativos da vida em procissão.

Falai!...
Falai si há dor que se compare à minha!...

No avanço lerdo dos bois
Os desgraçados vêm chegando, vêm chegando
A sentinela avançada de serra acima
Se erriça toda de estátuas, de espantalhos, de
                            [estafermos doentios
Movidos pelo rito da esmola e do furto.
Acaso não vedes que o ponteiro está chegando na hora?

As estátuas comungarão fatalizadas no crime hediondo
Acaso não vedes que o ponteiro chega na hora do crime
                                        [hediondo?

Os peitos da Mãe se enrijarão no escudo seco de aço
Ruirão por milagre os muros, ruirão fortalezas e forças
A guerra vai passar com seu rancho de peste e de morte
Varrendo tudo na batucada infernal.

Falai!... Falai!...

   (VERSÃO EXCLUSIVAMENTE LITERÁRIA)

Falai si há dor que se compare à minha!...

Ôh gigantes da mina do ouro
Ôh anões subterrâneos da servidão
Ôh magnatas com seus poetas laureados, galões e
                                       [galinhas
Pastéis, pastores, professores, jornalistas e genealogistas
Ôh melancias e melaços, burros borras, borrachas,
                                    [molhos pardavascos
Ôh grandavascos e vendivascos
O vosso peito ladrilhado com pedrinhas diamantes
É concho e vazio feito a bexiga do Mateus
Monstros tardios sem olhos sem beijo sem mãos
O que fizestes do sentido da vida!
Ôh vós gigantes da mina e vós anões subterrâneos
Falai!
O que fizestes, o que fizestes do sentido da vida!...

EU SOU AQUELA QUE DISSE:

Raça culpada, a vossa destruição está próxima!
Já o pato bravo avoou no { na escuridão da noite / escuro

E as gaivotas gritam no alarma lunar da praia!
Pois não vedes que os seres do campo e da rua
Aparvalhados, rangentes, se entrepilham na malhada
[da praça (praceana)
Já indiferentes ao chamamento passivo do ninho!...
Raça culpada, a vossa destruição está próxima!
A aurora feito um gato verde se assanha por trás da
[cidade
E rompe antes do dia as barras triunfais do dia! (do
[Dia Novo)

(Os polícias estão chanfalhando o povo nas galerias. Levam a Mãe presa.)

(Pano)

SEGUNDA CENA
O ÊXODO

(Na estaçãozinha do trem de ferro. Vêm chegando os colonos ao apelo da cidade. Primeiro chegam os moços, estão esperançosos, brincalhões. Contentes de viver na cidade.)

I
CORAL PURÍSSIMO

Os Solteiros:

Quero trabalho
Firme nas ancas
Sede na boca

Força no braço
Brinca esperança
No peito cheio
Quero o trabalho

Quero alegria
Mão na cintura
Canto na boca
Braço no braço
Peito batendo
De amor ardente
Quero alegria

Quero descanso
Cintura grossa
Riso na boca
Filho no braço
Sopa cheirosa
Calma de todos
Quero descanso

II

(Agora vêm chegando os casais. Estão fatigados e ardentes. Sérios. Os moços se afinam com os recém-chegados que sentam por aí. A tarde se avermelha.)

CORAL DA VIDA

Casais Solteiros:

Cafezal grande na calma fatigada da tarde...

Uns homens de fala vagarenta e de nariz furão
Conquistaram estas paisagens, os chãos mais felizes
                                              [da terra
Para sobre eles plantar o oceano da esmeralda
E eu vim à chama vermelha do grão pequenino.

Porém no princípio dos chãos está postada a cidade
                                              [terrível
Grandiosa e carrancuda, histórica e completa,
Cheia de passado e futuro, inimiga cinzenta do estranho,
Dona das sete doenças irascíveis do frio.
No seu rumor resmungam as animosidades desconfiadas
Dos seus bueiros brota o sentimento da solidão.
A cidade terrível repudiou o mar facílimo
E se escanchou grimpada no penedo mais alto de
                                              [serra acima
Gritando a todos o seu gélido e agressivo quem vem lá!

Eco fora de cena:

— Quem vem láááá!...

Mas eu entrei na cidade inimiga e os meus pés não
                                              [queriam andar de saudade
E a Terrível riu seu riso de garoa (pervertida)
E me fez punir as sete provas.
Ela me fez passar pelas sete provas da promissão.

A primeira foi obedecer mas eu me opus.
A segunda foi mandar e então eu obedeci.
A terceira foi sonhar mas eu me equilibrei num pé só
                                              [e não dormi.
A quarta e a quinta foram roubar e matar

Mas eu, cheio da fragilidade, beijei de mãos abertas.
A sexta, a mais infamante de todas, foi ignorar.
Mas eu, chorando, provei o pó amargo da rua e (me)
[alembrei.
Então a cidade insidiosa, cheia de música e festa,
Passou a mão de bruma nos meus olhos, me convidando
[a esquecer.
Mas eu com uma rosa roubada na abertura da camisa
Gritei no eco do mundo: EU SOU!

Eco fora de cena:

— EU SOOOU!... EU SOOOOOOOOU!...
Pois então a cidade se fez mãe e eu descansei nela
[uma noite e um dia.
Ela é a mãe do trabalho, mãe do pensamento,
Ela é a mãe carinhosa do lar fechadinho bem quente
E nas suas noites graves todos dormem sem sonhar.

Só na lucidez do seu frio ácido
Só nela se pode beber o vinho generoso de corpo grosso
Só nela é permitido bailar sem vertigem
Só nela é possível querer sem miragem
Só nela, feiosa e leal, se erriça na boca do homem
O sal da verdade da hora
Sem se tornar salobro à glória do passado.

E depois que eu descansei a noite e o dia
A cidade boa me levou para os chãos mais felizes da
[terra
Onde tudo é carícia no seio dos morros mansos
Onde o calor é ouro no dia coroado por noites de prata.

Ôh cafezal! cafezal grande na mágua sangrenta da tarde,
Ôh sonhos de tempos claros, gosto de um tempo
          [acabado, será permitido sonhar?...

Raça culpada, raça envilecida maldita,
Os gigantes da mina com os seus anões ensinados
Traíram a cidade e os chãos felizes.
E tudo foi, tudo será desilusão constante
Enquanto não nascer do enxurro da cidade
O Homem Zangado, o herói do coração múltiplo,
O justiçador moreno, o esmurrador com mil punhos
Amassando os gigantes da mina e peidando para os
          [anões.
O urro da tempestade acorda no seio alarmado do
          [horizonte
De cada planta o cafezal destila o veneno *verde* do ódio.
Em cada mão comichona a volúpia da morte.
O meu passo deixou rastro de sangue no caminho,
O céu se embebedou de sangue, o meu suor cheira
          [sangue.

O herói vingador já nasceu do enxurro das cidades.
Ele é todo encarnado, tem mil punhos, o olhar
          [implacável
Todo ele comichona impaciente no desejo voluptuoso
          [da morte
Neste momento ele está vestindo a armadura de ouro
          [e prata
O seu chapéu de aba larga é levantado na frente
Ele tem uma estrela de verdade bem na testa
Ele tem um corisco no sapato
E um coração humano no lugar do coração.

III
CORAL DO ÊXODO

(Agora de longe vem dominando os ares um lamento medonho de uivos, gritos de dor, imprecações. E surgem enfim, horríveis, os velhos, as velhas e as crianças, aos grupos se arrastando. E passam, passam, atravessando a cena, na escureza profunda, só cortada por um listrão largo encarnado do último sol.)

Velhos e Crianças:

— Aáaai... Aiáaaaai!...
— Ai, meu Deus!...
— Vuúuuuuu... Vuúuuuuuuuuu...

(Estes três gritos devem ser usados obrigatoriamente durante todo o coral. Mais outras frases episódicas possíveis, à escolha:)

— Não posso mais! (bis, ter, ad libitum, como os seguintes)
— Quero viver!
— Quero morrer!
— Adeus, adeus!
— Eu sinto frio!
— Eu tenho fome!

(Etc.)

(Quando esses fantasmas do êxodo aparecem no palco os Moços e os Casais não se aguentam em desgraça tamanha, tomados de delírio, e ajuntam a sua voz à lamentação.)

Solteiros e Casados (entrando no coral):

Eu não fui criado do abraço noturno dos pais e das mães
Meu nome foi dito primeiro nos sulcos da terra profunda
Os ventos dos ares entraram nos sulcos da terra profunda
O beijo das águas baixou sobre os sulcos da terra
Sou a fonte da vida.

Que mando fatal me encaminha?
Quem sangra os meus olhos? Quem arma o meu braço?
Quem age por mim contra o meu próprio horror da
[matança?
É a fonte da vida
Que ordena vingança
Vingança!

TERCEIRO ATO
"DIA NOVO"

(A cena representa o pátio de um cortiço num subúrbio alto da cidade. É noitinha. A revolução convulsiona a cidade.)

I
O PARLATO DO RÁDIO

Um Rádio entra a falar:

— Alô! alô!... Alô! alô!... Prezados ouvintes, alô, alô!... O Rádio é nosso! o rádio é inteiramente nosso! urra!... Alô! alô!... A revolução está prestes a se tornar vitoriosa!... Prezados ouvintes! patriotas devotados desta grande pátria vilipendiada, nós somos o maior exemplo de civismo do mundo! Já tomamos todas as estações de rádio da nossa magnífica capital. Também... alô, alô! estou recebendo notícias! alô!... urra! os Correios e Telégrafos acabam de cair em nossas mãos! uuuuurraaa!... Tomaram-se os Correios e Telégrafos! os Correios e Telégrafos! uuuurraaaaaa!... Ainda se luta com violência no Bairro Dourado, onde os gigantes se encurralaram nos seus palácios confortáveis, defendidos pelos anões subterrâneos!... Guardem os rádios ligados! prezados ouvintes! estou recebendo notícias!... Vamos agora executar a Valsa do coração perdido, enquanto esperamos notícias...

II
CÂNONE DAS ASSUSTADAS

As mulheres do Cortiço (tomadas de susto, a um canto):

Chegou, chegou, chegou!
É hora, é hora, é hora!
Meu homem combate na rua
Que susto, susto, susto!
Eu tremo, tremo, tremo!
Mas EU SOU AQUELA QUE DISSE:
Parti! Parti! Parti!
Adeus! Adeus! Adeus!

Chegou, chegou, chegou!
É hora, é hora, é hora!
Estou nesta espera de angústia
Eu sofro, sofro, sofro!
Que medo, medo, medo!

Mas EU SOU AQUELA QUE DISSE:
Parti! Parti! Parti!
Adeus! Adeus! Adeus!
Chegou! Chegou! Chegou!
É hora! É hora! É hora!

III
ESTÂNCIA DE COMBATE

(As lutas estão se alastrando pelo subúrbio. Se escuta brigas parciais por detrás do muro do cortiço.)

Os Revolucionários (invisíveis, cantando baixo, sacudidos com sanha):

É o moço da estrela na testa que vem
Eu disse: Ele traz um corisco no pé
É um chefe mais bravo que a tigra ferida
Perverso que nem cascavel
Fatal como a onda do mar.

IV
ESTÂNCIA DA REVOLTA

As Mulheres e os Revoltosos (invisíveis):

EU SOU AQUELE QUE DISSE:

O segredo da paz se fez guerra!
Chegou! Chegou! Chegou!
O momento dos filhos da terra

O momento dos filho da terra
Chegou! chegou! chegou!

V
FUGATO CORAL

Revoltosos e governistas (ainda invisíveis) *e as Mulheres*:

Fogo e mais fogo!
Fogo até morrer!

M. ♩=116

Fo go E mais fogo Fo go A té mor rer

(Texto e música folclóricos, dos muito conhecidos no Brasil todo, ocorrentes em várias danças dramáticas.)
(O andamento indicado é o folclórico.)

VI
SEGUNDO PARLATO DO RÁDIO

O Rádio:

— Alô! alô!... urra!... Estou recebendo notícias! notícias! alô! alô! o presidente já fugiu do Palácio, buscando abrigo no Quegê da Polícia!... O presidente Papai Grande já fugiu! já fugiu!... Está escondido no Quegê da Polícia!... Alô, alô! prezados ouvintes! guardem sempre o rádio aberto! urra pela revolução!...

VII
GRANDE CORAL DE LUTA

(Uma bomba destruiu o muro do cortiço. A luta, na fase final, se generaliza por toda a cena. As Mulheres entram nela.)

Todos os coristas em cena:

É guerra! É guerra!
É revolução!
É de parte a parte
Fogo na nação!

(Textos e músicas folclóricos, conhecidíssimos, pertencentes a várias das nossas danças dramáticas.)

VIII
O RÁDIO DA VITÓRIA

O Rádio (rapidíssimo, gritadíssimo):

— Alô! alô!... vitória! VI-TÓ-RIA!... O Bairro Dourado caiu! caiu! os gigantes morreram!... Alô-alô! Patriotas! patriotas! o presidente suicidou-se, o Quegê se entregou, se entregou! os anões se converteram à grande causa pública! a vitória é completa! Vitória! VI-TÓ-RIAAA!... VIII-TÓÓÓÓÓ-RIIII-AAAAA!

(A menina displicente fecha o rádio e vai dormir.
Que durma sossegada e viva dias novos milhores.)

(VIII-Bis)

(Gritos possíveis de enchimento, para auxiliar os diversos corais e cenas de luta.)

De Revolucionários:

— Café! Café! Café! (sempre número de vezes ad
[libitum)
— É hora! É hora! É hora!
— Chegou! chegou! chegou!
— Vitória! Vitória!

De Soldados Governistas:

— Patrão! Patrão! Patrão!
— São ordens! São ordens!
— Prisão! Prisão! Prisão!

(Na derrota final:)

— Perdão! Perdão! Perdão!
— Piedade! Piedade!

IX
HINO DA FONTE DA VIDA

(Apoteose final, em grande quadro imóvel.)

A Mãe em solo e todo o Coral misto:

Eu sou a fonte da vida
Do meu corpo nasce a terra
Na minha boca floresce
A palavra que será.

EU SOU AQUELE QUE DISSE:
Os homens serão unidos
Si a terra deles nascida
For pouso a qualquer cansaço.

Eu odeio os que amontoam (reservam)
Eu odeio os esquecidos
Que não provam deste vinho
Sanguíneo das multidões.

É deles que nasce a guerra
E são a fonte da morte
Eu sou a fonte da vida:
Força, amor, trabalho, paz.

E si a força esmorecer
E si o amor se dispersar
E si o trabalho parar
E a paz for gozo de poucos

EU SOU AQUELE QUE DISSE:
Eu sou a fonte da vida
Não conta o segredo aos grandes
E sempre renascerás.

FORÇA!... AMOR!... TRABALHO!... PAZ!...

   (Pano)

        SP 17 dez. 1942

APÊNDICE

(PRIMEIRA VERSÃO PRA SER MUSICADA)

Falai si há dor que se compare à minha!...

Oh gigantes inflexíveis da mina do ouro
Oh anões subterrâneos da servidão
Magnatas com seus poetas laureados, galões e galinhas
Pastéis, pastores, professores, jornalistas e genealogistas
Oh melancias e melaços, burros borras, borrachas,
                              [molhos pardavascos,
Oh grandavascos e vendidovascos
O vosso peito ladrilhado com pedrinhas diamantes
É concho e vazio feito a bexiga do Mateus
Monstros tardios sem olhos sem beijo sem mãos
O que fizestes do sentido da vida!
Oh vós gigantes da mina e vós anões subterrâneos
Falai!
O que fizestes, o que fizestes do sentido da vida!...

FRATERNIDADE!...
Onde os irmãos nas avenidas!...

Falai!...
Falai!...

IGUALDADE! ...
Onde os irmãos entre os palácios!...

                *

Falai!...
Falai!...

EU SOU AQUELA QUE DISSE:
Raça culpada, a vossa destruição está próxima!
Pois não vedes o sangue dos crepúsculos!
Não vedes o dia novo das auroras!...

Falai!... Falai!... Falai!... Falai!...

(Os policiais estão chanfalhando o povo nas galerias. Levam a Mãe presa.)

(Pano)

SEGUNDA CENA

"O ÊXODO"

(Na estaçãozinha do trem de ferro. Vêm chegando os colonos ao apelo da cidade. Primeiro chegam os moços, estão esperançosos, brincalhões. Contentes de viver na cidade.)

(SEGUNDA VERSÃO PRA SER MUSICADA)

Falai si há dor que se compare à minha!...

Oh gigantes inflexíveis da mina do ouro
Oh anões subterrâneos da servidão
Magnatas com seus poetas laureados, galões e galinhas
Pastéis, pastores, professores, jornalistas e genealogistas

Oh melancias e melaços, burros borras, borrachas,
                         [molhos pardavascos,
Oh grandavascos e vendidovascos
O vosso peito ladrilhado com pedrinhas diamantes
É concho e vazio feito a bexiga do Mateus
Monstros tardios sem olhos sem beijo sem mãos
O que fizestes do sentido da vida!
Oh vós gigantes da mina e vós anões subterrâneos
Falai!
O que fizestes, o que fizestes do sentido da vida!

FRATERNIDADE!... IGUALDADE!...
Onde os irmãos nas avenidas!
Onde os iguais entre os palácios!

Falai!...
Falai!...

EU SOU AQUELA QUE DISSE:
Raça culpada, a vossa destruição está próxima!
Pois não vedes que o ponteiro está chegando na hora?
Pois não vedes o sangue dos crepúsculos?
Não vedes o dia novo das auroras!...

Falai!... Falai!... Falai!... Falai!...

    (Os policiais estão chanfalhando o povo nas galerias.
Levam a Mãe presa.)

                        (Pano)

LIRA
PAULISTANA

Minha viola bonita,
Bonita viola minha,
Cresci, cresceste comigo
    Nas Arábias.

Minha viola namorada,
namorada viola minha,
Cantei, cantaste comigo
    Em Granada.

Minha viola ferida,
Ferida viola minha,
O amor fugiu para o leste
    na borrasca.

Minha viola quebrada,
Raiva, anseios, lutas, vida,
Miséria, tudo passou-se
    Em São Paulo.

São Paulo pela noite.
Meu espírito alerta
Baila em festa e metrópole.

São Paulo na manhã.
Meu coração aberto
Dilui-se em corpos flácidos.

São Paulo pela noite.
O coração alçado
Se expande em luz sinfônica.

São Paulo na manhã.
O espírito cansado
Se arrasta em marchas fúnebres.

São Paulo noite e dia...

A forma do futuro
Define as alvoradas:
Sou bom. E tudo é glória.

O crime do presente
Enoitece o arvoredo:
Sou bom. E tudo é cólera.

Garoa do meu São Paulo,
— Timbre triste de martírios —
Um negro vem vindo, é branco!
Só bem perto fica negro,
Passa e torna a ficar branco.

Meu São Paulo da garoa,
— Londres das neblinas finas —
Um pobre vem vindo, é rico!
Só bem perto fica pobre,
Passa e torna a ficar rico.

Garoa do meu São Paulo,
— Costureira de malditos —
Vem um rico, vem um branco,
São sempre brancos e ricos...

Garoa, sai dos meus olhos.

Vaga um céu indeciso entre nuvens cansadas.
Onde está o insofrido? O mal das almas
Quase parece um bem na linha das calçadas,
A palavra se inutiliza em brisas calmas

De andantes, onde estou! No entanto é dia claro...
Toda forma de ação se esvai numa atonia,
Há desamparo e aceitação do desamparo.

— Essa história de amar quando começa o dia..

Ruas do meu São Paulo,
Onde está o amor vivo,
Onde está?

Caminhos da cidade,
Corro em busca do amigo,
Onde está?

Ruas do meu São Paulo,
Amor maior que o cibo,
Onde está?

Caminhos da cidade,
Resposta ao meu pedido,
Onde está?

Ruas do meu São Paulo,
A culpa do insofrido,
Onde está?

Há de estar no passado,
Nos séculos malditos,
Aí está.

Abre-te e proclama
Em plena praça da Sé,
O horror que o Nazismo infame
    É.

Abre-te boca e certeira,
Sem piedade por ninguém,
Conta os crimes que o estrangeiro
    Tem.

Mas exalta as nossas rosas,
Esta primavera louca,
Os tico-ticos mimosos,
    Cala-te boca.

Esse homem que vai sozinho
Por estas praças, por estas ruas,
Tem consigo um segredo enorme,
    É um homem.

Essa mulher igual às outras,
Por estas ruas, por estas praças,
Traz uma surpresa cruel,
    É uma mulher.

A mulher encontra o homem,
Fazem ar de riso, e trocam de mão,
A surpresa e o segredo aumentam.
    Violentos.

Mas a sombra do insofrido
Guarda o mistério na escuridão.
A morte ronda com sua foice.
    Em verdade, é noite.

O disco terminara e a companhia estava vulnerada. Foi quando Camargo Guarnieri arrancou:
— Mas nunca, numa sala de concerto, se pode obter sonoridade assim!
Um disse:
— Essa música é uma mentira.

Meus olhos se enchem de lágrimas.
Tudo se turva em recusas escuras,
Muxibas congeladas, casas,
Em série, músicas racionadas,
O deus novo científico e marcial
Gerando latagões. Em latas.

Partir eu parto...
Mas essa música é mentira.
Mas partir eu parto.
Mas eu não sei onde vou.

O bonde abre a viagem,
No banco ninguém,
Estou só, stou sem.

Depois sobe um homem,
No banco sentou,
Companheiro vou.

O bonde está cheio,
De novo porém
Não sou mais ninguém.

Eu nem sei se vale a pena
Cantar São Paulo na lida,
Só gente muito iludida
Limpa o gosto e assopra a avena,
Esta angústia não serena,
Muita fome pouco pão,
Eu só vejo na função
Miséria, dolo, ferida,
    Isso é vida?

São glórias desta cidade
Ver a arte contando história,
A religião sem memória
De quem foi Cristo em verdade,
Os chefes nossa amizade,
Os estudantes sem textos,
Jornalismo no cabresto,
Tolos cantando vitória,
    Isso é glória?

Divórcio pra todo o lado,
As guampas fazem furor,
Grã-finos do despudor,
No gasogênio empestado,
Das moças do operariado
São os gozosos mistérios,
Isso de ter filho, néris,

E se ama seja o que for,
   Isso é amor?

Mas o pior desta nação
É ter fábrica de gás
Que donos da vida faz
Ianques e ingleses de ação,
Tudo vem de convulsão
Enquanto se insulta o Eixo,
Lights, Tramas, Corporation,
E a gente de trás pra trás,
   Isso é paz?

Pois nada vale a verdade,
Ela mesma está vendida,
A honra é uma suicida,
Nuvem a felicidade,
E entre rosas a cidade,
Muito concha e relambória,
Sem paz, sem amor, sem glória,
Se diz terra progredida,
   Eu pergunto:
   Isso é vida?

O céu claro tão largo, cheio de calma na tarde,
É ver uma criança adormecida
Baixando as pálpebras sem pensamento
Sobre um mundo que ainda não viveu.

Luzes suaves e certas, luzes até nas sombras,
Doçura em tudo. Os homens estão mais longe,
São apenas recordações mansas pousando
Num sentimento sem temor.

Os ruídos se amaciam quase envelhecidos,
Doçura em tudo. O chão é vagarento,
O ar se esquece. A tensão do insofrido se abranda
Como a firmeza das continuações.

Eu te guardo, homem do meu caminho...
Ôh espelhos, Pireneus, caiçaras insistentes,
Por que não sereis sempre assim!
Abril...

Tua imagem se apaga em certos bairros,
Mas tua dor rasga nos ares,
Não me deixa dormir.

Ôh, Gilda, Oneida, Tarsila, me fechem a boca.
Tapem meus olhos e meus ouvidos,
Para que a glória do insofrido
Volte a cantar Minas Gerais!

A tua dor se dispersa nos ares,
Mas tua imagem suando ao dia inútil
Me impede até de chorar.

Eu vou-me embora, vou-me embora,
Fazer week-end em Santo Amaro,
Repartir as vãs alegrias
Meu desejo vão de esquecer!

Só isso levas, coração.

Numa cabeleira pesada
Que ondula defronte de mim
    No bonde,
Há reflexos de sol vermelho.

Um calor nasce no meu corpo
Que todo se desfolha em dedos
    Amigos
Que eu perco pelas multidões.

Os reflexos do sol vermelho
Incendeiam as multidões
    Felizes
Que construirão a outra São Paulo

Que reconduzirá meus dedos
Para a conclusão do meu corpo
    No leito
Duma cabeleira pesada.

Na rua Barão de Itapetininga
O meu coração não sabe de si,
Não se vê moça que não seja linda,
Minha namorada não passeia aqui.

Na rua Barão de Itapetininga
Minha aspiração não aguenta mais,
A tarde caindo, a vida foi longa,
Mas a esperança já está no cais.

Na rua Barão de Itapetininga
Minha devoção quebra duma vez,
Porque a mulher que eu amo está longe,
É... a princesa do império chinês.

Na rua Barão de Itapetininga
Noite de São João qualquer mês terá,
Em mil labaredas de fogo e sangue
Bandeira ardente tremulará.

Na rua Barão de Itapetininga
Minha namorada vem passear.

Beijos mais beijos,
Milhões de beijos preferidos,
Venho de amores com a minha amada,
Insaciáveis.

Rosas mais rosas,
Milhões de rosas paulistanas,
Venho de sustos com a minha amiga,
Implacáveis.

Luzes mais luzes,
Luzes perdidas na garoa,
Trago tristezas no peito vivo,
Implacáveis.

Ideais, ideais,
Ideais raivosos do insofrido,
Trago verdades novas na boca,
Insaciáveis.

Jornais, jornais,
Notícias que enchem e esvaziam,
— Me dá uma bomba sem retardamento,
Implacável!

Horas mais horas,
Rio do meu mistério esquivo,
— Me dá violetas pelos meus dedos
Insaciáveis...

Silêncio em tudo. Que a música
Rola em disco sem cessar
Uns pensam, outros suspiram,
    Um escuta.

Lourdes reina a paz em Varsóvia
A advertência dos vidrilhos
Ladrilha tudo. Nos cantos
Murcham as flores de retórica.

Rui bom, cuidado! Motorista
Dos highlands do pensamento:
Nessas landas os nativos
Não consertam as estradas.

Minas Gerais, fruta paulista,
Sambre et Meuse bem marchante,
Periga às vezes, por confiança
    Nas gageures.

Esse clima de São Paulo,
Muito vento e bem calor,
Abrir e fechar as portas
Nas auroras do cristal.

Paulo Emílio assim que o ruído
Ruiu, o trem descarrilou

No screen-play ruim... Mas os ratos
Os ratos roem por aí.

Um largo gesto desmaia
Na ribalta. Não faz mal
Que em São Paulo deciolizem
Lagartixas ao Sol.

Essa impiedade da paineira
Consigo mesma... Qualquer vento,
Vento qualquer... Os canários
Cantam que mais cantam.

Lourival sentencioso
Parceiro de dor e vale,
Nunca houve fúrias de Averno
     Em diabo grande.

O arreliquim de Tintagiles, Gilda,
Me esconde tudo, neblina.
A hera deu flor... A saudade
Lilá ri das inquietações.

Silêncio em tudo... Que a música
Na cuíca mansa e amiga,
Faz que diz mas não diz...
     Adormeceram.

Bailam em saltos fluidos
Na graça flébil da tarde
— Adeus, meninas e violas! —
Mas o goleiro alvo explode
Num fulgor que salva o gol.

Insultos, glórias, estertores,
Menino que me recusas
Tua verdade em cruzeiros...
A massa bruta se esgueira
Buscando os refúgios.

Onde andam os perdões?...
A dor fugiu para as ilhas,
Enquanto a noite nega
Enfermos e agitados
Corpos, corpos, corpos.

A catedral de São Paulo
Por deus! que nunca se acaba
— Como minha alma.

É uma catedral horrível
Feita de pedras bonitas
— Como minha alma.

A catedral de São Paulo
Nasceu da necessidade.
— Como minha alma.

Sacro e profano edifício,
Tem pedras novas e antigas
— Como minha alma.

Um dia há de se acabar,
Mas depois se destruirá
— Como o meu corpo.

E a alma, memória triste,
Por sobre os homens arisca,
Sem porto.

... os que esperam, os que perdem
o motivo, os que emudecem,
os que ignoram, os que ocultam
a dor, os que desfalecem

os que continuam, os
que duvidam... Coração,
Afirma, afirma e te abrasa
Pelas milícias do não!

Agora eu quero cantar
Uma história muito triste
Que nunca ninguém cantou,
A triste história de Pedro,
Que acabou qual principiou

Não houve acalanto. Apenas
Um guincho fraco no quarto
Alugado. O pai falou,
Enquanto a mãe se limpava:
— É Pedro. E Pedro ficou.
Ela tinha o que fazer,
Ele inda mais, e outro nome
Ali ninguém procurou,
Não pensaram em Alcibíades,
Floriscópio, Ciro, Adrasto,
Quedê tempo pra inventar!
— É Pedro. E Pedro ficou.

Pedrinho engatinhou logo
Mas muito tarde falou;
Ninguém falava com ele,
Quando chorava era surra
E aprendeu a emudecer.
Falou tarde, brincou pouco,
Em breve a mãe ajudou.
Nesse trabalho insuspeito

Passou o dia, e nem bem
A noite escura chegou,
Como única resposta
Um sono bruto o prostrou.
Por trás do quarto alugado
Tinha uma serra muito alta
Que Pedro nunca notou,
Mas num dia desses, não
Se sabe por quê, Pedrinho
Para a serra se voltou:
— Havia de ter, decerto,
Uma vida bem mais linda
Por trás da serra pensou.

Sineta que fere ouvido,
Vida nova anunciou;
Que medo ficar sozinho,
Sem pai, mesmo longínquo, sem
Mãe, mesmo ralhando, tanta
Piasada, ele sem ninguém...

Pedro foi para um cantinho,
Escondeu o olho e chorou.
Mas depois foi divertido,
Aliás prazer misturado,
Feito de Comparação.
O menino roupa-nova
Pegava tudo o que a mestra
Dizia, ele não pegou!
Por quê!... Mas depois de muito
Custo, a coisa melhorou.

*

Ele gostava era da
História Natural, os
Bichos, as plantas, os pássaros,
Tudo entrava fácil na
Cabecinha mal penteada,
Tudo Pedro decorou.
Havia de saber tudo!
Se dedicar! descobrir!
Mas já estava bem grandinho
E o pai da escola o tirou.

Ah que dia desgraçado!
E quando a noite chegou,
Como única resposta
Um sono bruto o prostrou.

Por trás da escola de Pedro
Tinha uma serra bem alta
Que o menino nunca olhou;
Logo no dia seguinte
Quando a oficina parou,
Machucado, sujo, exausto,
Pedrinho a escola rondou.
E eis que de repente, não
Se sabe por quê, Pedrinho
Para a serra se voltou:
— Havia de ter por certo
Outra vida bem mais linda
Por trás da serra! pensou.

Vida que foi de trabalho,
Vida que o dia espalhou,
Adeus, bela natureza,

Adeus, bichos, adeus, flores,
Tudo o rapaz obrigado
Pela oficina largou.
Perdeu alguns dentes e antes,
Pouco antes de fazer quinze
Anos, na boca da máquina
Um dedo Pedro deixou.
Mas depois de mês e pico
Ao trabalho ele voltou,
E quando em frente da máquina,
Pensam que teve ódio? Não!
Pedro sentiu alegria!
A máquina era ele! a máquina
Era o que a vida lhe dava!
E Pedro tudo perdoou.

Foi pensando, foi pensando,
E pensou que mais pensou,
Teve uma ideia, veio outra,
Andou falando sozinho,
Não dormiu, fez experiência,
E um ano depois, num grito,
Louca alegria de amor,
A máquina aperfeiçoou.
O patrão veio amigável
E Pedro galardoou,
Pôs ele noutro trabalho,
Subiu um pouco o ordenado:
— Aperfeiçoe esta máquina,
Caro Pedro! e se afastou.

Era um cacareco de
Máquina! e lá, bem na frente,

Bela, puxa vida! bela,
A primeira namorada
De Pedro, nas mãos dum outro,
Bela, mais bela que nunca,
Se mexendo trabalhou
O dia inteiro. Nem bem
A noite negra chegou,
O rapaz desiludido
Um sono bruto prostrou.

Por trás da fábrica havia
Um serra bem mais baixa
Que Pedro nunca enxergou,
Porém no dia seguinte
Chegando pra trabalhar,
Não se sabe por quê, Pedro
Para a serra se voltou:
— Havia de ter, decerto,
Uma vida bem mais linda
Por trás da serra, pensou.

Ôh, segunda namorada,
Flor de abril! cabelo crespo,
Mão de princesa, corpinho
De vaca nova... Era vaca.
Aquele riso que faz
Que ri, nunca me enganou...
Caiu nos braços de quem?
Caiu nos braços de todos,
Caiu na vida e acabou.

Com a terceira namorada,
Na primeira roupa preta,

Pedro de preto casou.
E logo vieram os filhos,
Vieram doenças... Veio a vida
Que tudo, tudo aplainou
Nada de horrível, não pensem,
Nenhuma desgraça ilustre
Nem dores maravilhosas,
Dessas que orgulham a gente,
Fazendo cegos vaidosos,
Tísicos excepcionais,
Ou formando Aleijadinhos,
Beethovens e heróis assim:
Pedro apenas trabalhou.
Ganhou mais, foi subindinho,
Um pão de terra comprou.
Um pão apenas, três quartos
E cozinha num subúrbio
Que tudo dificultou.
Menos tempo, mais despesa,
Terra fraca, alguma pera,
Emprego lá na cidade,
Escola pra filho, ofício
Pra filho, um num choque de
Trem, inválido ficou.

Sono! único bem da vida!...
Foi essa frase sem força,
Sem História Natural,
Sem máquina, sem patente
De invenção, que por derradeiro
Pedro na vida inventou.
E quando remoendo a frase,
A noite preta chegou,

Pedro, Pedrinho, José,
Francisco, e nunca Alcibíades,
Um sono bruto anulou.

Por trás da morada nova
Não tinha serra nenhuma,
Nem morro tinha, era um plano
Devastado e sem valor,
Mas um dia desses, sempre
Igual ao que ontem passou,
Pedro, João, Manduca, não
Se sabe por quê, Antônio
Para o plano se voltou:
— Talvez houvesse, quem sabe,
Uma vida bem mais calma
Além do plano, pensou.

Havia, Pedro, era a morte,
Era a noite mais escura,
Era o grande sono imenso;
Havia, desgraçado, havia
Sim burro, idiota, besta,
Havia sim, animal,
Bicho, escravo sem história,
Só da História Natural!...

Por trás do tumulo dele
Tinha outro túmulo... Igual.

Na rua Aurora eu nasci
Na aurora de minha vida
E numa aurora cresci.

No largo do Paiçandu
Sonhei, foi luta renhida,
Fiquei pobre e me vi nu.

Nesta rua Lopes Chaves
Envelheço, e envergonhado
Nem sei quem foi Lopes Chaves.

Mamãe! me dá essa lua,
Ser esquecido e ignorado
Como esses nomes da rua.

Vieste dum futuro selvagem,
Todo fera e diamante bruto
Trazido pelo vento sul,
    Vento sul.

Me perseguiste em toda parte,
Me brutalizou teu minuto
Em Mogi, São Bernardo e Embu,
    Vento sul.

Mas a devastação fraterna
Incendeia o coração puro
Em labaredas de ouro azul,
    Vento sul.

E na promessa do teu nome,
Partindo os espelhos do escuro,
Me converteste em vento sul,
    Vento sul.

Moça linda bem tratada,
Três séculos de família,
Burra como uma porta:
　　　Um amor.

Grã-fino do despudor,
Esporte, ignorância e sexo,
Burro como uma porta:
　　　Um coió.

Mulher gordaça, filó,
De ouro por todos os poros
Burra como uma porta:
　　　Paciência...

Plutocrata sem consciência,
Nada porta, terremoto
Que a porta do pobre arromba:
　　　Uma bomba.

Quando eu morrer quero ficar,
Não contem aos meus inimigos,
Sepultado em minha cidade,
    Saudade.

Meus pés enterrem na rua Aurora,
No Paiçandu deixem meu sexo,
Na Lopes Chaves a cabeça
    Esqueçam.

No Pátio do Colégio afundem
O meu coração paulistano:
Um coração vivo e um defunto
    Bem juntos.

Escondam no Correio o ouvido
Direito, o esquerdo nos Telégrafos,
Quero saber da vida alheia,
    Sereia.

O nariz guardem nos rosais,
A língua no alto do Ipiranga
Para cantar a liberdade.
    Saudade...

Os olhos lá no Jaraguá
Assistirão ao que há de vir,

O joelho na Universidade,
　　Saudade...

As mãos atirem por aí,
Que desvivam como viveram,
As tripas atirem pro Diabo,
Que o espírito será de Deus.
　　Adeus.

Num filme de B. de Mille
Eu vi pela quinta vez
A triste vida de Cristo
    Rei dos Reis.

Num mictório de São Paulo
Pouco depois li uma vez,
Sobre o desenho dum pênis,
    Rei dos reis.

Num automóvel de luxo,
Sessenta vezes por mês,
Bem barbeado, bom charuto,
    Rei dos Reis...

Oh, vós todos, homens, homens.
Homens, o escravo sereis,
Se dentro em breve não fordes
    Rei dos Reis!

Entre o vidrilho das estrelas dúbias,
Luisito, voas na guerra italiana...
És minuto e depois minuto, e inteiro
O corpo novo se retesa
Na contensão dos esforços finais.

Cada momento de tua vida é um fim final.

Dentro da luz do sol das mil cores,
Luisito, voas no teu avião de combate,
E és único. Tão só! Estás tão destinadamente abandonado
Num céu de tocaia, tecido a fogo e destruição.

Cada gesto, cada vontade tua é destruição...

Pousado na terra sem sono.
Dormes envolto num cenário insatisfeito,
E tudo o que é não é: teu lar, tuas namoradas,
Teus estudos e a promessa não cumpridas.

Luisito! tens um sabor de promessa falhada!

Em pleno olho sem pálpebras dás morte,
Armado de morte, cercado de morte, amante da morte,
Voas e há somente morte em ti.
Como te fizeram antigo, Luisito, que pena!
Quando voltares, si voltares, jamais te perguntarei nada,

Jamais direi, jamais direi, ficarei mudo, mudo,
Jamais sequer me perguntarei o que sinto...

Mas como te fizeram antigo, meu Luisito!
Rajadas de sino, rajadas de bandeiras, músicas e danças:
Tudo será esquecido na alegria,
Tudo será futuro em busca do homem novo.
Mas eu sei que em tua face não culpada
Estará inscrita a lágrima que eu choro.

Ah, que ninguém nos deixe aos dois sozinhos
Neste nosso lar familial!
Quem são os dois inimigos que se cumprimentam
                                         [formalizados?
Por que escurece a sala o friúme dum rancor?
Como te fizeram antigo, meu Luisito, que pena!
Como te medalharam de passados horríveis!
Não poderei perdoar quando estiver comigo!
Não deverás perdoar para que sejas perfeito!

A porta vai bater fechando sem adeus.
E alguém, mão serei eu, não serás tu, alguém,
Alguém que se quebrou em dois irremediavelmente,
Soluçará: — que pena...

Nunca estará sozinho.
A estação cinquentenária
Abre a paisagem ferroviária,
Graciano vem comigo.

Nunca estará sozinho.
É tanta luz formosa,
Tanto verde, tanto cor-de-rosa,
Anita vem comigo.

Nunca estará sozinho.
Artigas ali na escola,
Sargentos, Yan? Me pede esmola
O rancor do inimigo.

Todo o Nordeste canta,
Zé Bento vem comigo,
Confissões na garganta,
Nunca estará sozinho.

A ponte das Bandeiras
Indaga das remotas
Zonas, imaturas zonas,
Meu sinal do Amazonas...

Nunca estará sozinho!
Nem há noite que o salve
Da angústia que o dissolve
Em amigos e inimigos.

A MEDITAÇÃO SOBRE O TIETÊ

    Água do meu Tietê,
    Onde me queres levar?
    — Rio que entras pela terra
    E que me afastas do mar...

É noite. E tudo é noite. Debaixo do arco admirável
Da Ponte das Bandeiras o rio
Murmura num banzeiro de água pesada e oliosa.
É noite e tudo é noite. Uma ronda de sombras,
Soturnas sombras, enchem de noite tão vasta
O peito do rio, que é como si a noite fosse água,
Água noturna, noite líquida, afogando de apreensões
As altas torres do meu coração exausto. De repente
O ólio das águas recolhe em cheio luzes trêmulas,
É um susto. E num momento o rio
Esplende em luzes inumeráveis, lares, palácios e ruas,
Ruas, ruas, por onde os dinossauros caxingam
Agora, arranha-céus valentes donde saltam
Os bichos blau e os punidores gatos verdes,
Em cânticos, em prazeres, em trabalhos e fábricas,
Luzes e glória. É a cidade... É a emaranhada forma
Humana corrupta da vida que muge e se aplaude.
E se aclama e se falsifica e se esconde. E deslumbra.
Mas é um momento só. Logo o rio escurece de novo,

Está negro. As águas oliosas e pesadas se aplacam
Num gemido. Flor. Tristeza que timbra um caminho
                                [de morte.
É noite. E tudo é noite. E o meu coração devastado
É um rumor de germes insalubres pela noite insone
                                [e humana.
Meu rio, meu Tietê, onde me levas?
Sarcástico rio que contradizes o curso das águas
E te afastas do mar e te adentras na terra dos homens,
Onde me queres levar?...
Por que me proíbes assim praias e mar, por que
Me impedes a fama das tempestades do Atlântico
E os lindos versos que falam em partir e nunca mais
                                [voltar?
Rio que fazes terra, húmus da terra, bicho da terra,
Me induzindo com a tua insistência turrona paulista
Para as tempestades humanas da vida, rio, meu rio!...

Já nada me amarga mais a recusa da vitória
Do indivíduo, e de me sentir feliz em mim.
Eu mesmo desisti dessa felicidade deslumbrante,
E fui por tuas águas levado,
A me reconciliar com a dor humana pertinaz,
E a me purificar no barro dos sofrimentos dos homens.
Eu que decido. E eu mesmo me reconstituí árduo na dor
Por minhas mãos, por minhas desvividas mãos, por
Estas minhas próprias mãos que me traem,
Me desgastaram e me dispersaram por todos os
                                [descaminhos,
Fazendo de mim uma trama onde a aranha insaciada
Se perdeu em cisco e polem, cadáveres e verdades e
                                [ilusões.

                *

Mas porém, rio, meu rio, de cujas águas eu nasci,
Eu nem tenho direito mais de ser melancólico e frágil,
Nem de me estrelar nas volúpias inúteis da lágrima!
Eu me reverto às tuas águas espessas de infâmias,
Oliosas, eu, voluntariamente, sofregamente, sujado
De infâmias, egoísmos e traições. E as minhas vozes,
Perdidas do seu tenor, rosnam pesadas e oliosas,
Varando terra adentro no espanto dos mil futuros,
À espera angustiada do ponto. Não do meu ponto final!

Eu desisiti! Mas do ponto entre as águas e a noite,
Daquele ponto leal à terrestre pergunta do homem,
De que o homem há de nascer.

Eu vejo, não é por mim, o meu verso tomando
As cordas oscilantes da serpente, rio.
Toda a graça, todo o prazer da vida se acabou.
Nas tuas águas eu contemplo o Boi Paciência
Se afogando, que o peito das águas tudo soverteu.
Contágios, tradições, brancuras e notícias,
Mudo, esquivo, dentro da noite, o peito das águas,
                              [fechado, mudo,
Mudo e vivo, no despeito estrídulo que me fustiga
                              [e devora.

Destino, predestinações... meu destino. Estas águas
Do meu Tietê são abjetas e barrentas,
Dão febre, dão morte decerto, e dão garças e antíteses.
Nem as ondas das suas praias cantam, e no fundo
Das manhãs elas dão gargalhadas frenéticas,
Silvos de tocaias e lamurientos jacarés.
Isto não são águas que se beba, conhecido, isto são
Águas do vício da terra. Os jabirus e os socós

Gargalham depois morrem. E as antas e os
 [bandeirantes e os ingás,
Depois morrem. Sobra não. Nem sequer o Boi Paciência
Se muda não. Vai tudo ficar na mesma, mas vai!...
 [e os corpos
Podres envenenam estas águas completas no bem
 [e no mal.

Isto não são águas que se beba, conhecido! Estas águas
São malditas e dão morte, eu descobri! e é por isso
Que elas se afastam dos oceanos e induzem à terra
 [dos homens,
Paspalhonas. Isto não são águas que se beba, eu
 [descobri!
E o meu peito das águas se esborrifa, ventarrão vem,
 [se encapela
Engruvinhado de dor que não se suporta mais.
Me sinto o pai Tietê! ôh força dos meus sovacos!
Cio de amor que me impede, que destrói e fecunda!
Nordeste de impaciente amor sem metáforas,
Que se horroriza e enraivece de sentir-se
Demagogicamente tão sozinho! Ôh força!
Incêndio de amor estrondante, enchente magnânima
 [que me inunda,
Me alarma e me destroça, inerme por sentir-me
Demagogicamente tão só!

A culpa é tua, Pai Tietê? A culpa é tua
Si as tuas águas estão podres de fel
E majestade falsa? A culpa é tua
Onde estão os amigos? Onde estão os inimigos?
Onde estão os pardais? e os teus estudiosos e sábios, e
Os iletrados?

Onde o teu povo? e as mulheres! dona Hircenuhdis
                                          [Quiroga!
E os Prados e os crespos e os pratos e os barbas e os
                                 [gatos e os línguas
Do Instituto Histórico e Geográfico, e os museus
e a Cúria, e os senhores chantres reverendíssimos,
Celso nihil estate varíolas gide memoriam,
Calípedes flogísticos e a Confraria Brasiliense e Clima
E os jornalistas e os trustkistas e a Light e as
Novas ruas abertas e a falta de habitações e
Os mercados?... E a tiradeira divina de Cristo!...

Tu és Demagogia. A própria vida abstrata tem vergonha
De ti em tua ambição fumarenta.
És demagogia em teu coração insubmisso.
És demagogia em teu desequilíbrio anticéptico
E antiuniversitário.
És demagogia. Pura demagogia.
Demagogia pura. Mesmo alimpada de metáforas.
Mesmo irrespirável de furor na fala reles:
Demagogia.
Tu és enquanto tudo é eternidade e malvasia:
Demagogia.
Tu és em meio à (crase) gente pia:
Demagogia.
És tu jocoso enquanto o ato gratuito se esvazia:
Demagogia.
És demagogia, ninguém chegue perto!
Nem Alberto, nem Adalberto nem Dagoberto
Esperto Ciumento Peripatético e Ceci
E Tancredo e Afrodísio e também Armida
E o próprio Pedro e também Alcibíades,
Ninguém te chegue perto, porque tenhamos o pudor,

O pudor do pudor, sejamos verticais e sutis, bem
Sutis!... E as tuas mãos se emaranham lerdas,
E o Pai Tietê se vai num suspiro educado e sereno,
Porque és demagogia e tudo é demagogia.

Olha os peixes, demagogo incivil! Repete os carcomidos
                                           [peixes!
São eles que empurram as águas e as fazem servir
                                           [de alimento
Às areias gordas da margem. Olha o peixe dourado
                                           [sonoro,
Esse é um presidente, mantém faixa de crachá no peito,
Acirculado de tubarões que escondendo na fuça rotunda
O perrepismo dos dentes, se revezam na rota solene
Languidamente presidenciais. Ei-vem o tubarão-
                                           [-martelo
E o lambari-spitfire. Ei-vem o boto-ministro.
Ei-vem o peixe-boi com as mil mamicas imprudentes,
Perturbado pelos golfinhos saltitantes e as tabaranas
Em zás-trás dos guapos Pedecês e Guaporés.
Eis o peixe-baleia entre os peixes muçuns lineares,
E os bagres do lodo oliva e bilhões de peixins japoneses;
Mas és asnático o peixe-baleia e vai logo encalhar na
                                           [margem,
Pois quis engolir a própria margem, confundido pela
                                           [facheada,
Peixes aos mil e mil, como se diz, brincabrincando
De dirigir a corrente com ares de salva-vidas.
E lá vem por debaixo e por de banda os interrogativos
                                           [peixes
Internacionais, uns rubicundos sustentados de mosca,
E os espadartes a trote chique, esses são espadartes!
                                           [e as duas

Semanas Santas se insultam e odeiam, na lufa-lufa
[de ganhar
No bicho o corpo do crucificado. Mas as águas,
As águas choram baixas num murmúrio lívido, e se
[difundem
Tecidas de peixe e abandono, na mais incompetente
[solidão.

Vamos, Demagogia! eia! sus! aceita o ventre e investe!
Berra de amor humano impenitente,
Cega, sem lágrimas, ignara, colérica, investe!
Um dia hás de ter razão contra a ciência e a realidade,
E contra os fariseus e as lontras luzidias.
E contra os guarás e os elogiados. E contra todos os
[peixes.
E também os mariscos, as ostras e os trairões fartos
[de equilíbrio e
Pundhonor.
      Pum d'honor.
              Quede as Juvenilidades Auriverdes!
Eu tenho medo... Meu coração está pequeno, é tanta
Essa demagogia, é tamanha,
Que eu tenho medo de abraçar os inimigos,
Em busca apenas dum sabor,
Em busca dum olhar,
Um sabor, um olhar, uma certeza...

É noite... Rio! meu rio! meu Tietê!
É noite muito!... As formas... Eu busco em vão as formas
Que me ancorem num porto seguro na terra dos homens.
É noite e tudo é noite. O rio tristemente
Murmura num banzeiro de água pesada e oliosa.
Água noturna, noite líquida... Augúrios mornos afogam
As altas torres do meu exausto coração.

Me sinto esvair no apagado murmulho das águas
Meu pensamento quer pensar, flor, meu peito
Quereria sofrer, talvez (sem metáforas) uma dor
                                            [irritada...
Mas tudo se desfaz num choro de agonia
Plácida. Não tem formas nessa noite, e o rio
Recolhe mais esta luz, vibra, reflete, se aclara, refulge,
E me larga desarmado nos transes da enorme cidade.

Si todos esses dinossauros imponentes de luxo e
                                            [diamante,
Vorazes de genealogia e de arcanos,
Quisessem reconquistar o passado...
Eu me vejo sozinho, arrastando sem músculo
A cauda do pavão e mil olhos de séculos,
Sobretudo os vinte séculos de anticristianismo
Da por todos chamada Civilização Cristã...
Olhos que me intrigam, olhos que me denunciam,
Da cauda do pavão, tão pesada e ilusória.
Não posso continuar mais, não tenho, porque os homens
Não querem me ajudar no meu caminho.
Então a cauda se abriria orgulhosa e reflorescente
De luzes inimagináveis e certezas...
Eu não seria tão somente o peso deste meu desconsolo,
A lepra do meu castigo queimando nesta epiderme
Que encurta, me encerra e me inutiliza na noite,
Me revertendo minúsculo à advertência do meu rio.
Escuto o rio. Assunto estes balouços em que o rio
Murmura num banzeiro. E contemplo
Como apenas se movimenta escravizada a torrente,
E rola a multidão. Cada onda que abrolha
E se mistura no rolar fatigado é uma dor. E o surto
Mirim dum crime impune.

                   *

Vêm de trás o estirão. É tão soluçante e tão longo,
E lá na curva do rio vêm outros estirões e mais outros,
E lá na frente são outros, todos soluçantes e presos
Por curvas que serão sempre apenas as curvas do rio.
Há de todos os assombros, de todas as purezas e
                                              [martírios
Nesse rolo torvo das águas. Meu Deus! meu
Rio! como é possível a torpeza da enchente dos homens!
Quem pode compreender o escravo macho
E multimilenar que escorre e sofre, e mandado escorre
Entre injustiça e impiedade, estreitado
Nas margens e nas areias das praias sequiosas?
Elas bebem e bebem. Não se fartam, deixando com
                                              [desespero
Que o rosto do galé aquoso ultrapasse esse dia,
Pra ser represado e bebido pelas outras areias
Das praias adiante, que também dominam, aprisionam
                                              [e mandam
A trágica sina do rolo das águas, e dirigem
O leito impassível da injustiça e da impiedade.
Ondas, a multidão, o rebanho, o rio, meu rio, um rio
Que sobe! Fervilha e sobe! E se adentra fatalizado,
                                              [e em vez
De ir se alastrar arejado nas liberdades oceânicas,
Em vez se adentra pela terra escura e ávida dos homens,
Dando sangue e vida a beber. E a massa líquida
Da multidão onde tudo se esmigalha e se iguala,
Rola pesada e oliosa, e rola num rumor surdo,
E rola mansa, amansada imensa eterna, mas
No eterno imenso rígido canal da estulta dor.

Porque os homens não me escutam! Por que os
                                              [governadores

Não me escutam? Por que não me escutam
Os plutocratas e todos os que são chefes e são fezes?
Todos os donos da vida?
Eu lhes daria o impossível e lhes daria o segredo,
Eu lhes dava tudo aquilo que fica pra cá do grito
Metálico dos números, e tudo
O que está além da insinuação cruenta da posse.
E si acaso eles protestassem, que não! que não desejam
A borboleta translúcida da humana vida, porque
                                        [preferem
O retrato a óleo das inaugurações espontâneas,
Com béstias de operário e do oficial, imediatamente
                                        [inferior,
E palminhas, e mais os sorrisos das máscaras e a
                                        [profunda comoção,
Pois não! Melhor que isso eu lhes dava uma felicidade
                                        [deslumbrante
De que eu consegui me despojar porque tudo sacrifiquei.
Sejamos generosíssimos. E enquanto os chefes e as fezes
De mamadeira ficassem na creche de laca e lacinhos,
Ingênuos brincando de felicidade deslumbrante:
Nós nos iríamos de camisa aberta ao peito,
Descendo verdadeiros ao léu da corrente do rio,
Entrando na terra dos homens ao coro das quatro
                                        [estações.

Pois que mais uma vez eu me aniquilo sem reserva,
E me estilhaço nas fagulhas eternamente esquecidas,
E me salvo no eternamente esquecido fogo de amor...
Eu estalo de amor e sou só amor arrebatado
Ao fogo irrefletido do amor.
... eu já amei sozinho comigo; eu já cultivei também
O amor do amor, Maria!

E a carne plena da amante, e o susto vário
Da amiga, e a inconfidência do amigo... Eu já amei
Contigo, Irmão Pequeno, no exílio da preguiça
                              [elevada, escolhido
Pelas águas do túrbido rio do Amazonas, meu outro
                                          [sinal.
E também, ôh também! na mais impávida glória
Descobridora da minha inconstância e aventura,
Desque me fiz poeta e fui trezentos, eu amei
Todos os homens, odiei a guerra, salvei a paz!
E eu não sabia! eu bailo de ignorâncias inventivas,
E a minha sabedoria vem das fontes que eu não sei!
Quem move meu braço? quem beija por minha boca?
Quem sofre e se gasta pelo meu renascido coração?
Quem? senão o incêndio nascituro do amor?...
Eu me sinto grimpado no arco da Ponte das Bandeiras,
Bardo mestiço, e o meu verso vence a corda
Da caninana sagrada, e afina com os ventos dos ares,
                                     [e enrouquece
Úmido nas espumas da água do meu rio,
E se espatifa nas dedilhações brutas do incorpóreo Amor.

Por que os donos da vida não me escutam?
Eu só sei que eu não sei por mim! sabem por mim as
                                            [fontes
Da água, e eu bailo de ignorâncias inventivas.
Meu baile é solto como a dor que range, meu
Baile é tão vário que possui mil sambas insonhados!
Eu converteria o humano crime num baile mais denso
Que estas ondas negras de água pesada e oliosa,
Porque os meus gestos e os meus ritmos nascem
Do incêndio puro do amor... Repetição. Primeira voz
                                            [sabida, o Verbo.

Primeiro troco. Primeiro dinheiro vendido. Repetição
[logo ignorada.
Como é possível que o amor se mostre impotente assim
Ante o ouro pelo qual o sacrificam os homens,
Trocando a primavera que brinca na face das terras
Pelo outro tesouro que dorme no fundo baboso do rio!

É noite! é noite!... E tudo é noite! E os meus olhos
[são noite!
Eu não enxergo sequer as barcaças na noite.
Só a enorme cidade. E a cidade me chama e pulveriza,
E me disfarça numa queixa flébil e comedida,
Onde irei encontrar a malícia do Boi Paciência
Redivivo. Flor. Meu suspiro ferido se agarra,
Não quer sair, enche o peito de ardência ardilosa,
Abre o olhar, e o meu olhar procura, flor, um tilintar
Nos ares, nas luzes longe, no peito das águas,
No reflexo baixo das nuvens.

São formas... Formas que fogem, formas
Indivisas, se atropelando, um tilintar de formas fugidias
Que mal se abrem, flor, se fecham, flor, flor, informes
[inacessíveis,
Na noite. E tudo é noite. Rio, o que eu posso fazer!...
Rio, meu rio... mas porém há de haver com certeza
Outra vida melhor do outro lado de lá
Da serra! E hei de guardar silêncio!
O que eu posso fazer!... hei de guardar silêncio
Deste amor mais perfeito do que os homens?...

Estou pequeno, inútil, bicho da terra, derrotado.
No entanto eu sou maior... Eu sinto uma grandeza
[infatigável!

Eu sou maior que os vermes e todos os animais.
E todos os vegetais. E os vulcões vivos e os oceanos,
Maior... Maior que a multidão do rio acorrentado,
Maior que a estrela, maior que os adjetivos,
Sou homem! vencedor das mortes, bem nascido além
[dos dias,
Transfigurado além das profecias!

Eu recuso a paciência, o boi morreu, eu recuso a
[esperança.
Eu me acho tão cansado em meu furor.
As águas apenas murmuram hostis, água vil mas
[turrona paulista
Que sobe e se espraia, levando as auroras represadas
Para o peito dos sofrimentos dos homens.
... e tudo é noite. Sob o arco admirável
Da Ponte das Bandeiras, morta, dissoluta, fraca,
Uma lágrima apenas, uma lágrima,
Eu sigo alga escusa nas águas do meu Tietê.

(30-XI-1944 a 12-II-1945)

(Acalanto para Luís Carlos, filho de
Guilherme de Figueiredo com Alba.)

Nasceu Luís Carlos no Rio
E todo me transportei,
Luís Carlos do meu carinho.

Vive um Luís Carlos sozinho
E todo me apaixonei,
Luís Carlos do meu respeito.

Luís Carlos, dorme em meu peito,
Goza a infância sossegado,
Sonha, brinca, dorme, dorme!

Luís Carlos, fecundo, enorme,
Sofre o sonho amordaçado,
Não cede, não vive, flâmula!

Criança, nasce num cúmulo
De nuvem rubra e pletora
Que dará volta na vida.

Homem, morres nesta lida
Pra que a criança de agora
Viva outra vida mais branca.

*

Dorme, Luís Carlos, a franca
Perfeição desse teu sono,
Enquanto o mundo é mudado

Pelo homem sacrificado
Por amor do teu futuro.
Que vivas integro, como
Hoje puro, amanhã puro.

© Copyright desta edição: Editora Martin Claret Ltda., 2017.

Direção
MARTIN CLARET

Produção editorial
CAROLINA MARANI LIMA / MAYARA ZUCHELI

Projeto gráfico e capa
JOSÉ DUARTE T. DE CASTRO

Diagramação
GIOVANA GATTI QUADROTI

Fotos de capa e miolo
HENRIQUE PANZONE

Ilustração de guarda
EENOKI / SHUTTERSTOCK

Revisão
ALEXANDER BARUTTI A. SIQUEIRA

Impressão e acabamento
LIS GRÁFICA

A ortografia deste livro segue o novo Acordo Ortográfico da Língua Portuguesa.

Dados Internacionais de Catalogação na Publicação (CIP)
(Câmara Brasileira do Livro, SP, Brasil)

Andrade, Mário de, 1893-19345.
De pauliceia desvairada a Lira paulistana / Mario de Andrade – São Paulo: Martin Claret, 2016.

Edição especial

1. Andrade, Mário de, 1893-1945 2. Poesia brasileira I. título
ISBN 978-85-440-0135-6

16-09059   CDD-869.1

Índices para catálogo sistemático:

1. Poesia: Literatura brasileira   869.1

EDITORA MARTIN CLARET LTDA.
Rua Alegrete, 62 – Bairro Sumaré – CEP: 01254-010 – São Paulo – SP
Tel.: (11) 3672-8144
www.martinclaret.com.br
1ª reimpressão – 2022